Droit civil

LES OBLIGATIONS

mémentosdalloz

série droit privé

Droit civil

LES OBLIGATIONS

Gérard Légier
Professeur à l'Université Paul-Cézanne
(Aix-Marseille III)

19e édition – 2008

DALLOZ

DALLOZ

31-35 rue Froidevaux, 75685 Paris cedex 14

ISBN 978-2-247-07943-8

SOMMAIRE

INTRODUCTION

Importance du droit des obligations

Le droit des obligations est une partie essentielle du droit privé, ce qui se constate sur deux plans :

1. Dans le domaine de la **vie pratique**, les obligations résultent d'actes ou d'événements dont certains sont très fréquents : contrats civils, commerciaux, de travail, faits dommageables causés à autrui.

Les obligations contractuelles en particulier sont l'expression juridique des relations économiques (échanges de valeurs, prestations de services).

2. Au point de vue de la **théorie**, les obligations sont régies par des principes fondamentaux applicables dans toutes les branches du droit privé.

Le droit des obligations s'étend aussi au droit public, avec des règles spécifiques (responsabilité de la puissance publique, contrats administratifs), et même, sous certains aspects, au droit international public (p. ex., rapprochement entre l'interprétation des traités et celle des contrats).

Section 1 › DÉFINITION ET CARACTÈRES DE L'OBLIGATION

§ 1 - DÉFINITION

L'obligation est un lien de droit par lequel une personne, le **créancier**, peut exiger d'une autre, le **débiteur**, une prestation quelconque ou une abstention.

Envisagée du côté actif, on l'appelle créance (du latin *credere* : faire confiance, crédit, car le créancier doit avoir confiance en son débiteur) et, du côté passif, on la dénomme dette (du latin *debere* : devoir).

Pour le créancier, elle constitue un droit patrimonial, c.-à-d. un bien.

§ 2 - CARACTÈRES

A. Premier caractère : un lien de droit

L'obligation est un **lien de droit** (*vinculum juris*), en ce sens que son **exécution forcée** peut être exigée en justice et réalisée avec l'aide de la force publique. Selon une analyse classique, l'obligation est composée de deux éléments : le *debitum*, c.-à-d. la dette elle-même (*Schuld,* dans la doctrine allemande), qui est une prestation ou une abstention, et l'*obligatio*, qui est le pouvoir de contraindre le débiteur, de le poursuivre en justice (*Haftung*, en allemand).

Ce caractère permet de distinguer l'**obligation juridique** ou **civile** d'autres obligations qui ont leur source dans la **morale**, la **religion** ou même la **courtoisie** et qui ne sont pas assorties de sanction étatique.

La distinction est parfois délicate : il en est ainsi à propos de la « lettre de confort », par laquelle une société affirme qu'elle fera tout le nécessaire pour que sa filiale dispose d'une trésorerie suffisante afin de pouvoir exécuter ses engagements. La jurisprudence a tendance à lui attribuer les effets d'une obligation juridique.

Les **obligations naturelles** se situent dans une zone intermédiaire entre le droit et la morale :

• contrairement à l'obligation civile, l'obligation naturelle n'est pas juridiquement obligatoire ;

• toutefois, dans certaines circonstances, elle va produire des effets juridiques : p. ex., si une personne, qui se sent tenue d'un devoir de conscience, accomplit volontairement une prestation, en sachant qu'elle n'est pas liée juridiquement, elle ne pourra pas réclamer de restitution.

On dit que cette obligation naturelle s'est transformée ou **novée** en obligation civile.

1. Origine de la transformation des obligations naturelles en obligations civiles

Cette transformation ou novation peut s'effectuer de deux façons :

– soit par **l'exécution volontaire** (dans ce cas, l'effet de la novation est l'impossibilité pour celui qui a effectué la prestation d'en exiger la restitution),

– soit par **la promesse d'exécution** (cette promesse lie juridiquement son auteur).

2. Domaine des obligations naturelles

Il existe deux catégories principales d'obligations naturelles.

• La novation d'un devoir moral

Une personne exécute — ou promet d'exécuter — un devoir purement moral, **en l'absence de toute obligation civile préexistante**. Ex. : la loi ne prévoit pas d'obligation alimentaire entre frères et sœurs, mais si une personne verse volontairement une pension à son frère dans le besoin, elle ne peut pas ensuite en demander le remboursement et doit même continuer les versements, tant qu'elle a des ressources suffisantes et que l'autre est dans le besoin.

• La novation d'une obligation civile ou imparfaite

Une obligation civile a bien existé, mais s'est **éteinte**, p. ex., par l'effet de la prescription (v. *infra*, p. 198). Si le débiteur, qui a connaissance de l'écoulement de la prescription, décide néanmoins de payer, son paiement ne donne pas lieu à remboursement. Le même mécanisme s'applique aussi parfois lorsqu'une obligation civile **n'a pas pu valablement se former**, notamment en raison de certains **vices de forme** (un héritier s'engage à respecter un testament nul, parce que purement oral), de certains cas d'**incapacité** (majeur en tutelle qui s'est engagé à un moment de lucidité) et peut-être (mais l'explication est discutée) en cas de **dette de jeu** (art. 1965 et 1967, sauf indication contraire, les articles cités sont ceux du Code civil).

En principe, l'exécution d'une obligation naturelle ou la promesse de l'exécuter est analysée comme le paiement d'une dette, et non comme une donation. En conséquence, le régime plus rigoureux des donations (notamment les exigences particulières de forme) ne leur est pas applicable.

B. Deuxième caractère : un lien entre deux personnes

L'obligation civile suppose un lien de droit entre deux personnes.

Dans un sens plus large, l'obligation juridique est tout devoir imposé par la loi, dans l'intérêt de tous, sans qu'il y ait de créancier particulier.

Exemple : la loi impose de s'arrêter à un panneau stop : c'est une **obligation générale** qui ne se manifeste pas par un rapport entre un créancier et un débiteur. Mais si un automobiliste ne s'arrête pas et blesse un tiers, un véritable lien d'obligation au sens technique s'est noué entre la victime (créancier) et l'automobiliste qui n'a pas respecté la signalisation (débiteur).

Ce lien entre deux personnes permet aussi de distinguer le rapport d'obligation ou **droit de créance** des **droits réels**, tel le droit de propriété, qui s'exercent directement sur une chose (*res*) et sont opposables à tous.

Section 2 › CLASSIFICATIONS DES OBLIGATIONS CIVILES

Plusieurs classifications ont été distinguées par le Code civil et la jurisprudence ou proposées par la doctrine.

§ 1 - PAR L'OBJET

1. L'art. 1101 C. civ. distingue les obligations de **donner**, de **faire** et de **ne pas faire**.

• Le mot **donner** est pris dans un sens technique précis : **transférer la propriété** d'un bien (l'un des sens du verbe latin *dare*).

En principe, dans les contrats qui ont pour objet la transmission du droit de propriété (p. ex., la vente), ce transfert a lieu immédiatement, dès la conclusion de l'acte : en quelque sorte, l'obligation de donner est exécutée au moment même où elle naît.

Par conséquent, le vendeur n'est tenu d'une obligation de donner que dans le cas où la date du transfert est retardée, p. ex. en vertu d'un accord entre les parties.

Remarque : l'obligation de donner doit soigneusement se distinguer de **l'obligation de livrer** un bien, qui est une simple obligation de faire.

• **L'obligation de faire** consiste à accomplir une prestation positive quelconque (construire une maison, peindre un tableau). Elle est très courante.

• **L'obligation de ne pas faire** consiste à s'abstenir de certains actes. P. ex., un commerçant s'engage à ne pas faire concurrence à un autre ; un propriétaire s'engage à ne pas construire à telle distance de la propriété voisine.

2. Une autre distinction oppose les obligations **en nature** et les obligations **pécuniaires** ou **monétaires**, principalement à propos des conséquences de leur inexécution.

• La première catégorie englobe toutes les obligations précédentes à l'exclusion d'une obligation particulière mais très fréquente, **l'obligation de payer une somme**

d'argent. Celle-ci est généralement considérée comme une espèce d'obligation de donner, dont l'objet est le transfert d'une certaine quantité de monnaie.

• Ces deux catégories d'obligations se distinguent surtout sur deux points :
– seule l'obligation de payer une somme d'argent est soumise aux effets de la dépréciation monétaire. Aussi le créancier a intérêt à s'en protéger au moyen d'une clause d'indexation (v. *infra*, p. 188).
– en cas d'inexécution : à défaut de paiement de la somme d'argent, le créancier peut faire saisir les biens de son débiteur, et le produit de leur vente, après la saisie, sert à le payer. Donc, en cas d'exécution forcée, l'obligation ne change pas d'objet.
En revanche, le créancier d'une obligation en nature de faire ou de ne pas faire ne peut pas toujours contraindre directement le débiteur à respecter son engagement. Il a cependant la possibilité de le faire condamner au paiement d'une somme d'argent. Donc, en cas d'exécution forcée, l'obligation en nature se transforme en obligation pécuniaire.

3. Une troisième classification distingue les **obligations de résultat** et les **obligations de moyens**.

• Dans le premier cas, le débiteur s'engage à un **résultat précis**, p. ex. à payer une somme d'argent, à transporter à bon port des passagers ou des marchandises.
Si le résultat n'est pas obtenu, le débiteur n'a pas exécuté son obligation, et sa responsabilité est engagée.

• Lorsqu'il est tenu d'une **obligation de moyens**, le débiteur ne promet pas le résultat, mais s'engage à utiliser tous les moyens dont il dispose pour y parvenir : un médecin ne promet pas la guérison, mais s'engage à soigner le malade de son mieux, conformément aux données actuelles de la science. Sa responsabilité ne sera, en principe, engagée que s'il a commis une **faute** (v. *infra*, p. 86).

§ 2 - PAR LES MODALITÉS

Le Code civil distingue l'obligation **pure et simple**, qui est immédiatement exigible, des obligations **à terme** (l'exécution est reportée dans le temps, v. *infra*, p. 169) et des obligations **conditionnelles** (leur formation ou leur résolution est subordonnée à la survenance d'un événement futur et incertain, v. *infra*, p. 172).

§ 3 - PAR LA SOURCE

1. Le Code civil a distingué cinq sources d'obligations :
– le **contrat** : accord valable de volontés (p. ex., la vente, le mandat) ;
– le **quasi-contrat** : fait volontaire licite, mais qui ne résulte pas d'un accord (p. ex., la gestion d'affaires c.-à-d. le fait de gérer les affaires d'autrui, sans avoir reçu de mandat) ;
– le **délit** : fait volontaire et illicite qui cause un dommage à autrui ;
– le **quasi-délit** : fait illicite, mais non intentionnel (un acte d'imprudence) ;
– la **loi** : elle impose des obligations, indépendamment de la volonté des parties (obligations des tuteurs envers les incapables).

2. Cette classification a fait l'objet de **critiques :**

• La **loi** est en réalité la source première de toutes les obligations civiles : p. ex., un contrat ne produit d'obligations que s'il est conforme aux exigences légales.

• La distinction entre **délits** et **quasi-délits** n'a pratiquement pas d'incidence.

• L'existence de la catégorie des **quasi-contrats** a été discutée et, en tout cas, son domaine est très réduit.

3. C'est pourquoi, actuellement, un regroupement est opéré autour de l'acte et du fait juridiques.

• L'**acte juridique** est toute manifestation de volonté destinée à produire des effets juridiques (un contrat, un testament).

• Le **fait juridique** est tout événement, volontaire ou non, qui fait naître des obligations. Cette catégorie regroupe les délits, les quasi-délits et les quasi-contrats.

Plan : les règles relatives aux obligations varient principalement en fonction de leur source, d'où :

1re partie : les sources des obligations.

Mais il existe aussi des règles communes, indépendantes de la source, d'où :

2e partie : les règles communes aux obligations, indépendamment de leur source.

Remarque : diverses règles du droit des obligations sont restées inchangées depuis la promulgation du Code civil (1804), aussi une **réforme** d'ensemble de la matière est actuellement envisagée dans le cadre d'un avant-projet de loi.

Première partie

LES SOURCES DES OBLIGATIONS

L'obligation a sa source soit dans un **acte juridique**, tel un contrat, principalement caractérisé par son caractère volontaire, soit dans un **fait juridique**, tel un délit, qui produit des conséquences de droit non recherchées. Les obligations découlant d'un acte juridique et celles qui résultent d'un fait juridique diffèrent tant par leur formation que par leurs effets.

Titre 1

L'ACTE JURIDIQUE

L'**acte juridique** est toute manifestation de volonté dont l'objet est de produire des effets de droit, relatifs soit à des **obligations**, soit à d'**autres situations juridiques** (actes concernant des droits réels, renonciation à un droit, actes du droit de la famille, tels que le mariage ou la reconnaissance d'enfant naturel).

Plan : les divers actes juridiques doivent d'abord être présentés avant d'examiner plus spécialement la formation puis les effets des actes provenant d'un accord de volontés, que l'on dénomme contrats ou conventions.

Chapitre 1 > PRÉSENTATION DES ACTES JURIDIQUES

Il en existe plusieurs **catégories**, dont la principale est le contrat.
Caractère commun des actes juridiques : importance du rôle de la **volonté**, mais dans les limites imposées par la loi.

Section 1 > LES CATÉGORIES D'ACTES JURIDIQUES

• Une première classification distingue le **contrat** des **autres actes juridiques**.

• Le contrat est un acte très fréquent, utilisé aussi bien dans la vie courante (achat d'une fourniture quelconque, prestation de service), que pour permettre des opérations complexes (vente d'usine), d'où l'importance et la diversité des **classifications des contrats**.

§ 1 - LA CLASSIFICATION DES ACTES JURIDIQUES

Trois groupes sont distingués : les **actes unilatéraux**, les **actes bilatéraux,** appelés aussi **contrats** ou **conventions**, et les **actes collectifs**.
Seuls les contrats ont un régime général bien défini, qui s'applique, chaque fois que la transposition est possible, aux autres actes juridiques (p. ex., les conditions concernant l'existence et la liberté du consentement, la licéité de l'objet ou de la cause).

A. Acte unilatéral

1. Notion

Une seule volonté s'est manifestée pour produire des effets juridiques.
Deux types se distinguent en fonction des conséquences de l'acte.
a) Certains produisent des **effets autres** que la création d'obligation :

• la **transmission de droits**, p. ex., le testament ;

• la **renonciation à un droit**, p. ex. à une succession ; l'acte est alors appelé **abdicatif** ;

• la **simple déclaration**, c.-à-d. la reconnaissance d'une situation juridique existante (et par conséquent des obligations qui peuvent en résulter, mais qui ne sont pas créées par la déclaration elle-même), p. ex., l'aveu, la reconnaissance d'enfant naturel (**actes déclaratifs**).

La loi précise (avec plus ou moins de détails) les conditions de validité et les effets de chacun.

b) D'autres ont pour objet de **créer des obligations**, mais leur efficacité est très **discutée.**

• Il est certain qu'une personne ne peut pas se créer unilatéralement un titre de créance contre une autre ;

• mais peut-elle valablement s'engager par le seul effet de sa volonté, indépendamment de l'accord d'un créancier, p. ex. par une promesse de récompense à celui qui ramènera un objet perdu ou par une offre de contracter ?

C'est le problème de la validité et de l'efficacité des **engagements unilatéraux de volonté.**

2. Argumentation

a) Contre la validité de l'engagement unilatéral, deux raisons principales ont été invoquées :

• **Si la seule volonté du débiteur suffit pour fonder son obligation, elle devrait également suffire pour l'en délier**. Mais l'acte serait alors révocable et ne créerait donc pas d'engagement véritable. Tel est justement le cas du testament qui, d'après la loi, est un acte librement révocable jusqu'au décès de son auteur et qui ne met pas d'obligation à sa charge.

• **L'obligation est un lien de droit entre deux personnes.** Or, dans l'engagement unilatéral, il n'y a pas, dit-on, de créancier et donc pas d'obligation. Ainsi, celui qui a promis une récompense ne va être lié qu'à partir du moment où quelqu'un lui ramène l'objet, mais on estime alors que sa promesse a été acceptée et que, si l'acte l'engage, c'est parce qu'il est devenu bilatéral.

Ces raisons ne sont plus aujourd'hui considérées comme décisives par une majorité de la doctrine.

b) Pour la validité de l'engagement, celle-ci fait valoir que :

• **Si une personne s'est liée par sa seule volonté, rien n'empêche d'en déduire qu'elle ne peut plus se délier** : dès lors que quelqu'un s'est engagé, il n'y a pas l'obstacle d'ordre logique à en déduire qu'il n'a pas le droit de se libérer de son engagement par le seul effet de sa volonté.

• Le créancier peut être **inconnu lors de l'engagement**, mais il suffit qu'il puisse être **ultérieurement déterminé** (p. ex., celui qui rapportera l'objet perdu). Son droit peut naître avant même qu'il en ait pris connaissance et l'ait accepté.

Sur le plan de la théorie juridique, l'efficacité d'un engagement unilatéral paraît donc concevable.

Certaines solutions du droit positif sont interprétées comme reconnaissant la validité d'un engagement unilatéral, p. ex. :

– loi 11 juill. 1985 créant l'entreprise unipersonnelle à responsabilité limitée (EURL) : l'associé unique s'oblige à réaliser des apports, à exploiter la société ;

– d'après la jurisprudence, la promesse d'exécuter une obligation naturelle (v. *supra*, p. 8) ou l'offre de contracter assortie d'un délai (v. *infra*, p. 30) lie son auteur, sans que le consentement du bénéficiaire soit requis.

Conséquence : si l'on admet la validité des engagements unilatéraux, leur régime, dans le silence de la loi, doit avoir pour modèle celui des contrats, dans la mesure où cette transposition est possible (ce qui n'est évidemment pas le cas des règles concernant la rencontre de deux volontés).

B. Acte bilatéral (contrat et convention)

L'acte bilatéral suppose la rencontre de deux volontés.

1. Définition

D'après l'art. 1101, « Le contrat est une convention par laquelle une ou plusieurs personnes s'obligent, envers une ou plusieurs autres, à donner, à faire ou à ne pas faire quelque chose ».

De cette définition il résulte que :
– le **contrat** (du latin *contrahere* : rassembler, conclure) est présenté comme une catégorie particulière de convention qui a pour objet de créer une ou plusieurs obligations ;
– la **convention** (du latin *convenire* : venir ensemble, être d'accord) apparaît alors comme un concept plus large, englobant non seulement les accords de volonté destinés à **créer** des obligations (ce sont les contrats), mais aussi ceux qui ont d'autres objets, notamment **transmettre** (p. ex., une cession de créance) ou **éteindre** (p. ex., une remise de dette) une ou plusieurs obligations.

2. Cette présentation est critiquée

• La **distinction entre contrat et convention** n'a pas une grande utilité puisque le régime des contrats s'étend à toutes les conventions ; aussi les deux mots sont souvent employés comme **synonymes**.

• La définition est trop étroite, car l'art. 1101 ne parle que des obligations, alors que les contrats ou conventions peuvent aussi avoir des effets sur les **droits réels** (p. ex., la vente, qui entraîne la transmission du droit de propriété ; la constitution d'une servitude).

C. Acte collectif

Les actes ou accords collectifs ont vocation à s'appliquer non seulement aux parties qui les ont conclus, mais aussi à des **tiers**.
Un régime unique n'apparaît pas : chaque type d'acte est soumis à des règles particulières.
Deux catégories principales sont parfois distinguées, mais seule la seconde englobe des actes véritablement collectifs :
1. Dans les **personnes morales**, les **décisions prises à la majorité** et qui sont opposables à tous les membres, p. ex., les décisions de l'assemblée générale d'une société. En réalité, la décision n'engage directement que la société qui est une personne juridique.
2. Les actes conclus par des **représentants d'un groupe** et qui s'imposent à ses membres, p. ex. :
– **conventions collectives du travail** conclues entre employeurs et syndicats : elles s'appliquent à tous les salariés, même non syndiqués ;
– **accords collectifs de location** conclus entre association(s) de locataires et un ou plusieurs propriétaire(s) ou groupement(s) de propriétaires.
Un texte (décret ou arrêté) peut les étendre, p. ex. les imposer aux employeurs qui ne font pas partie des groupements signataires. L'acte collectif se rapproche alors des actes réglementaires.

§ 2 - LES CLASSIFICATIONS DES CONTRATS

Les contrats sont très variés et les classifications nombreuses. La plupart des distinctions sont faites **expressément** ou **implicitement** par le Code civil.

A. Classifications expresses du Code civil

Le Code présente trois classifications, d'intérêt variable.

1. Contrats synallagmatiques et contrats unilatéraux (art. 1102 - 1103)

a) Distinction

• Contrat **synallagmatique** (d'un verbe grec signifiant : lier ensemble) ou **bilatéral** (art. 1102) : c'est tout contrat qui contient un engagement réciproque des contractants. Ces contrats sont les plus nombreux.

Exemple : dans la vente, le vendeur s'engage à livrer la chose, et l'acquéreur à en payer le prix.

• Contrat **unilatéral** (art. 1103) : une seule partie est obligée.

Exemples :

– les **contrats dits de restitution**, c.-à-d. qui sont conclus par la remise d'une chose et qui entraînent l'obligation de la restituer : ainsi, dans le prêt, en principe seul l'emprunteur est tenu d'une obligation, qui est de restituer l'objet.

– la **promesse unilatérale de vente**, qui est le contrat en vertu duquel une personne, appelée **promettant**, s'engage à vendre un bien à une autre, appelée **bénéficiaire**, qui reste libre de l'acheter ou non : un accord a bien été conclu, mais seul le promettant a une obligation. En revanche, si la promesse contient à la fois l'engagement d'une partie de vendre et l'engagement d'une autre d'acheter, elle est synallagmatique puisque les engagements sont réciproques.

Remarque : le contrat unilatéral est à distinguer soigneusement de l'acte unilatéral :

– dans le **contrat unilatéral**, une seule personne est obligée, mais un **accord de volontés** est nécessaire.

– dans l'**acte unilatéral**, une seule personne s'engage et son obligation (si on en admet l'existence) naît de sa **seule volonté**.

b) Intérêts de la distinction

• **Différences en cas d'inexécution**

Dans un contrat synallagmatique, les obligations sont interdépendantes, donc si une partie n'exécute pas son obligation :

– l'autre peut refuser d'exécuter la sienne : c'est l'**exception d'inexécution** ;

– elle peut aussi demander la **résolution** du contrat (disparition rétroactive) ;

– la résolution est même de droit si l'inexécution est causée par un cas de **force majeure.**

• **Différences quant à la preuve**

Principe : chaque créancier a intérêt à détenir un titre qui constate l'engagement du débiteur.

Conséquences :

– les **contrats synallagmatiques** doivent être établis en autant d'originaux qu'il y a de parties ayant un intérêt distinct, et chaque original doit indiquer le nombre des originaux (art. 1325) ;

– pour les **contrats unilatéraux** — et plus généralement les actes unilatéraux — un exemplaire suffit, puisque seul le créancier a besoin d'un titre prouvant l'obligation de son débiteur. Afin d'empêcher des fraudes, l'écrit qui constate l'engagement d'une partie à payer une somme d'argent ou à livrer un bien fongible doit comporter non seulement sa signature, mais aussi la mention écrite de sa main, en toutes lettres et en chiffres, de la somme ou de la quantité pour laquelle elle s'engage (art. 1326). En cas de différence, la somme écrite en lettres prévaut.

• **Différences propres à certaines promesses de vente en matière immobilière**
La loi prévoit dans certains cas des règles différentes pour la promesse unilatérale et la promesse synallagmatique, notamment en matière de vente d'immeuble.
– La **promesse synallagmatique de vente d'un immeuble ou d'un fonds de commerce** est valable sans formalité particulière, alors que la **promesse unilatérale de vente du même bien** est assujettie, sous peine de nullité absolue, à la formalité fiscale de l'enregistrement dans les dix jours de son acceptation (le législateur a imposé cette formalité parce que la promesse unilatérale se prêtait plus facilement à des fraudes fiscales : art. 1589-2 C. civ., Ord. 7 déc. 2005).
– **L'engagement unilatéral d'acheter un immeuble ou un droit immobilier** (offre ou promesse d'achat) est nul si celui qui souhaite acquérir verse ou doit verser une somme d'argent à l'autre partie (art. 1589-1 C. civ., L. 13 déc. 2000). Ce texte sanctionne ainsi la pratique qui consistait à exiger du candidat acquéreur le paiement d'une somme au bénéficiaire de la promesse d'achat (celui qui éventuellement décidera de vendre son bien) qui, de son côté, ne souscrit aucune obligation.

c) Transformation du contrat unilatéral en contrat synallagmatique

Un contrat unilatéral peut, en cours d'exécution, devenir synallagmatique. P. ex., dans le dépôt gratuit, seul le dépositaire est obligé (restituer le bien), mais s'il a dû faire des dépenses pour conserver la chose, le déposant est tenu de le rembourser. On parle de **contrat synallagmatique imparfait**.
Les règles découlant de l'interdépendance des obligations lui sont en principe applicables, mais la règle du double original ne l'est pas, puisque, au moment de sa formation, le contrat était bien unilatéral.

2. Contrats à titre onéreux et contrats à titre gratuit (art. 1105 - 1106)

a) Distinction

• **Contrat à titre onéreux** (art. 1106) : chaque partie s'engage en vue d'obtenir de l'autre un avantage en contrepartie :
– il est généralement **synallagmatique** : p. ex., la vente ;
– il est parfois **unilatéral**, p. ex., la promesse unilatérale de vente est un accord de volontés (c'est donc un contrat), par lequel le promettant s'engage à vendre un bien à un bénéficiaire qui reste libre d'acheter ; **seul** le promettant s'engage (donc ce contrat est unilatéral), mais il espère obtenir une **contrepartie** (que le bénéficiaire décide d'acheter).
• **Contrat à titre gratuit** ou **de bienfaisance** (art. 1105) : une personne s'engage sans contrepartie, parce qu'elle est animée d'une **intention libérale**, p. ex., une donation (transmission de la propriété d'un bien) ou un service gratuit.
Ce contrat est souvent **unilatéral** (donation, prêt sans intérêt), mais peut être **synallagmatique** (donation avec une charge que devra exécuter le bénéficiaire, p. ex., entretenir un bien).

b) Intérêts de la distinction

• **Les donations** ont été considérées par les rédacteurs du Code civil comme dangereuses pour le donateur lui-même, sa famille et ses créanciers.
D'où un régime de **défaveur** :
– exigences particulières de **forme** et de **capacité** ;
– **révocation** autorisée dans certains cas (ingratitude du bénéficiaire, p. ex.) ;

– en matière fiscale, les droits de mutation sont couramment plus élevés pour les transferts de propriété résultant d'un acte gratuit.

• Dans les contrats à titre gratuit, la **responsabilité du débiteur** est appréciée moins sévèrement que lorsqu'il a droit à une contrepartie.

3. Contrats commutatifs et contrats aléatoires (art. 1104)

a) Distinction

• **Contrat commutatif** : chaque partie s'engage à une prestation considérée comme **à peu près équivalente** à celle qu'elle reçoit, p. ex., la vente, l'échange.

• **Contrat aléatoire** : l'**étendue** ou même l'**existence** de la prestation d'une partie dépend d'un **événement incertain**, p. ex. :

– la vente d'un immeuble en contrepartie d'une **rente viagère** (le montant total de la rente que l'acquéreur doit payer va dépendre de la durée de vie du vendeur) ;

– le contrat d'**assurance** (l'obligation d'indemnisation à la charge de l'assureur dépend de la réalisation d'un risque : vol, incendie, etc.).

b) L'intérêt de la distinction est assez limité : les contrats qui pourraient être rescindés pour cause de **lésion** (v. *infra*, p. 49) ne le peuvent pas s'ils sont aléatoires, car les parties ont accepté le risque d'une grave disproportion. On dit que **l'aléa chasse la lésion**.

4. Contrats nommés et contrats innommés (art. 1107)

a) Distinction

• **Contrat nommé** : il est envisagé par la loi qui définit son régime de manière plus ou moins précise, p. ex., la vente, dont la réglementation se trouve dans les art. 1582 à 1701 du Code civil.

• **Contrat innommé** : un contrat est innommé en ce sens que la loi ne prévoit pas de réglementation qui lui serait propre (contrat de déménagement, de publicité, de transmission d'un savoir-faire).

b) Intérêt de la distinction

L'art. 1107 soumet les deux catégories de contrats aux mêmes règles générales, mais un contrat innommé échappe à la réglementation propre d'un contrat nommé dont il est proche. P. ex., le contrat d'enseignement de pilotage n'est pas soumis aux règles du contrat de transport aérien.

Lorsque les parties ont adopté une **qualification inexacte**, par erreur ou fraude, le juge doit restituer au contrat sa véritable qualification et lui appliquer les règles qui en découlent.

B. Classifications résultant de certaines dispositions du Code civil

1. Distinction quant aux modes de formation

a) Contrats solennels : ils sont assujettis à des **formes** particulières, exigées à peine de **nullité** (p. ex. le contrat d'hypothèque ou la donation, qui doivent être rédigés par acte notarié).

b) Contrats consensuels : ils se forment par la seule rencontre des volontés. C'est le principe (p. ex., pour la vente, art. 1583).

c) Contrats réels : leur validité suppose, outre l'accord de volontés, la **remise de la chose** (*res*), p. ex., le dépôt, le prêt, le gage, le don manuel.

• Comme le contrat n'est pas encore formé tant que la chose n'a pas été remise, la simple promesse de la remettre ne lie pas son auteur. Par ex., le **don manuel** suppose la remise du bien de la main à la main : la simple promesse de donner n'oblige pas à le faire. De même, la promesse de prêt n'oblige pas à prêter la chose.

• Toutefois, si le promettant a fait sa promesse à la légère ou sans avoir eu l'intention de la respecter, il a commis une **faute** qui l'oblige à réparer le préjudice éventuel de l'autre partie (qui a pu prendre d'autres engagements, p. ex. en tenant compte du prêt espéré).

• L'autonomie de cette catégorie est toutefois **discutée** : pour certains auteurs, la remise de la chose serait un **effet** du contrat, non une **condition** de sa validité (sauf, à la rigueur, pour le don manuel qui ne se conçoit pas sans la remise de la chose).

2. Distinction en fonction de l'*intuitus personae*

a) Distinction

• **Contrats conclus avec *intuitus personae*,** c.-à-d. en considération de la personne du cocontractant.

Certains le sont **par nature** (mandat, contrat de société dite de personnes), d'autres **par la volonté des parties**, qui ont attribué à la qualité du cocontractant une importance décisive.

Le degré d'*intuitus personae* est plus ou moins élevé : il peut porter sur telle personne déterminée ou tout au moins sur toute personne disposant d'une expérience ou d'une compétence particulière.

• **Contrats sans *intuitus personae* :** la qualité du cocontractant importe peu, p. ex., la vente, en principe.

b) Intérêts de la distinction

Si le contrat est conclu avec l'*intuitus personae* :

• il peut être annulé pour **erreur sur la personne** du cocontractant ;

• il prend fin, en principe, au **décès** du cocontractant.

3. Distinction selon les modalités d'exécution

a) Contrats à exécution instantanée et contrats à exécution successive

• **Contrat à exécution instantanée** : il crée des obligations susceptibles d'être exécutées (immédiatement ou plus tard) en une **seule prestation**, p. ex., la vente au comptant, l'échange.

• **Contrat à exécution successive** : l'exécution du contrat **s'échelonne dans le temps** (pour une durée déterminée ou indéterminée), p. ex., les contrats de bail, de travail.

• Parfois une catégorie intermédiaire se détache : c'est l'hypothèse du contrat en vertu duquel une partie exécute **en un instant** une prestation essentielle, tandis que l'autre est tenue d'une obligation dont l'exécution est **fractionnée**, p. ex. le paiement dans la vente à crédit.

b) Intérêts de la distinction

• Dans les **contrats à exécution successive**, la **nullité** ou la **résiliation** ne produisent en principe d'effets que pour **l'avenir**.

• Le problème de leur **modification** se pose lorsqu'un profond déséquilibre apparaît à la suite d'un changement imprévu des circonstances (v. *infra*, p. 75).

4. Distinctions fondées sur l'imbrication de plusieurs contrats

a) Distinctions traditionnelles

• **Contrat principal et contrat accessoire**

– Le **contrat principal** a une fin en lui-même et une existence indépendante.

– Le **contrat accessoire** est **lié à un contrat principal**, dont il permet la conclusion ou garantit l'exécution (p. ex. le mandat, le cautionnement).

Par conséquent, si le contrat principal est annulé ou s'éteint, le contrat accessoire disparaît aussi, faute de support.

• **Contrat principal et sous-contrat**

Le **sous-contrat** est calqué sur un **contrat principal** : il porte sur tout ou partie de l'objet de celui-ci, et a été convenu entre l'une des parties à ce contrat principal et un tiers.

Exemples :

– la **sous-location** : un propriétaire loue un immeuble à un locataire (contrat principal) qui, à son tour, en loue tout ou partie à un tiers (art. 1717) ;

– la **sous-traitance** : une personne charge un entrepreneur de construire une maison, et celui-ci convient avec d'autres entrepreneurs qu'ils effectueront divers travaux à sa place (art. 1799 et L. 31 déc. 1975, modifiée).

b) Concepts plus récents

Le **groupe de contrats** englobe plusieurs contrats qui ont le **même objet** ou participent à la réalisation d'un **but commun**, d'où la distinction entre :

• l'**ensemble contractuel** : plusieurs contrats sont conclus pour la réalisation d'un même objectif ;

• et la **chaîne de contrats :** plusieurs contrats successivement conclus portent sur le même objet. La chaîne peut être :

– **homogène**, parce que les contrats successifs sont de même nature, p. ex., ventes successives du même bien ;

– **hétérogène**, parce que les contrats successifs sont de nature différente, p. ex., vente de matériaux à un constructeur qui les utilise pour bâtir la maison de son client (contrat dit d'entreprise).

C. Autres distinctions

1. Distinctions en fonction du rapport des forces entre les parties

Les contrats sont conclus tantôt par des parties dont la force économique est à peu près égale, tantôt par des personnes placées dans une situation inégalitaire.

À partir de cette distinction, deux classifications ont été élaborées, mais elles se recoupent partiellement.

a) Distinction en fonction de la liberté de négociation : contrats de gré à gré et contrats d'adhésion

Distinction d'origine doctrinale, apparue au début du XXe siècle.

• Le **contrat de gré à gré** est librement négocié par les parties.

• Le **contrat d'adhésion** n'est pas discuté : il est rédigé à l'avance par une partie sur un écrit appelé **contrat-type**, et l'autre se contente de l'accepter en bloc, ou alors ne contracte pas (contrats conclus avec une société jouissant d'un monopole ou d'une position dominante, telles l'EDF, la SNCF, ou une compagnie d'assurance).

Le danger des contrats d'adhésion est évident : la partie forte impose sa volonté à l'autre. D'où l'intervention du législateur pour réglementer certains contrats d'adhésion, notamment à propos des contrats de travail, de transport et d'assurance. Il n'existe toutefois pas de réglementation uniforme pour l'ensemble des contrats d'adhésion.

b) Distinction en fonction de la qualité des contractants : consommateurs et non consommateurs

À partir des années 1970, plusieurs lois spéciales ont été votées pour protéger les consommateurs (vente à domicile, prêt). Le contenu de ces lois a fait l'objet d'un regroupement dans un Code de la consommation (L. 26 juill. 1993). Bien que les contrats conclus entre professionnels et consommateurs soient la plupart du temps des **contrats d'adhésion**, la protection des consommateurs peut aussi s'étendre aux **contrats conclus de gré à gré**. C'est le cas des mesures contre les clauses abusives (v. *infra*, p. 52) qui s'appliquent aux « stipulations librement négociées » comme aux autres (art. L. 132-1 C. consom., réd. L. 1er févr. 1995).

Les textes protégeant le **consommateur** ne le définissent pas, aussi incombe-t-il à la jurisprudence de préciser dans quels cas une personne en est un.

La notion peut être entendue de plusieurs manières :

- selon une conception étroite, le consommateur est uniquement le **particulier** qui contracte pour un **besoin personnel ou familial** ;
- selon une conception large, c'est aussi le **professionnel** qui contracte pour les besoins de sa profession, mais dans un **domaine en dehors de sa spécialité**, p. ex. un agent immobilier qui fait installer un système d'alarme ou un horticulteur qui achète de l'électricité pour ses serres.
- des conceptions intermédiaires existent également.

Entre ces différentes analyses, la jurisprudence a hésité.

Dans un premier temps, la première chambre civile de la Cour de cassation avait retenu la conception large, en reconnaissant la qualité de consommateur au professionnel qui avait contracté en dehors de sa compétence professionnelle et se trouvait en conséquence « dans le même état d'ignorance que n'importe quel autre consommateur ».

Depuis 1995, elle adopte une conception plus étroite : n'est pas un consommateur celui qui conclut un contrat de fourniture de bien ou de service ayant **un rapport direct avec son activité professionnelle** (p. ex. Civ. 1re, 30 janv. 1996, *JCP* 1996, II, 22654, note Leveneur : la société qui acquiert un logiciel pour gérer son fichier de clientèle ne peut pas se prévaloir de la législation destinée à protéger les consommateurs). La conception étroite est également retenue dans des textes de droit européen.

2. Distinctions en fonction du droit applicable

- **Contrat civil** et **contrat administratif** (ce dernier comporte une clause exorbitante du droit commun au profit d'une administration).
- **Contrat civil** et **contrat commercial**, qui est conclu, en principe, par un commerçant pour les besoins de son commerce ; son régime est différent sur certains points, p. ex., la preuve (v. *infra*, p. 63).
- **Contrat interne** et **contrat international**, qui peut être régi par une loi étrangère.

Section 2 › L'AUTONOMIE DE LA VOLONTÉ

Doctrine d'après laquelle la force obligatoire des actes juridiques dépend essentiellement de la volonté des parties : l'acte oblige parce qu'il a été voulu.
Elle a connu son âge d'or à la fin du XIXe siècle, puis est entrée dans une période de déclin.

§ 1 - LA THÉORIE

A. Origines et principe

1. Influences diverses

a) Influences philosophiques

• **Pensée chrétienne** et **droit canon** : insistent sur le **respect de la parole donnée**. Un contrat est valable dès lors qu'il a été librement consenti, même sans vêtement formel (pacte nu).

• **Théorie du droit naturel** (Grotius, XVIIe siècle) : elle met en évidence la liberté de l'homme et l'importance de sa volonté. Grotius a notamment élaboré une théorie des vices du consentement et de l'interprétation de la volonté.
Le rôle important de la volonté se retrouve en droit public. Selon la théorie du **contrat social**, exposée par Rousseau, les rapports sociaux sont organisés en vertu d'un accord entre les hommes qui acceptent des contraintes pour vivre en société ; donc la loi elle-même, expression de la volonté générale, a pour base une sorte de contrat.
La théorie a été affinée par **Kant**, qui utilise pour la première fois la formule « autonomie de la volonté », signifiant que la volonté individuelle est à elle-même sa loi et constitue la seule source des obligations : « L'autonomie de la volonté est cette propriété que possède la volonté d'être à elle-même sa loi » (*Fondements de la Métaphysique des mœurs*, 1789).

b) Influence du libéralisme économique

Théorie des **Physiocrates** (XVIIIe siècle) : « laisser faire, laisser passer », dont on a dit que le complément juridique est le « laisser contracter » (J. Carbonnier).

2. Contenu : force de la volonté

• Le contrat est, par certains côtés, supérieur à la loi :
– sa force obligatoire provient de la volonté, non de la loi ;
– la loi ne joue en principe qu'un rôle **supplétif** : régler les questions que les contractants n'ont pas envisagées.

• Puisque le contrat a été librement consenti, il est nécessairement **juste** (Fouillée, auteur de la fin du XIXe siècle : « qui dit contractuel, dit juste »).

B. Conséquences sur le régime du contrat

Le principe de l'autonomie de la volonté a influencé les rédacteurs du Code civil et, peut-être davantage, l'interprétation doctrinale de ce Code au cours du XIXe siècle.
Il explique plusieurs règles importantes relatives au régime du contrat.

1. Quant à sa formation

a) Liberté contractuelle

• L'individu est **libre de contracter** ou **de ne pas contracter**.

• Le contenu du contrat est **librement déterminé** par les parties ; une seule limite est admise : ne pas porter atteinte à l'**ordre public** ni aux **lois impératives** qui sont exceptionnelles, en matière contractuelle, dans le Code civil.
Les autres lois, plus nombreuses, sont dites **supplétives** et n'ont pas un caractère obligatoire, puisqu'elles servent uniquement à remplacer la volonté des parties lorsqu'elle ne s'est pas manifestée sur un point.

b) Consensualisme

Les contrats sont valables par le seul échange des consentements : ils sont **consensuels**, sauf exceptions.
En général, les **formes** sont seulement nécessaires pour la preuve de l'acte juridique, non pour sa **validité**.

2. Quant à ses effets

a) Force obligatoire

Le contrat lie les parties avec autant de force que la loi. C'est ce qu'affirme l'art. 1134, al. 1er : « les conventions légalement formées **tiennent lieu de loi** à ceux qui les ont faites ».
Elles ne peuvent être modifiées que par un nouvel accord (art. 1134, al. 2).

b) Effet relatif

Le contrat ne lie que ceux qui l'ont voulu, c.-à-d. les **parties**, et ne peut donc nuire ni profiter aux **tiers** (art. 1165) : c'est ce qu'on appelle le principe de l'effet relatif des contrats.

3. Quant à son interprétation

La **volonté réelle** des parties l'emporte sur leur volonté déclarée (art. 1156).

4. Quant aux conflits de lois

• **Dans le temps** : en principe, une loi nouvelle n'a pas d'effet sur un contrat antérieur, qui reste régi par la loi en vigueur au moment il a été conclu.

• **Dans l'espace** : dans un contrat international, les parties peuvent choisir elles-mêmes le droit — français ou étranger — qui le régit.

§ 2 - CRITIQUES ET DÉCLIN

A. Critiques

Deux critiques principales sont avancées.

1. La théorie sous-estime le rôle de la loi

• En plaçant la volonté des parties au-dessus de la loi, la théorie bouleverse la **hiérarchie des normes** : c'est la loi, expression de la volonté générale, qui est au-dessus de la volonté des particuliers.

• Le Code civil subordonne d'ailleurs la validité du contrat au respect de la loi. Selon l'art. 1134, al. 1er, si les conventions tiennent lieu de loi à ceux qui les ont faites, c'est à la condition d'avoir été **légalement constituées.**

• D'après Kelsen (*La théorie juridique de la convention*, 1940), le contrat est obligatoire dans la mesure où une norme d'un degré supérieur (la loi) autorise les sujets à créer (par délégation) une norme d'un degré inférieur (le contrat) : le contrat qui crée des **droits subjectifs** n'a de valeur juridique que s'il est conforme à la règle de **droit objectif**.

2. La théorie néglige les impératifs de bonne foi et d'équité

• La théorie repose sur le postulat que les hommes sont libres et égaux, mais souvent une partie forte impose sa volonté à une partie faible (théories sociales, p. ex. Lacordaire : « entre le fort et le faible, c'est la liberté qui asservit, la loi qui libère »).

• En particulier, la doctrine a dénoncé le danger des contrats d'adhésion : une partie en état de supériorité économique est en mesure de dicter ses conditions, et l'autre adhère en bloc ou ne contracte pas (J. Carbonnier : « **elle y adhère plutôt qu'elle y consent** »).

• La volonté joue certes un rôle important, mais il faut aussi tenir compte, comme le demande la loi elle-même, d'impératifs de loyauté, de bonne foi (art. 1134, al. 3) et d'équité (art. 1135 : « les conventions obligent non seulement à ce qui y est exprimé, mais encore à toutes les suites que l'équité, l'usage ou la loi donnent à l'obligation d'après sa nature »).

B. Recul

Ce recul est le résultat :

• de **l'évolution de la jurisprudence** qui, p. ex., en interprétant le contrat, lui fait produire des effets que les parties n'avaient sans doute pas envisagés, mais qui paraissent plus justes (p. ex., l'obligation de sécurité pesant sur les transporteurs, les exploitants de manèges forains ou de magasins au profit de leur clientèle) ;

• plus radicalement, de **réformes législatives**, inspirées par un dirigisme économique (législation relative au blocage des prix, p. ex.) ou un dirigisme social. Ainsi des lois nouvelles, de plus en plus nombreuses, visent à protéger une partie, considérée comme plus faible que l'autre (salarié, consommateur) : elles sont notamment à l'origine du **droit du travail** et du **droit de la consommation**. Ces lois sont impératives et certaines s'appliquent même aux contrats conclus avant leur entrée en vigueur. Le déclin du principe de l'autonomie de la volonté, que ces lois nouvelles entraîne, se manifeste de diverses manières.

1. Déclin de la liberté contractuelle

a) Atteintes à la liberté de contracter

• **La conclusion de certains contrats est obligatoire.** P. ex., la conclusion d'un contrat d'assurance est nécessaire pour faire circuler un véhicule ou exercer certaines professions (avocat, notaire, architecte, etc.). En ce cas, il faut contracter, mais le contractant est choisi librement.

• **Dans certaines hypothèses, la conclusion du contrat reste facultative, mais si une partie contracte, elle ne peut pas choisir son cocontractant.** P. ex., si le propriétaire d'un fonds rural ou d'un local d'habitation décide de le vendre, le fermier ou le locataire a le droit de l'acheter en priorité (droit dit de préemption).

• **Parfois une personne est tenue de contracter, sans pouvoir choisir le cocontrac-**

tant. P. ex., un commerçant ne peut refuser à un consommateur la vente d'un produit ou la prestation d'un service, « sauf motif légitime » (art. L. 122-1 C. consom.).

b) Atteintes à la liberté de convenir du contenu du contrat

Des lois **imposent** ou **interdisent certaines clauses**, notamment en matière de contrat de travail (durée du travail, salaire minimum), de contrats entre professionnels et consommateurs.

Législateur et jurisprudence se sont en particulier engagés dans une lutte contre les **clauses abusives** (v. *infra*, p. 52).

c) Les exigences de forme se multiplient (on assiste à une renaissance du formalisme), surtout les **mentions obligatoires** pour mieux éclairer une partie (p. ex., dans les contrats de crédit, indication du coût exact pour l'emprunteur).

2. Déclin de la force obligatoire

De nouvelles lois ont édicté des règles applicables à tous les contrats ou à certains d'entre eux afin de protéger une partie considérée comme faible, p. ex. :

a) Dans tous les contrats, pouvoir du juge de modifier certaines clauses en faveur d'un cocontractant, généralement le débiteur :

- **octroi d'un délai de paiement** : art. 1244-1. Ce pouvoir a été accordé au juge dès le Code civil (1804), mais a été ouvert plus largement par des lois postérieures ;
- **réduction**, même d'office, **de la clause pénale manifestement excessive**, art. 1152, mod. par L. 9 juill. 1975 et 11 oct. 1985, v. *infra*, p. 98.

b) Dans les contrats conclus entre professionnels et consommateurs, élimination des clauses jugées abusives (v. *infra*, p. 52) et droit pour les associations agréées de consommateurs de demander en justice la suppression des clauses illicites et la cessation d'agissements illicites (L. 5 janv. 1988 et art. L. 421-2 C. consom.).

c) Dans certains contrats, droit de repentir accordé à une partie : p. ex., le client qui a fait l'objet d'un démarchage à son domicile (art. L. 121-25 C. consom.) ; l'emprunteur en matière mobilière (art. L. 311-15 C. consom. ; v. *infra*, p. 32) ; l'acquéreur non professionnel d'un immeuble à usage d'habitation (art. L. 271-1 C. constr. et habit.).

Si l'on assiste à un recul de l'autonomie de la volonté et à ce que l'on a pu appeler la « crise du contrat » (H. Batiffol), la technique contractuelle reste quand même irremplaçable pour donner un support juridique aux échanges économiques.

POUR ALLER PLUS LOIN

BIBLIOGRAPHIE :

› F. Terré, Ph. Simler et Y. Lequette, *Droit civil. Les obligations*, Dalloz, coll. « Précis », 9e éd., 2005, nos 1 à 78.

› B. Oppetit, « L'engagement d'honneur », *D.* 1979, chron. 106 s.

› A. Sériaux, « La notion de contrat synallagmatique », *Mélanges Ghestin*, 2001, p. 211 s.

› Sur la terminologie : G. Cornu, *Vocabulaire juridique Capitant*.

› Sur l'avant-projet de réforme : n^os^ spéciaux de *Revue des contrats* 2006-1 et 2007-1.

Chapitre 2 › LA FORMATION DU CONTRAT

L'article 1108 énumère quatre conditions :
1. le **consentement** de la partie qui s'oblige (en réalité, il faut le consentement des deux parties, car si une seule consent, ce n'est pas un contrat, mais un acte unilatéral) ;
2. la **capacité** de contracter ;
3. un **objet** certain qui forme la matière de l'engagement ;
4. une **cause** licite dans l'obligation.
Si l'une fait défaut, le contrat est en principe **nul**.
Parfois des conditions de **forme** s'imposent aussi, mais les sanctions de leur omission sont variées (v. *infra*, p. 58).

Section 1 › LES CONDITIONS DE FORMATION DES CONTRATS

§ 1 - LE CONSENTEMENT

La validité du contrat suppose : l'échange des consentements ; l'absence de vice des consentements.

A. Échange des consentements

Tout contrat suppose la rencontre d'une **offre** et d'une **acceptation**. Si l'une fait défaut, le contrat n'est pas formé : ce sont des éléments indispensables à son existence. Souvent les contrats se concluent par la rencontre immédiate de l'offre et de l'acceptation. Certains se réalisent en l'absence de négociation véritable (p. ex. les **contrats d'adhésion**).
En revanche, des contrats importants sont conclus après des négociations complexes et se forment par étapes, ou point par point (théorie dite de la **punctation**).

1. Les éléments indispensables à la rencontre des volontés

a) L'offre ou pollicitation

Définition : c'est une manifestation de volonté unilatérale par laquelle une personne appelée **offrant** ou **pollicitant** (de *polliceri* : proposer ; les deux mots **offre** et **pollicitation** sont généralement entendus comme synonymes) fait connaître son intention de contracter et les conditions essentielles du contrat. Si l'offre est acceptée, le contrat est conclu.

Caractères : elle doit être :

• suffisamment précise et contenir les éléments essentiels du contrat (dans la vente, l'objet et le prix), de telle sorte que l'acceptation de ses termes suffise à parfaire le contrat ;

• ferme : le pollicitant doit avoir l'intention de s'engager. Mais l'offre peut être ferme tout en étant assortie de certaines réserves, dès lors qu'elles présentent un caractère suffisamment objectif pour ne pas permettre à l'offrant de se dégager librement. P. ex., un commerçant fait une offre de vente jusqu'à épuisement du stock : dans la limite ainsi précisée, l'offre reste ferme ;

• non équivoque.

Si la proposition ne réunit pas ces caractères, ce n'est pas une offre véritable, c'est une simple **invitation à entrer en pourparlers**.

Modalités :

• **Modes d'expression**

L'offre peut être :

– **expresse**, c.-à-d. exprimée soit par écrit (lettre, catalogue, menu affiché), soit oralement ;

– **tacite**, c.-à-d. résulter d'un comportement (chauffeur de taxi attendant dans son véhicule des passagers) ou d'une exposition (en vitrine), etc.

• **Destinataires**

L'offre peut être destinée :

– à une **personne déterminée** : elle est alors caractérisée par l'*intuitus personae* ;

– au **public** (annonces). L'offre faite au public lie le pollicitant à l'égard du premier acceptant, de la même façon qu'une offre à personne déterminée. Mais si le contrat présente un aspect d'*intuitus personae*, l'auteur de l'offre se réserve le droit de choisir son cocontractant (offres d'emploi en général). Il s'agit alors plutôt d'une invitation à des pourparlers.

• **Durée**

L'offre est parfois assortie d'un **délai exprès**. À défaut, les tribunaux estiment qu'elle est en général **implicitement accompagnée d'un délai raisonnable**, apprécié en fonction des circonstances et des usages.

Il en est notamment ainsi en cas d'offre faite par correspondance : elle vaut dans la limite du temps nécessaire pour que celui à qui elle a été adressée examine la proposition et y réponde.

Effets :

• **Principe : l'offre peut être rétractée tant qu'elle n'a pas été acceptée**

– Si l'offre **n'est pas encore parvenue au destinataire**, son auteur peut la révoquer librement (p. ex., par un télex qui doit arriver au plus tard en même temps que l'offre). En ce cas, le destinataire ne subit aucun préjudice et ne peut pas se plaindre.

– En revanche, si l'offre **est déjà parvenue au destinataire**, la liberté de la révoquer n'est pas totale : l'obligation de la maintenir pendant un certain temps peut alors s'imposer à l'offrant.

• **Obligation de maintenir l'offre pendant un certain temps**

– Si **l'offrant a fixé un délai**, il est tenu de maintenir son offre pendant ce délai.

– Lorsqu'aucun délai n'a été prévu, les juges doivent rechercher si l'offre ne comportait pas un **délai raisonnable** d'acceptation pendant lequel la révocation n'est pas possible. Ce délai est apprécié par les juges compte tenu des circonstances, mais il est généralement bref, surtout en matière commerciale. Cette obligation de maintien est certaine lorsque l'offre est adressée à **une personne déterminée**, mais son existence est discutée si l'offre est faite au **public**.

– Parfois la **loi** précise le délai pendant lequel l'offre doit être maintenue (art. L. 311-8 C. consom., relatif à l'offre de prêt en matière mobilière : 15 jours ; art. L. 312-10 C. consom., sur le prêt en matière immobilière : 30 jours).

– En cas d'offre par **voie électronique**, son auteur reste engagé tant qu'elle est accessible de son fait par la voie électronique (art. 1369-4, al. 1).

Sanction d'une révocation intervenue avant l'expiration du délai expressément prévu ou raisonnable : l'auteur de l'offre qui la révoque commet une **faute** qui engage sa responsabilité délictuelle (art. 1382), et non pas contractuelle, puisque le contrat n'est pas formé. Il peut donc être condamné à payer des dommages et intérêts, mais non à conclure le contrat.

• **Caducité de l'offre**

Plusieurs causes peuvent entraîner la caducité de l'offre.

1er cas : l'**expiration du délai** (prévu ou raisonnable) ;

2e cas : il était traditionnellement admis que le **décès** ou l'**incapacité** du pollicitant rendait son offre caduque (c'était une différence avec la promesse, qui est un contrat). Par la suite, la position de la Cour de cassation a fluctué : après avoir jugé en 1983 que l'offre n'était pas caduque du seul fait du décès, elle était revenue dans une décision de 1989 à la solution traditionnelle, puis elle a à nouveau décidé en 1997 que le décès d'un pollicitant ne rendait pas caduque l'offre qu'il avait assortie d'un délai. En l'état de ces hésitations et des difficultés d'interprétation du dernier arrêt (l'offre émanait de deux personnes, dont une décéda), la solution reste incertaine. Si la règle selon laquelle la mort d'un pollicitant n'entraîne pas la caducité de l'offre assortie d'un délai venait à être clairement confirmée, elle conforterait l'analyse qui considère une telle offre comme un véritable engagement unilatéral de volonté.

3e cas : le destinataire de l'offre répond en faisant une **contre-proposition.**

b) L'acceptation

Définition : c'est la manifestation de volonté par laquelle une personne donne son accord à l'offre qui lui est faite.

Caractères et modalités :

• Elle doit être **pure et simple** : si son auteur fait des réserves ou en modifie les termes, c'est une **contre-proposition** ou nouvelle offre, qui rend la première caduque.

• Elle peut être **expresse** ou **tacite**, à condition de **ne pas être équivoque**.

En principe, le **silence** ne vaut pas consentement, mais exceptionnellement il vaut acceptation, s'il est « **circonstancié** » (Civ., 25 mai 1870, *Les grands arrêts de la jurisprudence civile*, t. 2, n° 147 : « le silence de celui qu'on prétend obligé ne peut suffire, en l'absence de toute autre **circonstance**, pour faire preuve contre lui de l'obligation alléguée »).

La jurisprudence estime que le silence est **circonstancié**, et que donc l'acceptation du destinataire de l'offre **est présumée**, dans les cas suivants :

1er cas : lorsque les parties étaient en **relation d'affaires antérieures** et que le contrat est de **même nature** que les précédents. Il en va à plus forte raison de même pour le renouvellement d'un contrat à exécution successive, dont la durée est déterminée : lorsqu'il arrive à son terme, le simple fait pour les parties d'en poursuivre l'exécution suffit à le prolonger. C'est le mécanisme de la **tacite reconduction**. Le contrat ainsi renouvelé est considéré comme un nouveau contrat.

Parfois c'est la loi elle-même qui fait produire des effets au silence, p. ex. :

– art. 1738 C. civ., relatif aux baux : si le locataire « reste et est laissé en possession, il s'opère un **nouveau bail**... » ;

– art. L. 112-2, al. 2 C. assur. : si l'assureur ne refuse pas dans les dix jours de la réception, la proposition, émanant de l'assuré et exprimée par lettre recommandée, de prolonger ou modifier un contrat, il est considéré comme l'ayant acceptée.

2e cas : lorsque des **usages professionnels** ou **commerciaux** l'admettent (p. ex., certains usages en matière boursière).

3e cas : lorsque l'offre était faite dans l'**intérêt exclusif de son destinataire** (offre de remise de dette ou d'assistance).

• **Modalités de l'acceptation en cas de conclusion du contrat par voie électronique**. En cas d'offre par voie électronique, l'acceptation se décompose en deux phases : d'abord la **commande** elle-même (1er « clic ») ; puis, une fois que le destinataire de l'offre a eu la possibilité de vérifier le détail de sa commande et son prix total, ainsi que de corriger d'éventuelles erreurs, la **confirmation** (2e « clic »). La confirmation de la commande, manifestée par les deux « clic », exprime l'acceptation. L'auteur de l'offre est ensuite tenu d'en accuser réception par voie électronique.

• **Moment de l'acceptation.** En principe, l'acceptation peut avoir lieu immédiatement après l'offre, mais des lois modernes ont, dans le but d'écarter le risque d'engagements irréfléchis, imposé un **délai dit de réflexion**, pendant lequel le destinataire de l'offre ne peut pas valablement l'accepter ; p. ex.,

– en cas d'enseignement à distance, « le contrat ne peut être signé (par l'élève) qu'au terme d'un délai de 6 jours francs après sa réception » (art. 9 L. 12 juill. 1971, devenu art. L. 444-8 C. éduc.) ;

– un délai de 10 jours pour accepter est imposé au destinataire d'une offre de prêt immobilier (art. L. 312-10, al. 2 C. consom.) ;

– un délai de 7 jours est accordé à l'acquéreur non-professionnel d'un immeuble à usage d'habitation lorsque l'acte authentique (acte notarié) n'a pas été précédé d'un contrat préliminaire ou d'une promesse de vente (art. L. 271-1, al. 5 C. const. et habit. : « en aucun cas l'acte authentique ne peut être signé pendant ce délai de sept jours »).

On oblige ainsi le destinataire de l'offre à réfléchir avant de consentir. Toute clause qui aurait pour effet d'évincer ce délai est nulle.

Effets : le **contrat est conclu :** ni l'auteur de l'offre, ni celui de l'acceptation ne peut revenir sur sa décision, sauf nouvel accord.

Mais des lois modernes accordent à certains cocontractants **un droit de repentir** ou de **rétractation** dans un délai précis (art. L. 121-25 C. consom., sur le démarchage et la vente au domicile d'une personne physique, qui a le droit de se rétracter dans les 7 jours de sa commande ; art. L. 311-15 C. consom. : même délai au profit de l'emprunteur en matière mobilière ; art. L. 211-16 C. assur. : droit pour la victime d'un accident de la circulation de dénoncer la transaction dans les 15 jours de sa conclusion ; L. 13 déc. 2000 et art. L. 271-1 C. const. et habit. : droit de rétractation accordé à l'acquéreur non professionnel, signataire d'un acte dont l'objet est la construction ou l'acquisition d'un immeuble d'habitation, dans les 7 jours suivant la notification de cet acte).

Toutes ces dispositions légales sont impératives et les clauses contraires sont nulles.

c) La rencontre des volontés de personnes qui ne se trouvent pas au même endroit : moment et lieu de formation du contrat

Cas fréquent des contrats conclus entre personnes qui ne se trouvent pas au même endroit : il s'agit de savoir où et quand le contrat a été conclu :

– si l'accord est convenu par **téléphone**, seul le problème du **lieu** se pose ; il peut en être encore ainsi lorsqu'il se réalise par **correspondance électronique** (p. ex., réponse immédiate par courriel) ;
– si les volontés s'expriment par un échange de lettres, s'ajoute le problème du **moment**.
Bien entendu, les parties sont libres de décider où et quand le contrat est formé, mais lorsqu'elles n'ont rien dit sur ces points, il est nécessaire de trouver une règle supplétive.

• **Intérêts de la discussion**

1. De **nombreux intérêts** s'attachent à la **détermination du moment**.
– Le contrat est **formé** et produit ses **effets** ; il a **force obligatoire** et une partie ne peut donc pas revenir sur son engagement. Dans la vente, le transfert de propriété a lieu, etc.
– Les **conditions de validité** (consentement, capacité, etc.) s'apprécient au jour de la conclusion de l'acte.
– La **loi qui régit** le contrat est en principe celle qui était en vigueur au jour de sa conclusion.

2. Intérêt très limité pour la **détermination du lieu**.
Dans l'ancien Code de procédure civile, une disposition prévoyait la compétence du tribunal du lieu de conclusion de l'acte pour les litiges relatifs aux contrats. Actuellement la compétence territoriale des tribunaux ne dépend plus du lieu de conclusion, sauf éventuellement pour le contrat de travail (art. R. 517-1, al. 3 C. trav., qui offre au salarié la possibilité de saisir le conseil des prud'hommes du lieu où le contrat s'est formé).

• **Différentes théories**

Deux orientations principales s'affrontent.

1re orientation : La simple coexistence des deux volontés qui coïncident suffit, donc le contrat est formé dès qu'il a été accepté : c'est la théorie de la **déclaration d'acceptation** (on retient notamment le moment et le lieu de la signature de la lettre d'acceptation).
Mais, à ce moment-là, la volonté d'accepter n'est pas encore suffisamment extériorisée, d'où une variante : la théorie de l'**expédition de l'acceptation** (le contrat est formé au moment et au lieu de l'expédition). Cette variante est plus facile à mettre en œuvre (le cachet de la poste fait foi).

2e orientation : Il faut que le pollicitant ait pris connaissance du fait que l'autre partie a accepté l'acceptation, c.-à-d. que les volontés se soient réellement rencontrées : c'est la théorie de **l'information** (du pollicitant). Comme ce moment est également difficile à connaître, le recours à une variante est proposé : la théorie de la **réception de l'acceptation** (le contrat est formé au lieu et au moment où l'offrant reçoit la lettre d'acceptation).
Des auteurs pensent qu'une solution uniforme ne s'impose pas et préconisent d'utiliser l'une ou l'autre des théories, en fonction des problèmes posés. P. ex., pour certains, il faudrait faire la distinction suivante :
– s'il s'agit seulement de connaître le **point de départ des effets d'un contrat**, dont l'existence n'est pas discutée, il ne serait pas nécessaire que l'offrant ait pris connaissance de l'acceptation : la théorie de l'expédition s'appliquerait ;

– si l'existence même du contrat est en jeu, d'autres distinctions apparaîtraient, notamment : pour savoir si l'offrant peut **révoquer son offre**, il faudrait appliquer la théorie de la réception, au motif qu'il n'est pas admissible qu'une personne soit engagée sans en être informée, c.-à-d. tant qu'elle n'a pas reçu la lettre d'acceptation (la révocation serait donc possible jusqu'à cette date) ; pour savoir si **l'offre est caduque** (v. sur les causes de caducité, *supra*, p. 31), il faudrait appliquer la théorie de l'expédition. En effet, pour que le contrat soit formé, il devrait suffire que le destinataire de l'offre ait accompli ce qui dépendait de lui, c.-à-d. ait envoyé la lettre d'acquiescement avant la survenance de l'événement qui était de nature à entraîner la caducité de l'offre.

• **Droit positif**

1. Le **Code civil** ne se prononce pas. Certains de ses articles ont été **interprétés** en faveur de la théorie de la réception (art. 932, al. 2, relatif à la donation), d'autres en faveur de celle de l'expédition (art. 1985, al. 2, relatif au mandat).

2. Les **juges du fond** appliquent tantôt la théorie de l'expédition, tantôt celle de la réception.

3. La position de la **Cour de cassation** a fluctué : elle a souvent affirmé qu'il s'agissait d'une **question de fait**, relevant du pouvoir souverain des juges du fond ; à d'autres reprises, elle y a vu une **question de droit** et s'est prononcée soit pour la théorie de la réception, soit pour celle de l'émission.

Parfois, les auteurs ont interprété la jurisprudence en relevant la distinction suivante :

– pour déterminer **où** le contrat a été conclu, la jurisprudence manifesterait une nette préférence en faveur de la théorie de l'expédition (not. pour permettre à un salarié de plaider devant le tribunal du lieu où il a expédié sa lettre d'acceptation d'une offre d'emploi et lui éviter d'aller plaider loin de chez lui) ;

– pour déterminer le **moment** de la conclusion, elle utiliserait plutôt la théorie de la réception.

4. Mais, en 1981, la chambre commerciale de la Cour de cassation s'est prononcée en faveur de la **théorie de l'expédition** dans un cas concernant le **moment**, tout en laissant aux parties la faculté de décider le contraire : « faute de stipulation contraire, l'acte du… était destiné à devenir parfait, non pas par la réception par [l'offrant] de l'acceptation par la société X, mais par l'émission par celle-ci de cette acceptation ».

Il résulte de cet arrêt que :

– les parties peuvent décider librement où et quand le contrat est formé : leur volonté est souveraine ;

– ce n'est qu'à défaut de précision de leur part qu'il convient de faire appel à la théorie de l'expédition (il s'agit bien d'une **règle supplétive**).

2. La formation par étapes

a) Pourparlers

L'invitation à des pourparlers est une simple offre de négociation.

Deux règles définissent le régime des pourparlers :

• **Les pourparlers peuvent être rompus, puisque les parties ne sont pas encore liées par un contrat.**

• **Mais elles doivent conduire les négociations de bonne foi :** chacune doit informer correctement le partenaire, et ne doit pas prolonger les négociations si elle a déjà pris la décision de les rompre.

En conséquence, si une partie rompt sans motif légitime et brutalement (par un simple coup de téléphone, p. ex.) des pourparlers avancés, en n'ignorant pas que son partenaire a engagé des frais, elle agit de **mauvaise foi** et commet une **faute** entraînant sa responsabilité.

Nature de la responsabilité. Comme cette responsabilité naît au cours des négociations préalables au contrat, on dit qu'elle est **précontractuelle**. Il ne s'agit toutefois que d'une application de la responsabilité délictuelle, visée dans l'art. 1382, et qui suppose une faute, un dommage et le lien de causalité entre les deux (situation à rapprocher de la rupture brutale d'une promesse de mariage).

Le **préjudice réparable** comprend tous les frais et la perte de temps occasionnés par les négociations infructueuses, mais non le profit que la victime aurait pu tirer du contrat projeté.

Les pourparlers peuvent aboutir à un contrat définitif ou à un premier accord, qui a un caractère préalable.

b) Avant-contrat, contrat préalable, promesse

Deux traits principaux caractérisent ces accords préalables :

– il s'agit d'**accords véritables**, donc ils ont une **force obligatoire** ;

– mais ils sont **préalables** à la conclusion du contrat définitif, donc ils sont **provisoires**.

L'étendue et les modalités de ces accords sont très variables.

• Accords de principe ou protocoles d'accord

Les parties se sont mises d'accord sur un certain nombre de points (p. ex., sur les éléments essentiels du contrat ou la manière de conduire les négociations) et s'engagent à continuer les discussions à partir des bases acquises.

De tels accords créent une obligation de nature **contractuelle**, à la charge de chaque partie, de continuer de bonne foi la discussion. La rupture sans raison sérieuse justifie la condamnation à des dommages et intérêts (responsabilité contractuelle, puisqu'un accord a été conclu), mais non la condamnation à conclure le contrat définitif.

• Pacte de préférence

Le pacte de préférence est la convention par laquelle une personne s'engage, pour le cas où elle se déciderait à vendre un bien, à faire d'abord une offre à l'autre partie, selon des conditions déjà déterminées ou proposées par un tiers. Le bénéficiaire dispose d'un droit de préemption (de *præemptor* : premier acheteur).

• Promesse unilatérale

Définition : la promesse unilatérale est une convention par laquelle une personne **s'engage** pendant un certain temps **à conclure** avec une autre un contrat à des conditions déterminées. Le bénéficiaire de la promesse a un **droit d'option.**

P. ex., la promesse unilatérale de **vente** (le promettant s'engage à vendre et la vente sera parfaite si le bénéficiaire accepte d'acheter) ; la promesse unilatérale d'**achat** (le promettant s'engage à acheter si l'autre décide de vendre).

Si le bénéficiaire accepte de conclure le contrat définitif, on dit qu'il « lève l'option ».

Régime :

– **Nature de l'acte**. La promesse unilatérale est une véritable convention qui engage le promettant : c'est un **contrat unilatéral**. En cela, **elle se distingue de l'offre**, qui est une simple manifestation unilatérale de volonté.

– Comme le promettant est lié dès le jour de la conclusion de la promesse, sa **capacité** et la réalité de son **consentement** s'apprécient à cette date : peu importe donc la survenance d'une altération de ses facultés mentales entre le moment de la promesse et celui de la levée de l'option.
– Souvent la promesse est assortie d'une **clause de dédit**, appelée **clause d'indemnité pour immobilisation**, destinée à compenser, p. ex. dans le cas d'une promesse unilatérale de vente qui ne serait finalement pas acceptée par son bénéficiaire, le préjudice subi par le promettant qui s'est engagé à ne pas vendre son bien à une autre personne pendant la durée de l'« option ». En vertu de cette clause, le bénéficiaire promet de verser, ou verse, dès le jour de la conclusion de la promesse, une somme d'argent qui sera conservée par le promettant, en cas de refus d'acheter. Bien que le bénéficiaire soit ainsi tenu lui aussi d'une obligation, la jurisprudence considère que la promesse reste unilatérale, car les obligations (vendre le bien pour l'un, payer une indemnité pour l'autre) ne sont pas rigoureusement symétriques : on parle parfois de « contrat synallagmatique de promesse unilatérale » (J. Ghestin).

• **Promesse synallagmatique**

Définition : la promesse synallagmatique est une convention par laquelle les deux parties **s'engagent réciproquement**. P. ex., la promesse synallagmatique de vente : l'une s'engage à vendre, l'autre à acheter.

Distinction avec la promesse unilatérale : dans la promesse synallagmatique, **les deux parties sont liées**, alors qu'une seule l'est lorsque la promesse est unilatérale. Parfois une promesse apparemment unilatérale est en réalité synallagmatique, lorsqu'elle contient une **clause de dédit ou d'indemnité d'immobilisation d'un montant très élevé**. Ainsi, dans une promesse unilatérale de vente, le bénéficiaire n'est pas **directement** tenu d'acheter, mais si une clause l'oblige à payer, en cas de refus, une forte indemnité, il est **indirectement** contraint à l'achat. Les tribunaux doivent alors donner à l'acte sa qualification exacte, résultant de sa nature véritable et lui appliquer le régime des contrats synallagmatiques.

Différence avec le contrat définitif : par la promesse synallagmatique, les parties se sont mises d'accord pour la conclusion du contrat définitif ; aussi la distinction entre les deux actes est délicate. Deux grandes orientations peuvent se dégager :
– si le contrat définitif est **consensuel**, la rencontre des volontés dans la promesse suffit pour lier définitivement les parties et la réitération de leur accord dans un acte postérieur, p. ex. un acte notarié, peut être analysée comme une simple modalité d'exécution. C'est ce que prévoit le Code civil en matière de vente (art. 1589) : **la promesse synallagmatique de vente vaut vente**, et la jurisprudence a étendu cette identification à d'autres contrats (p. ex., la promesse de bail vaut bail) ;
– en revanche, lorsque la conclusion du contrat est assujettie à l'accomplissement d'une **formalité**, la distinction est plus nette : la promesse synallagmatique ne vaut pas contrat définitif, mais entraîne simplement obligation d'accomplir la formalité requise.

B. Vices du consentement

• L'existence du consentement ne suffit pas, il faut aussi qu'il soit **libre** et **éclairé**. Si son consentement a été vicié par l'**erreur**, la **violence** ou le **dol**, une partie peut demander la **nullité** du contrat.

• Le **vice du consentement** se distingue du **défaut de consentement**, résultant, p. ex., de l'incapacité.

• La **lésion** n'est pas un véritable vice du consentement, v. *infra*, p. 48.

• Par ailleurs, le législateur et la jurisprudence essaient de **prévenir** les atteintes à l'intégrité du consentement par d'autres moyens, notamment en imposant des **obligations de renseignements**.

1. L'erreur (art. 1110)

Définition : l'erreur est **toute fausse représentation de la réalité qui a conduit une personne à contracter**, alors qu'elle ne l'aurait pas fait si elle avait connu la réalité. C'est le vice le plus fréquent.

L'art. 1110 prévoit deux cas d'erreur susceptible d'entraîner la nullité du contrat : l'**erreur sur la substance** et l'**erreur sur la personne.**

Ce texte est rédigé en termes restrictifs (« L'erreur **n'est** une cause de nullité **que** lorsque... »), révélant le caractère exceptionnel, dans l'esprit des rédacteurs du Code civil, de la nullité pour erreur (dans un souci de sécurité des contrats), mais la jurisprudence en a élargi le domaine (dans un souci de justice).

Parfois des auteurs opposent ces **erreurs, vices du consentement**, à des **erreurs-obstacles**, c.-à-d. qui ont empêché la rencontre des volontés et dont l'effet serait d'entacher le contrat de **nullité absolue**, ou même de le rendre **inexistant**. Les erreurs dites obstacles sont :

– l'erreur sur la **nature même du contrat** (l'un croit acheter une maison, l'autre pense seulement la donner en location) ;

– l'erreur sur l'**objet du contrat** (l'un croit acheter une maison, l'autre pense vendre des parts de société immobilière ; ou erreur sur l'unité de compte : l'un parle en francs, l'autre en euros ; ou encore, malentendu sur le prix : p. ex., pour l'un, il s'agit de 15 000 € et l'autre comprend 1 500 €) ;

– parfois un troisième cas se distingue, dont l'existence est discutée : l'erreur sur **la cause** (p. ex., à propos d'un acte unilatéral : un homme reconnaît un enfant en croyant qu'il en est le père).

Pour d'autres auteurs, ces erreurs-obstacles se ramèneraient à des erreurs sur l'objet des obligations, c.-à-d. sur la substance, et ne se distingueraient pas de l'erreur, simple vice du consentement.

a) L'erreur sur la substance

Le mot **substance** est **interprété largement :** il s'agit non seulement de la **matière** même dont la chose est faite (p. ex., l'achat de chandeliers de bronze en croyant qu'ils sont en argent), mais aussi de toute **qualité substantielle**, c.-à-d. une qualité que les parties ont eue principalement en vue (p. ex. l'achat d'une copie, en croyant qu'il s'agit du tableau d'un peintre célèbre). La jurisprudence a ainsi retenu une **conception subjective** de la substance.

L'annulation n'est prononcée que si le demandeur a prouvé certaines conditions.

• **L'erreur doit porter sur une qualité qui a eu une influence déterminante sur le consentement.**

Si elle avait connu la réalité, la victime de l'erreur n'aurait pas contracté.

L'élément qui a eu une influence déterminante sur son consentement peut être :

– **la qualité même de l'objet** (véhicule neuf ou d'occasion, puissance d'un moteur, authenticité d'un tableau) ;
– **l'aptitude de l'objet à réaliser le but poursuivi** (achat d'un animal apte au travail, d'une vedette qui peut naviguer en mer, d'un terrain constructible).
Conséquence : lorsqu'une partie a accepté un **aléa** sur une qualité, même essentielle, de la chose, elle ne peut pas invoquer ultérieurement une erreur, puisque l'acceptation de l'aléa enlève à l'erreur tout caractère déterminant.
Sont indifférentes les erreurs sur :
– les **qualités accessoires** ;
– la **simple valeur économique :** ceci s'explique aussi par le principe que la lésion n'est pas une cause d'annulation, v. *infra*, p. 48 ; en revanche une erreur sur le prix peut être une cause de nullité lorsqu'elle résulte de l'indication par inadvertance d'un prix erroné ou d'un malentendu fondamental (cas d'erreur-obstacle) ;
– les **motifs**, même déterminants, qui ont conduit une partie à contracter, sauf si leur importance avait été connue de l'autre partie.

• **Cette qualité doit avoir été convenue par les parties.**

Il n'est pas nécessaire que l'erreur ait été commune aux deux parties : **il suffit qu'une seule se trompe.**
Mais il faut que **l'autre partie ait connu** (ou qu'elle **aurait dû connaître**) l'importance essentielle, accordée par la victime de l'erreur, à une qualité de l'objet. L'erreur n'est cause de nullité que lorsqu'apparaît une **discordance entre l'objet réel du contrat et sa définition convenue par les parties.**
Cette qualité a pu être convenue **expressément**. À défaut, pour déceler ce que les parties avaient ensemble considéré comme une qualité essentielle, les juges se réfèrent à leur **intention présumée**, aux **usages**, à **l'opinion commune** (p. ex. : achat d'une statue chez un antiquaire de renom ; c'est un indice, avec le prix élevé, que l'acheteur voulait un objet authentique). Dans le cas particulier de la vente aux enchères publiques d'un objet d'art, la référence à une période historique portée, sans réserve expresse, au catalogue garantit que l'œuvre a été produite à cette époque : elle est donc considérée comme un élément essentiel (Civ. 1re, 27 févr. 2007, *D.* 2007, 867).
Par conséquent, lorsque la qualité que recherche une partie a été ignorée par l'autre, l'objet réel du contrat correspond à ce qui était, selon l'opinion commune, normalement attendu, et l'erreur n'entraîne pas la nullité (p. ex. : une personne achète un terrain pour construire plusieurs bâtiments, mais les règles d'urbanisme interdisent la construction sur ce terrain de plusieurs édifices ; si le vendeur ignorait l'objectif de l'acquéreur, la qualité envisagée par ce dernier, bien que déterminante pour lui, n'avait pas été convenue).
La **preuve** que la qualité a été convenue incombe au demandeur en nullité, mais souvent il bénéficie de **présomptions** de fait (qualité habituellement attendue de la chose).

• **L'erreur est une fausse représentation de la réalité.**

Ordinairement, l'erreur résulte d'une discordance entre ce que croit un contractant et une réalité à peu près certaine. Mais la question s'est posée de savoir si l'erreur peut exister **lorsque la réalité est incertaine.**
Dans l'arrêt dit du *tableau de Poussin* (22 févr. 1978, *D.* 1978, 601, note Malinvaud),

la Cour de cassation a décidé qu'il n'est pas nécessaire que la réalité soit certaine : il faut, mais cela suffit, une **discordance entre la croyance du contractant** (dans cette affaire, les vendeurs croyaient que le tableau n'était pas de Poussin) et la **réalité, qu'elle soit certaine ou douteuse** (le tableau pouvait être de Poussin, mais on n'en était pas sûr).

Cette discordance doit exister au jour de la conclusion du contrat mais, pour prouver l'erreur au jour du contrat, il n'est pas interdit de se servir d'éléments postérieurs (2e arrêt *Poussin*, Civ. 1re, 13 déc. 1983, *D.* 1984, 340, note Aubert : les révélations postérieures à la vente, selon lesquelles le tableau litigieux était peut-être de Poussin pouvaient servir à établir la discordance entre la croyance des vendeurs et la réalité).

• **L'erreur doit être excusable et non grossière.**

Elle est appréciée *in concreto*, c.-à-d. en fonction des circonstances (âge, expérience, compétence de la victime) : chaque cocontractant a ainsi **l'obligation de s'informer** et de ne pas contracter à la légère.

Cette obligation est appréciée beaucoup plus sévèrement à l'égard des professionnels.

• **L'erreur peut porter sur un élément de fait** (cas le plus fréquent) **ou de droit.**

On a parfois douté que l'erreur de droit puisse être une cause de nullité, en raison de l'adage « **nul n'est censé ignorer la loi** ».

Mais, selon l'opinion dominante, l'erreur de droit peut être une cause de nullité pour deux raisons :

– l'ignorance d'une règle de droit peut, de la même manière que l'ignorance d'un élément de fait, être à l'origine d'une erreur : sur le plan psychologique, son effet est identique.

L'adage interdit à une personne d'échapper à une règle de droit en invoquant son ignorance, mais il ne constitue pas un obstacle à l'annulation du contrat lorsqu'une partie a donné son consentement en méconnaissance d'une règle juridique ;

– l'erreur de droit entraîne de toute façon une erreur de fait dans la mesure où elle conduit à se tromper sur l'objet de la convention. Si cette erreur présente les caractères exigés pour justifier l'annulation du contrat, elle doit produire les mêmes effets qu'une erreur purement de fait ; p. ex., si un héritier cède ses droits en se trompant sur l'étendue de sa part successorale, l'erreur sur le droit successoral aboutit à une erreur sur la consistance de sa part.

b) L'erreur sur la personne

L'annulation n'est possible que dans les cas où **la considération de la personne a été déterminante et convenue**, c.-à-d. dans les contrats conclus avec l'***intuitus personae***. Certains le sont par nature (mandat, contrats à titre gratuit), d'autres peuvent l'être dans des circonstances particulières (vente à — ou par — une personne présentant certaines qualités, d'honorabilité p. ex.).

Elle peut porter sur l'identité physique ou civile (très rare), ou sur certaines qualités de la personne, jugées déterminantes par l'autre partie (compétence particulière, moralité, solvabilité).

c) Sanctions de l'erreur

• Nullité **relative du contrat**, à la demande de la victime. L'action en nullité doit être engagée dans un délai de **5 ans**, à dater de la **découverte du vice**.

• Éventuellement, la victime peut obtenir des **dommages et intérêts**, si son erreur a été provoquée, au moins partiellement, par une **faute**, intentionnelle ou non, de son cocontractant (art. 1382, puisque cette faute est précontractuelle).

2. Le dol (art. 1116)

Définition : le dol est une **tromperie** ou **toute manœuvre employée pour induire une personne en erreur afin qu'elle contracte** : le dol vicie le consentement par **l'erreur qu'il provoque**. C'est un **délit civil**.

Le demandeur doit prouver par **tout moyen** les manœuvres et l'intention de tromper.

Si cette preuve peut être apportée, l'action fondée sur le dol a des **avantages** par rapport à l'action fondée sur l'erreur simple de l'art. 1110, parce que :

– **toute erreur** provoquée par un dol peut entraîner l'annulation, même si elle ne porte pas sur une qualité substantielle (p. ex., une erreur sur la valeur) ;

– **la preuve de cette erreur** est facilitée (la manœuvre fait apparaître que son auteur a voulu cacher quelque chose).

a) Éléments constitutifs

Il faut qu'une **tromperie** entraîne une **erreur**. En principe, la tromperie doit émaner du **cocontractant**.

• **La tromperie**

Élément intentionnel : il faut établir l'intention d'induire l'autre partie en erreur, donc une simple négligence ne suffit pas.

Élément matériel : l'art. 1116 parle de « **manœuvres** » (qui peuvent aussi constituer le délit pénal d'escroquerie), mais la jurisprudence a **élargi** la notion ; il peut s'agir :

– d'un **mensonge** ; mais une exagération habituelle dont le public a conscience n'est pas un véritable dol (c'est un *bonus dolus*) ; p. ex., une personne raisonnable ne peut pas se tromper face à certaines exagérations courantes dans la publicité ;

– ou même d'une **réticence dite dolosive**, lorsqu'une personne garde le **silence**, en **dissimulant** à son cocontractant **un fait qui, s'il avait été connu de lui, l'aurait empêché de contracter ;** p. ex., le vendeur d'une maison de campagne n'informe pas l'acquéreur de l'installation prochaine d'une porcherie à côté ; un garagiste vend un véhicule d'occasion 2007, sans révéler que le moteur datait de 2005.

Une **obligation de renseignements** pèse ainsi sur chaque cocontractant, et plus lourdement, s'il s'agit d'un professionnel.

• **La tromperie doit avoir provoqué l'erreur**

Peu importe le type d'erreur (p. ex., même une erreur sur la valeur ou sur une qualité non essentielle, c.-à-d. dans des cas où l'erreur seule ne suffirait pas pour entraîner l'annulation), mais il faut que l'erreur provoquée ait déterminé la victime à contracter : on parle de **dol principal**.

On l'oppose parfois au **dol incident**, c.-à-d. celui sans lequel la victime aurait quand même contracté, mais à des conditions plus avantageuses : dans ce cas, le contrat ne serait pas annulable, et la victime ne pourrait réclamer que des dommages et intérêts. Cette distinction est aujourd'hui **critiquée**, car elle paraît artificielle (dans les deux cas, la victime n'aurait pas conclu le contrat en question).

Le caractère déterminant est apprécié *in concreto* (le juge tient compte notamment de l'âge et de l'expérience de la victime).

• **Le dol doit émaner du cocontractant, non d'un tiers**

Motif : retenir le dol du tiers aboutirait à imposer l'annulation à un cocontractant innocent.

Le dol du tiers est toutefois cause d'annulation :

– lorsque **l'acte est unilatéral** : en ce cas, il n'y a pas de cocontractant, et donc pas de risque d'imposer l'annulation du contrat à une partie innocente ; de plus, si on n'admettait pas l'annulation pour dol du tiers, cette sanction ne pourrait jamais s'appliquer à un acte unilatéral ;

– en matière de **donation**, car le consentement du donateur qui s'oblige sans contrepartie doit être entièrement libre ;

– si le cocontractant est **complice du tiers**, mais, dans ce cas, le dol émane aussi de ce cocontractant ;

– à plus forte raison, lorsque le dol émane du **représentant du cocontractant**, puisque le représentant n'est pas un véritable tiers.

b) Sanctions

• **Nullité relative** du contrat, à la demande de la victime. L'action en nullité doit être engagée dans les **5 ans** à dater de la **découverte du dol**.

• En outre, condamnation de l'auteur du dol à des **dommages et intérêts**, puisqu'il a commis une faute (art. 1382).

Si la victime préfère que le contrat subsiste, elle peut limiter sa demande à des dommages et intérêts (elle recourt alors à une action délictuelle fondée sur l'art. 1382, et qui doit être engagée dans un délai de 10 ans, en vertu de l'art. 2270-1).

3. La violence (art. 1111 et s.)

Définition : la violence est la **contrainte** exercée sur la volonté d'une personne pour l'amener à contracter. Comme le dol, elle constitue un **délit civil**.

C'est plus précisément par la **crainte** qu'elle inspire que le consentement est vicié.

Il s'agit de la **violence morale** ; la violence physique entraîne plutôt une absence de consentement.

a) Caractères

• Elle doit être **déterminante**, c.-à-d. **suffisamment grave** pour faire impression sur une personne raisonnable et l'inciter à contracter (l'art. 1112, al. 1, parle de la « crainte d'exposer sa personne ou sa fortune à un mal **considérable** »).

– L'appréciation de la gravité s'effectue en tenant compte des **circonstances** (âge, sexe, condition des personnes, art. 1112, al. 2).

– La violence est cause d'annulation, non seulement lorsqu'elle est exercée directement contre la personne du contractant, mais encore lorsqu'elle est employée **indirectement** contre son conjoint, l'un de ses descendants ou ascendants (art. 1113).

– La victime de la violence est ordinairement une personne physique, mais ce peut être aussi une **personne morale** (dont le consentement est exprimé par des représentants, personnes physiques vis-à-vis desquelles la menace peut avoir effet).

– La crainte doit exister au moment de la conclusion du contrat (« mal **présent** », dit l'art. 1112, al. 1) : une menace dont la réalisation est à échéance relativement lointaine n'est pas prise en compte.

• Elle doit être **injuste et illégitime**, c.-à-d. que son auteur recourt à une **voie de fait**.

La **menace d'utiliser une voie de droit** (p. ex., la menace d'un procès par un créancier qui réclame son dû) est légitime, mais s'il y a **abus dans l'usage du droit**, la menace devient illégitime (un créancier veut se faire consentir plus que ce à quoi il a droit).

De même, est légitime la simple crainte révérencielle envers un ascendant, puisqu'elle est inspirée par le respect, mais encore faut-il qu'elle ne soit pas accompagnée d'une véritable violence (art. 1114).

• Elle **peut émaner du cocontractant ou d'un tiers**

Justification : c'est une différence avec le dol : elle ne peut pas s'expliquer d'un point de vue psychologique, puisque le dol, comme la violence d'un tiers, porte atteinte à l'intégrité du consentement de la victime. La différence s'explique par le fait que le trouble provoqué par la violence est plus grave.

En principe, elle doit émaner d'une **personne**, mais parfois la violence découlant **d'événements** exploités par le cocontractant est retenue comme une cause d'annulation par la jurisprudence. C'est le cas de contrats conclus sous l'emprise de la nécessité, p. ex. le capitaine d'un navire en perdition promet de payer la somme exorbitante qu'exige quelqu'un pour lui prêter assistance (aujourd'hui, la rémunération de l'assistance maritime est réglementée par une loi du 7 juill. 1967) ; pendant l'Occupation, un commerçant israélite, menacé de graves persécutions, a dû vendre son fonds de commerce à un très bas prix.

La violence peut aussi résulter d'une **contrainte économique** : sans doute les difficultés économiques d'une partie ne sauraient à elles seules constituer une violence, mais la Cour de cassation estime que le délit civil au sens de l'art. 1111 est constitué lorsqu'un contractant abuse de la situation de faiblesse économique de l'autre ou profite des circonstances pour lui imposer des conditions défavorables.

b) Sanctions

• **Nullité relative** du contrat, à la demande de la victime, dans les **5 ans** à dater du **jour où la violence a cessé.**

La nullité peut être réclamée seulement pour **partie**, afin de faire disparaître l'avantage excessif.

• La victime peut en outre demander des **dommages et intérêts** à l'auteur de la violence (art. 1382). Dans ce cas, le délai pour agir est de 10 ans (art. 2270-1).

4. Les modes de prévention des vices du consentement

Il s'agit de techniques mises en œuvre par des lois modernes afin de préserver l'intégrité du consentement.

Les règles qui instaurent ces techniques sont d'**ordre public**.

Ces modes préventifs ont un caractère **complémentaire**, c.-à-d. qu'ils n'interdisent pas d'invoquer un vice du consentement. P. ex., le fait pour un contractant, qui disposait d'un droit de repentir, de ne pas l'avoir utilisé ne l'empêche pas de demander ultérieurement la nullité du contrat, s'il prouve que son consentement a été vicié.

a) Délais de réflexion et délais de rétractation

• Certains textes imposent à une partie un délai de réflexion avant de s'engager valablement, p. ex. en matière d'enseignement à distance (délai de 6 jours pour l'élève), de prêt immobilier (l'emprunteur doit attendre 10 jours après la réception de l'offre avant de pouvoir l'accepter), d'acquisition par un non-professionnel d'un immeuble à usage d'habitation (délai de 7 jours après la notification de l'acte authentique), v. *supra*, p. 32.

• D'autres accordent à un contractant un droit de repentir ou de rétractation qui peut être exercé dans un certain délai - **notamment** de 7 jours - p. ex. à l'acheteur en cas de démarchage ou de vente à domicile, à l'emprunteur en matière mobilière, à l'acquéreur non-professionnel d'un immeuble à usage d'habitation, v. *supra*, p. 32.

b) Obligations précontractuelles de renseignements ou d'information

• Obligation générale d'information

1. Obligation pouvant concerner tous les contrats

La jurisprudence a mis à la charge de chaque partie une obligation générale de renseignements, qui pèse surtout sur celle qui détient la chose ou va fournir un service. Cette obligation est plus lourde pour les **professionnels**, qui ne peuvent pas se réfugier derrière leur ignorance, car ils doivent **s'informer eux-mêmes** afin de pouvoir **informer leurs clients** ; p. ex., un garagiste ne peut pas soutenir qu'il ne savait pas que le compteur indiquait un kilométrage bien inférieur à celui que le véhicule a parcouru ; un vendeur de tuiles ne peut pas prétendre qu'il ignorait leur manque de résistance au gel.

2. Obligation du professionnel dans les contrats conclus avec les consommateurs

L'obligation générale d'information a reçu, dans les rapports entre **professionnels** et **consommateurs**, un support législatif avec la loi du 18 janvier 1992, dont le contenu a été inséré dans le Code de la consommation.

Selon l'art. L. 111-1 de ce Code, « Tout professionnel vendeur de biens ou prestataire de services doit, avant la conclusion du contrat, mettre le consommateur en mesure de connaître les caractéristiques essentielles du bien ou du service ».

Le texte n'exige pas que l'information soit donnée par écrit, mais la preuve de l'exécution de cette obligation par le professionnel sera facilitée si les renseignements figurent sur un document, tels un bon de commande, une notice ou autre.

3. Sanction en cas d'inexécution

Le contractant qui a violé le devoir général d'information lui incombant engage sa **responsabilité précontractuelle**, c.-à-d. sa responsabilité civile pour faute (art. 1382). Cette violation ne suffit pas pour entraîner la nullité du contrat, mais elle peut faciliter la preuve d'une erreur qui servira éventuellement de cause d'annulation.

• Obligations spécifiques, imposées dans certains contrats

Diverses dispositions spéciales, relatives à des contrats particuliers, exigent des **mentions précises** dans l'écrit, destinées à informer un contractant, et dont le défaut est **parfois** sanctionné par la **nullité** de l'acte (p. ex. : obligation d'information au profit de l'acheteur d'un fonds de commerce : art. L. 141-1 C. com., reprenant les dispositions de la loi du 29 juin 1935 ; de l'emprunteur en matière mobilière : art. L. 311-10 et s. C. consom. ; de l'emprunteur en matière immobilière : art. L. 312-7 et s. C. consom. ; du client d'un courtier matrimonial : L. 23 juin 1989).

Certains textes prévoient aussi que le défaut d'information est sanctionné **pénalement**.

La jurisprudence définit parfois avec précision les contours de l'obligation d'information incombant à certaines personnes. Il en est notamment ainsi en matière médicale : p. ex., dans le cas d'actes chirurgicaux à visée esthétique, l'obligation d'information doit porter, non seulement sur les risques de l'intervention, mais aussi sur tous les inconvénients pouvant en résulter.

• **Distinction avec les obligations contractuelles de renseignements**
À côté des obligations **précontractuelles** de renseignement, destinées à assurer un consentement éclairé, existent aussi des obligations **contractuelles** de renseignements, dont le rôle est de permettre une bonne exécution du contrat. Une fois le contrat conclu, un contractant, disposant d'une compétence particulière, est en effet tenu de donner à l'autre diverses **informations** et, le cas échéant, des **conseils** : ainsi un vendeur ou un loueur doit préciser à l'acheteur ou au locataire le mode d'emploi de la chose vendue ou louée, et éventuellement le mettre en garde contre certains risques ; un architecte, un avocat ou un médecin doit informer et conseiller son client. Ces obligations sont un effet du contrat, donc leur méconnaissance constitue un cas de **responsabilité contractuelle.**

c) Clarté des clauses
Dans le cas des contrats d'adhésion, la jurisprudence déclarait inopposables aux consommateurs les clauses écrites en caractères lilliputiens ou difficilement compréhensibles. Confirmant ces solutions, l'art. L. 133-2, al. 1 C. consom. exige que les clauses des contrats proposés par les professionnels aux consommateurs soient « **présentées et rédigées de façon claire et compréhensible** ».
En outre, une loi du 4 août 1994 a imposé **l'emploi de la langue française** dans la désignation, l'offre, la présentation, le mode d'emploi ou d'utilisation, la description de l'étendue et des conditions de garantie d'un bien, d'un produit ou d'un service. Toutefois les dispositions de la loi sur ce point ont été déclarées non conformes à la Constitution par décision du Conseil constitutionnel du 29 juillet 1994, au motif qu'elles contrevenaient au principe de la libre communication des pensées et des opinions (art. 11 de la Déclaration des droits de l'homme). La Cour de justice des Communautés européennes a aussi déclaré qu'une telle réglementation était contraire au droit européen.

§ 2 - LA CAPACITÉ

Définition : la capacité est l'aptitude d'une personne à acquérir des droits et à les exercer, ce qui englobe l'aptitude à souscrire un engagement valable.
Principe : « Toute personne peut contracter, si elle n'en a pas été déclarée incapable par la loi » (art. 1123).
Sont incapables de contracter dans la mesure définie par la loi (art. 1124) : les **mineurs non émancipés** et les **majeurs protégés** (art. 488).
L'étendue de l'incapacité est plus ou moins grande. D'où l'existence de **plusieurs types d'incapacités**.

A. Étendue de l'incapacité

1. Incapacité générale et incapacités spéciales

a) L'incapacité générale porte sur tous les actes : elle concerne le **mineur non émancipé** (sauf, selon l'âge, pour les actes de la vie courante) et le **majeur en tutelle**.

b) Les incapacités spéciales sont limitées à certains actes et à certaines personnes (p. ex., en matière de libéralités, l'art. 909 prévoit l'incapacité du médecin de recevoir un bien en vertu d'une donation ou d'un testament consenti par l'un de ses clients au cours de la maladie dont celui-ci est mort).

2. Incapacité de jouissance et incapacité d'exercice

a) L'incapacité de jouissance prive celui qui en est frappé du droit de conclure certains contrats ou de faire certains actes : il ne peut pas exercer des droits lui-même, et personne ne peut les exercer pour lui en le représentant. P. ex., un mineur ne peut pas consentir une donation (et son représentant légal ne peut pas davantage la consentir en son nom) : art. 903 et 904.

L'incapacité de jouissance est **toujours spéciale**, car une incapacité générale de jouissance aboutirait à priver l'incapable de la personnalité juridique.

b) L'incapacité d'exercice empêche l'incapable de faire valablement seul un acte ; mais il peut être **représenté** (p. ex., le mineur non émancipé, par ses parents) ou **habilité** par une autorisation (p. ex., le majeur en curatelle, avec l'assistance du curateur).

B. Nullité pour cause d'incapacité

1. Régime de la nullité

L'acte qui n'a pas été accompli dans les conditions exigées pour le respect des mesures protégeant l'incapable est en principe **nul**. Mais comme cette nullité est destinée à le protéger, elle est **relative**, c.-à-d. que seul l'incapable (ses héritiers, s'il est décédé) ou son représentant légal (ou le curateur, qui n'est pas un représentant) est habilité à l'invoquer.

Deux régimes de nullité se distinguent.

a) Dans certains cas, **l'acte est nul de droit**. C'est, p. ex., le cas de l'acte accompli par l'incapable ou son représentant, mais sans l'autorisation qu'exige la loi, selon le cas, du conseil de famille ou du juge des tutelles.

b) Dans d'autres cas, **l'acte est seulement annulable s'il a entraîné une lésion**, c.-à-d. une perte pécuniaire pour l'incapable. Il en est ainsi lorsque l'acte a été accompli par l'incapable, alors qu'il aurait dû l'être par son représentant légal, mais dans les hypothèses où une autorisation n'est pas exigée.

Il en va de même lorsqu'il a été accompli par un majeur sous sauvegarde de justice (art. 491-2, al. 2), ou par un majeur en curatelle qui a agi seul dans un cas où l'assistance du curateur était requise (art. 510-1, al. 1).

Le délai pour agir en nullité est de **5 ans** (art. 1304, dont l'al. 3 précise le point de départ).

2. Effets de la nullité

• Lorsqu'un acte est annulé, chacune des parties doit en principe restituer ce qu'elle a reçu de l'autre (v. *infra*, p. 69).

• Toutefois ce principe connaît un important tempérament en cas d'annulation pour incapacité. Afin que l'annulation ne se retourne pas contre l'incapable, qu'elle a pour objet de protéger, celui-ci devra restituer, non pas tout ce qu'il a reçu, mais seulement ce qui « a tourné à son profit » (art. 1312), c.-à-d. **l'enrichissement qu'il a conservé**. P. ex., en cas d'annulation d'une vente en raison de l'incapacité du vendeur, celui-ci ne restituera que la partie du prix qu'il n'a pas dilapidé et, s'il a tout dilapidé, il n'aura rien à rendre.

C. Cas d'une personne qui a contracté sous l'emprise d'un trouble mental

Une personne majeure, qui n'a pas fait l'objet d'une mesure spéciale de protection (p. ex. de tutelle) et qui est donc juridiquement considérée comme capable, peut néanmoins être victime de façon durable ou passagère d'un trouble mental qui l'empêche de manifester une volonté réelle. L'acte qu'elle aurait conclu sous l'emprise d'un trouble mental est **nul** pour **défaut de consentement** (art. 489). Le demandeur en nullité (la victime du trouble, son représentant si elle en a un, ou après son décès, ses héritiers) doit agir dans le délai de **cinq ans** (à partir de la date de l'acte, sauf impossibilité d'agir) et prouver le trouble mental au moment de la conclusion de l'acte.

§ 3 - L'OBJET

Le mot a des **sens multiples** dans le Code civil ; selon le cas, les textes se réfèrent à :

• l'**objet de l'obligation** (p. ex., dans l'art. 1129), c.-à-d. la prestation due (payer le prix, livrer la chose). C'est le sens le plus courant ;

• l'**objet du contrat** (p. ex., art. 1127), mais des significations différentes apparaissent encore :

– tantôt il s'agit d'une formule elliptique qui signifie l'« objet de l'obligation née du contrat » ;

– tantôt l'expression a un sens autonome : c'est l'opération juridique voulue par les parties (dans la vente, le transfert de propriété) ;

• la **chose même** sur laquelle porte le contrat (art. 1128), p. ex., le bien vendu.

A. Existence et détermination de l'objet

1. Existence

La prestation doit être **possible**, donc le contrat est **nul** lorsque, au moment de sa conclusion :

• la **chose n'existe pas**, p. ex., en cas de cession d'une prétendue « clientèle » d'un administrateur judiciaire (anciennement syndic de faillite) ; de vente pour un prix dérisoire (l'objet de l'obligation de l'acquéreur, c.-à-d. le prix, fait défaut) ;

• la **chose n'existe plus** (p. ex., art. 1601 : vente de la chose qui a péri) ;

• le **cocontractant n'a pas de droit sur la chose** qu'il veut céder (p. ex., art. 1599 : nullité de la vente de la chose d'autrui) ;

• plus généralement, chaque fois qu'il y a **impossibilité absolue** d'exécuter la prestation. En principe, l'impossibilité n'est pas absolue si le débiteur peut demander à un tiers de l'exécuter à sa place.

Mais la **chose future** peut être, en général, l'objet d'une obligation (art. 1130, al. 1er), p. ex., la vente d'un immeuble à construire, d'un objet à fabriquer.

2. Détermination

a) Objet de corps certain ou chose de genre

La chose doit être **déterminée** ou du moins **déterminable**, sous peine de **nullité** du contrat.

• S'il s'agit d'un **corps certain**, sa détermination ne pose pas de problème particulier ; il suffit de le désigner.

• S'il s'agit d'une **chose de genre**, il faut que :
– le genre soit déterminé ;
– sa **quantité** soit au moins déterminable ; c'est le principe qu'énonce l'art. 1129, al. 2 : « La quotité de la chose peut être incertaine, pourvu qu'elle puisse être déterminée ».

En revanche, il n'est pas nécessaire que la **qualité** soit déterminée, et si elle ne l'est pas, le débiteur devra livrer une chose de qualité moyenne (art. 1246).

Souvent l'objet d'une obligation (d'un acheteur, d'un locataire) est un prix ou une rémunération.

b) Prix ou rémunération

Le problème essentiel est de savoir si le prix (ou la rémunération) doit être déterminé, ou du moins déterminable, dès le jour de la conclusion du contrat. La réponse diffère selon le type de contrat. Trois exemples principaux méritent d'être présentés.

1. Contrat d'entreprise

Le contrat d'entreprise est un contrat par lequel une personne (l'entrepreneur) s'engage, moyennant une rémunération, à effectuer pour une autre (le client ou maître d'ouvrage) un ouvrage ou service (construction, réparation, transport, etc.).

L'accord préalable sur le montant de la rémunération n'est pas un élément essentiel de la formation de ce contrat. Le prix pourra être **ultérieurement déterminé** en fonction d'éléments encore inconnus au moment où le contrat est conclu (nombre d'heures de travail pour une réparation, distance à parcourir pour un transport en taxi). À défaut d'accord, il sera fixé par le juge en fonction de ces éléments.

2. Vente

L'art. 1591, propre à ce contrat, exige que le prix soit **déterminé par les parties**. Mais l'exigence exprimée dans ce texte est assouplie :
– par la loi elle-même (art. 1592), qui permet aux parties de laisser à un **tiers** l'estimation du prix ;
– surtout par la jurisprudence, qui n'impose pas que le montant du prix soit fixé d'une manière absolue : il suffit qu'il puisse être déterminé ultérieurement « **en vertu des clauses du contrat, par voie de relation avec des éléments qui ne dépendent plus de la volonté, ni de l'une, ni de l'autre des parties** » (Req., 7 janv. 1925, *D. H.* 1925. 57). La vente est donc valable, lorsque, p. ex., le prix est déterminé par référence « au cours du jour » de la livraison, à condition que ce cours soit fixé par une autorité publique (taxation) ou par un marché résultant de la loi de l'offre et de la demande et sur lequel aucune des parties ne peut exercer d'influence.

Si le prix n'est pas déterminé ni déterminable par un mode de calcul indépendant de l'une ou l'autre des parties, la vente est **nulle**.

3. Contrats-cadres dans le domaine de la distribution

• **Hypothèse.** Le problème de la fixation du prix s'est posé avec une particulière acuité à propos des contrats-cadres qui, en matière de distribution, organisent les rapports entre fournisseurs et distributeurs et déterminent les conditions essentielles des contrats futurs d'application. P. ex., dans un contrat de concession, le fournisseur, qui est souvent le concédant d'une marque (compagnie pétrolière, brasseur ou autre), promet d'approvisionner son cocontractant (pompiste, débitant de boissons, etc.) qui, en contrepartie, s'engage à s'approvisionner exclusivement auprès de lui. Comme de tels contrats vont s'exécuter sur une longue période, il est difficile de fixer par avance un prix précis des ventes à venir. D'où le problème de savoir si le prix de ces ventes doit être déjà déterminé ou déterminable dans le contrat-cadre.

• **Jurisprudence de la Cour de cassation de 1971 à 1995.** À partir de 1971, la Cour de cassation avait répondu par l'affirmative et déclarait nulles, sur le fondement de l'art. 1591, les conventions qui notamment faisaient référence au tarif du fournisseur au jour de la livraison. Comme l'art. 1591 est propre à la vente et que les contrats-cadres ne sont pas des ventes, mais des accords qui organisent des contrats futurs d'approvisionnement ou d'assistance, la Cour de cassation a ultérieurement fondé sa solution sur un texte de portée générale, l'art. 1129, al. 2, exigeant que « la quotité de la chose » soit déterminable. En raison de la portée générale de cet article, elle avait ensuite étendu l'exigence d'un prix déterminé ou déterminable à de nombreux autres contrats, p. ex. le contrat de location-entretien (de nombreuses décisions concernaient en particulier des installations téléphoniques) ou le prêt (à propos de la fixation et de la variation du taux de l'intérêt). En l'absence d'un prix déterminé, ou déterminable indépendamment de la volonté ultérieure d'une partie, le contrat-cadre était nul.

• **Revirement de 1995.** Peu à peu la première chambre civile de la Cour de cassation avait assoupli les exigences, puis l'Assemblée plénière a, dans quatre arrêts du 1er déc. 1995 (*D.* 1996. 13, concl. Jéol, note Aynès), opéré un revirement et jugé que :

– **L'art. 1129 n'est pas applicable à la détermination du prix.**

Par conséquent : « Lorsqu'une convention prévoit la conclusion de contrats ultérieurs, l'indétermination du prix de ces contrats dans la convention initiale n'affecte pas, sauf dispositions légales particulières, la validité de celle-ci ». Par ex., un contrat de distribution est valable, même si le prix des marchandises n'est pas déterminable par avance et même si l'accord ne dit rien sur le mode de fixation du prix.

Le prix peut donc être fixé de façon unilatérale, p. ex., par référence au « tarif catalogue » du fournisseur, en vigueur au jour de la commande.

Dans le cas où le contrat ne prévoit rien sur le prix et où les parties n'arrivent pas à se mettre d'accord sur sa fixation, la seule solution est — même si l'Assemblée plénière ne le précise pas — le recours au juge.

– Seul l'**abus dans la fixation du prix** est sanctionné. Un tel abus justifie la **résiliation** de la convention ou une **indemnisation**. La sanction ne réside plus dans l'annulation du contrat, qui était une solution peu conforme aux besoins du commerce.

Les quatre arrêts de l'Assemblée plénière statuent à propos de contrats-cadres, aussi la question se pose de savoir si la solution qu'elle a donnée peut être généralisée. Certains auteurs le pensent, mais la réponse est, en droit positif, encore incertaine.

B. Valeur de l'objet : la lésion

Définition : la lésion est le **préjudice** subi par une partie en cas de **grave disproportion, au moment où le contrat a été conclu**, entre sa prestation et celle de son cocontractant (p. ex., le vendeur vend trop bon marché ou l'acquéreur achète trop cher).

1. Nature de la lésion

Dans le Code civil, la lésion est présentée comme un **vice du consentement** (l'art. 1118 figure juste après les dispositions relatives à la violence et dans la section du Code, intitulée « Du consentement »), notamment parce qu'elle ferait **présumer un vice** (présomption que la partie lésée a commis une **erreur** ou a été **trompée**).
Mais la jurisprudence l'analyse autrement : dans les cas où la lésion peut entraîner l'annulation du contrat, il suffit que le déséquilibre soit **objectivement établi, indépendamment de tout vice du consentement**, donc même si la victime avait agi librement et en toute connaissance de cause.

2. La lésion n'est qu'exceptionnellement une cause d'annulation ou de révision du contrat

Admettre l'annulation ou la révision des contrats lésionnaires serait conforme à l'**équité**, mais un grave risque d'**insécurité juridique** en résulterait.
Les auteurs du Code civil ont adopté un **compromis** (art. 1118) :
– en **principe**, la lésion n'entraîne pas l'annulation ;
– mais **exceptionnellement** une sanction (annulation ou révision du contrat) est possible.

a) Cas dans lesquels la lésion peut entraîner une sanction

• Cas prévus par le Code civil
L'art. 1118 prévoit des exceptions, d'une part, au profit de **certaines personnes**, c.-à-d. des incapables, pour tout acte et, d'autre part, au profit de toute personne mais à propos de **certains actes**.
– au **profit de certains incapables** : lorsque leurs actes ne sont pas nuls de plein droit, ils peuvent être annulés si une lésion est établie. C'est le cas pour les contrats conclus par des **majeurs sous sauvegarde de justice** (art. 491-2, al. 2), en **curatelle** (art. 510-3) ou des **mineurs** en âge proche de la majorité (art. 1305).
– à propos de **certains actes**, p. ex. la **vente d'immeuble**, s'il y a eu lésion de plus des 7/12e, au détriment du **vendeur** (art. 1674).
• Cas introduits par des lois postérieures, p. ex. :
– la vente d'engrais, de semences ou de plants destinés à l'agriculture, si la lésion est de plus du quart au détriment de l'acheteur (L. 8 juill. 1907, mod.) ;
– la convention d'assistance et de sauvetage maritimes, si les conditions convenues « ne sont pas équitables » (art. 15 L. 7 juill. 1967) ;
– la cession du droit d'exploitation d'une œuvre littéraire ou artistique, si l'auteur subit un préjudice de plus des 7/12e (art. L. 131-5 CPI) ;
– le prêt usuraire (art. L. 313-3 C. consom.).
• Parfois aussi les **tribunaux** se sont accordé le **pouvoir de réduire la rémunération** des mandataires et de certains professionnels (p. ex. agents d'affaires), si elle est jugée excessive.
En principe, la lésion est sans effet lorsque les parties ont conclu un **contrat aléatoire**, puisqu'elles ont pris le risque d'un déséquilibre.

b) Régime de la lésion

• **Moment d'appréciation de la lésion**
En principe, elle s'apprécie **au moment de la formation du contrat**. En cas de

promesse unilatérale de vente, c'est plus précisément au moment où le bénéficiaire décide d'acheter (art. 1675, al. 2).

Exceptionnellement, elle s'apprécie, en matière de cession du droit d'exploiter une œuvre littéraire ou artistique, au jour où est intentée l'action en révision du prix (art. L. 131-5 CPI).

• **Sanctions**

Deux types :

– dans certains cas, l'acte est **rescindable**. La **rescision** (latin : *rescindere* = rompre, annuler) est un terme propre à la lésion, signifiant nullité relative. Dans la vente d'immeuble, elle peut être demandée par le vendeur dans les deux ans de la conclusion du contrat ;

– dans d'autres cas, le **contrat est maintenu**, mais le **prix ou la rémunération est révisé** pour faire disparaître la lésion (p. ex., vente d'engrais, convention d'assistance maritime, cession du droit d'exploitation d'une œuvre, prêt usuraire).

C. Licéité de l'objet, respect de l'ordre public et des bonnes mœurs

• Seules les choses dans le commerce (au sens large) peuvent être l'objet des conventions (art. 1128).

Certaines choses sont hors du commerce, parce que la société trouve inadmissible qu'elles soient négociées, p. ex. :

– certaines choses **dangereuses** (drogues, substances vénéneuses) ;

– les choses **non susceptibles d'appropriation** de par leur nature même, puisqu'elles appartiennent à tous (l'air, la mer), ou de par la volonté de la loi (biens du domaine public).

Mais le mot « chose » est entendu largement : il s'agit aussi de droits ou d'intérêts, dont la négociation porte atteinte à l'ordre public ou aux bonnes mœurs.

• Plus généralement, les conventions ne doivent pas porter atteinte à l'ordre public ni aux bonnes mœurs (art. 6)

Ce sont des notions assez imprécises et dont le contenu varie selon les époques.

a) Ordre public

L'ordre public est l'ensemble des lois et des principes auxquels la volonté privée ne peut déroger (art. 6).

Le caractère d'ordre public peut être **expressément déclaré** dans la loi elle-même (p. ex., lois protégeant les consommateurs), ou résulter de ses termes (p. ex., la loi prohibe formellement telle clause ou convention).

Il peut aussi être **implicite** ou **virtuel**, c.-à-d. que les juges attribuent à un texte un caractère d'ordre public, lorsqu'ils estiment que son respect est indispensable pour assurer la protection d'intérêts supérieurs.

• **Ordre public classique**

Il vise à protéger certains principes considérés comme essentiels et justifie l'annulation de conventions leur portant atteinte.

1. Protection de la personne

L'ordre public justifie l'annulation de conventions portant atteinte :

– aux **droits élémentaires de la personne** (nullité d'un engagement perpétuel ou de la promesse de ne pas se marier) ;

– à l'**intégrité du corps humain**. Son inviolabilité a été solennellement affirmée par

la loi du 29 juillet 1994 (art. 16-1 C. civ.). Il ne peut lui être porté atteinte que dans un but thérapeutique (art. 16-3), d'où la validité du contrat médical et du don du sang ou d'un organe dans l'intérêt thérapeutique du receveur ;
– au **caractère non patrimonial du corps humain, de ses éléments ou de ses produits** : toute convention ayant pour effet de leur conférer une valeur patrimoniale est nulle (art. 16-5), ce qui implique que **toute rémunération est interdite** (art. 16-6), p. ex. en cas de prélèvement d'organe ;
– aux **principes fondamentaux concernant l'état et la capacité des personnes ou l'organisation de la famille**, p. ex. : nullité de certains pactes sur une succession future (art. 1130, al. 2) ; interdiction de déroger aux devoirs et aux droits résultant du mariage, aux règles de l'autorité parentale, de l'administration légale et de la tutelle (art. 1388) ; nullité de toute convention portant sur la procréation ou la gestation pour le compte d'autrui (art. 16-7), en particulier de la convention par laquelle une femme stérile, mais désirant avoir un enfant, rémunère une autre qui accepte d'être inséminée, puis de porter (d'où l'expression de « mère porteuse ») et de mettre au monde l'enfant ainsi conçu, tout en renonçant à ses droits de mère.
Cette convention a été expressément condamnée par l'Assemblée plénière de la Cour de cassation, par arrêt du 31 mai 1991 (*D.* 1991, 417, rapp. Chartier, note Thouvenin) : « La convention par laquelle une femme s'engage, fût-ce à titre gratuit, à concevoir et à porter un enfant pour l'abandonner à sa naissance contrevient tant au principe d'ordre public de l'indisponibilité du corps humain qu'à celui de l'indisponibilité de l'état des personnes ».
Conséquences : la convention est nulle (solution confirmée par la loi : art. 16-7) ; l'association qui a pour but de mettre en relation un couple qui ne peut avoir d'enfant et une « mère porteuse » a un objet illicite et doit être dissoute (Arrêt *Alma Mater*, Civ. 1re, 13 déc. 1989, *D.* 1990, 273) ; l'adoption de l'enfant par le couple, phase ultime du processus, est un détournement de cette institution et doit être refusée (arrêt de l'Assemblée plénière du 31 mai 1991).

2. Sauvegarde de l'organisation de l'État et du fonctionnement des services publics

Le caractère incessible des attributs de la souveraineté implique, p. ex., la nullité d'une cession du droit de vote ou d'une fonction publique — sauf en ce qui concerne l'élément patrimonial d'un office ministériel. De même, serait contraire à l'ordre public l'engagement d'un fonctionnaire d'accorder des faveurs ou la convention qui aurait pour objet de permettre une fraude fiscale.

3. Il existe aussi un **ordre public professionnel**, justifié par un souci de moralité publique (p. ex., interdiction pour un médecin de s'engager à procurer des clients à un pharmacien ou à un médecin spécialiste).
Pendant longtemps la jurisprudence estimait que la clientèle des professions libérales était, à la différence de celle des commerçants, hors du commerce et incessible, mais la Cour de cassation a admis en 2000 la licéité de la cession d'une clientèle, en l'espèce médicale, à condition que soit sauvegardée la liberté de choix du patient.

• **Ordre public économique**

On distingue deux manifestations, mais elles sont souvent imbriquées :
Ordre public de direction : il s'agit d'un ordre public de direction économique, qui

englobe les règles impératives permettant aux pouvoirs publics de réaliser certains **objectifs économiques**, notamment la réglementation des prix ou des clauses d'indexation (plus spécialement existe aussi un **ordre public monétaire**, destiné à protéger la monnaie).

Ordre public de protection : son objectif est de protéger des parties considérées comme plus faibles (salariés, consommateurs, locataires).

Conséquence de la distinction : en principe,

– l'ordre public de direction assure la protection de l'intérêt général, donc la convention qui lui porte atteinte est entachée de **nullité absolue ;**

– l'ordre public de protection préserve les intérêts d'une partie, donc elle seule peut demander la nullité de l'acte (elle est dite **relative**).

b) Bonnes mœurs

• Elles se distinguent mal de l'ordre public, mais apparaissent plutôt comme des normes de **moralité publique**, telle qu'elle est entendue à une époque donnée.

Elles concernent surtout :

– la morale sexuelle,

– le respect de la personne humaine et de sa liberté,

– les gains jugés immoraux.

• Les conventions qui lui portent atteinte sont entachées de **nullité absolue**.

• Les bonnes mœurs évoluent dans le temps : sont, p. ex., aujourd'hui licites :

– le courtage matrimonial, convention à titre onéreux par laquelle un intermédiaire met en rapport deux personnes en vue de faciliter leur mariage ; ce contrat est réglementé par une loi du 23 juin 1989 ;

– le contrat d'assurance sur la vie. V. aussi *infra*, p. 81.

D. Mesures contre les clauses abusives

En dehors de la réglementation propre à certains contrats (contrats de travail, de bail, de transport, etc.), le droit français prévoit un ensemble de mesures destinées à lutter contre les clauses abusives dans les **contrats conclus entre professionnels et consommateurs** (sur cette notion, v. *supra*, p. 23).

Introduites par une loi du 10 janvier 1978, ces mesures ont été intégrées dans le Code de la consommation (art. L. 132-1 et s.). Une loi du 1er février 1995 a apporté quelques modifications pour transposer en France la directive communautaire du 5 avril 1993 « sur les clauses abusives conclues avec les consommateurs ».

1. Quelles clauses sont concernées ?

a) Domaine

• **Quant aux contractants :** les textes s'appliquent à toutes les clauses abusives qui figurent dans les contrats conclus entre **professionnels et consommateurs**.

• **Quant aux contrats** : cette réglementation générale s'applique à **toute espèce de contrat**, quel qu'en soit la forme ou le support (p. ex., bons de commande ou de livraison, factures, etc.).

Peuvent donc être déclarées abusives même des clauses qui figurent dans des contrats réglementés ou dont la rédaction est pourtant conforme à des modèles types homologués par les pouvoirs publics (p. ex., contrats conclus avec des sociétés exploitant un service public).

b) Clauses soustraites (art. L. 132-1, al. 7)
Deux clauses échappent pour des raisons particulières à la réglementation des clauses abusives. Ce sont :

• La **clause portant sur la définition de l'objet principal du contrat**, car le contenu de la prestation principale du professionnel doit relever du libre accord des parties.

• La **clause concernant le montant du prix ou de la rémunération**, car permettre au consommateur de la discuter serait contraire au principe selon lequel la lésion ne vicie pas les contrats.

2. Qu'est-ce qu'une clause abusive ?

a) Critère
Art. L. 132-1 C. consom. (réd. 1er févr. 1995) : « sont abusives les clauses qui ont pour objet ou pour effet de créer, au détriment du non-professionnel ou du consommateur, un déséquilibre significatif entre les droits et obligations des parties au contrat ».
Le seul critère retenu est le **déséquilibre significatif entre les droits et obligations des parties**.
Donc, peu importent :
– la bonne ou mauvaise foi du professionnel ;
– l'existence ou non d'un abus de puissance économique de la part du professionnel (cet abus était une condition exigée par les textes antérieurs à la loi du 1er févr. 1995).

b) Appréciation du déséquilibre significatif

• Le déséquilibre s'apprécie au moment de la conclusion du contrat ;

• **par référence à** (art. L. 132-1, al. 5) :
– « **toutes les circonstances qui entourent sa conclusion** »,
– « **toutes les autres clauses du contrat** » (le déséquilibre peut provenir d'une combinaison de plusieurs clauses plutôt que d'une seule clause),
– **des clauses d'un autre contrat, « lorsque la conclusion ou l'exécution de ces deux contrats dépendent juridiquement l'une de l'autre** ».

La loi ne donne qu'un critère général des clauses abusives et renvoie au pouvoir exécutif et au juge pour déterminer les clauses de ce genre.
Toutefois ceux-ci peuvent s'inspirer :
– des **recommandations** (qui n'ont pas un caractère obligatoire) émanant de la Commission des clauses abusives qui propose la suppression ou la modification des clauses présentant un caractère abusif (art. L. 132-4 C. consom.) ;
– de la liste figurant en annexe au Code de la consommation et énumérant un certain nombre de clauses « **qui peuvent être regardées comme abusives** » (art. L. 132-1, al. 3). P. ex., la clause autorisant le professionnel à modifier unilatéralement les termes du contrat sans raison valable et spécifiée dans le contrat ; la clause obligeant le consommateur à exécuter ses obligations alors que le professionnel n'exécuterait pas les siennes.
Ces recommandations et la liste n'ont pas d'effet obligatoire et suggèrent seulement que les clauses visées peuvent être considérées comme abusives.

3. Qui apprécie le caractère abusif ?

a) Pouvoir réglementaire

• Dans le système mis en place par la loi du 10 janvier 1978, c'est le pouvoir exécutif qui peut **interdire**, **limiter** ou **réglementer par décret en Conseil d'État, pris après avis de la Commission des clauses abusives**, les clauses considérées comme abusives.

• Cette prérogative, qui n'avait été utilisée qu'une fois (décret 24 mars 1978), a été maintenue par les nouveaux textes (art. L. 132-1, al. 2).
En application de l'art. L. 132-1, al. 2 C. consom., un décret du 27 mars 1997 a repris des dispositions du décret du 24 mars 1978 et interdit deux clauses :
– dans la **vente**, la clause qui a pour objet ou effet de supprimer ou réduire le droit à réparation du consommateur en cas de manquement par le professionnel à l'une quelconque de ses obligations (art. R. 132-1 C. consom.).
– dans **tout contrat**, la clause qui a pour objet ou effet de réserver au professionnel le droit de modifier unilatéralement les caractéristiques du bien à livrer ou du service à rendre - sauf si la modification est liée à l'évolution de la technique et n'entraîne pas une augmentation du prix ni une altération de la qualité (art. R. 132-2 C. consom.).

b) Pouvoir judiciaire

• Dans le cadre de la loi du 10 janvier 1978, la Cour de cassation avait reconnu aux juges le pouvoir de déclarer abusive une clause, alors même que le pouvoir réglementaire ne l'avait pas condamnée.

• Cette prérogative du pouvoir judiciaire est considérée comme **implicitement confirmée** par les nouveaux textes. En effet,
– l'art. L. 132-1, al. 3 prévoit que la liste annexée au Code de la consommation n'est pas exhaustive, ce qui implique que les tribunaux peuvent intervenir pour déclarer abusives d'autres clauses ;
– l'al. 8 du même article parle des clauses « **jugées** abusives » ;
– des déclarations ont été faites en ce sens lors des travaux préparatoires de la loi du 1er février 1995.

• Le juge peut demander l'avis de la Commission des clauses abusives.

• La Cour de cassation considère que le concept de clause abusive est une notion de droit, par conséquent, elle exerce un contrôle sur la **qualification** retenue par les juges du fond. P. ex., dans un contrat d'enseignement, elle estime abusive la clause imposant à l'élève de payer la totalité de la rémunération de l'établissement même en cas de maladie.

4. Quelles sanctions frappent les clauses abusives ?

a) Nullité

La clause abusive est réputée non écrite (art. L. 132-1, al. 6), mais le contrat reste en principe valable (art. L. 132-1, al. 8).

b) Suppression de la clause ordonnée par le juge

Les **associations agréées de consommateurs** peuvent demander à la juridiction civile d'ordonner, le cas échéant, sous astreinte, « la suppression d'une clause illicite ou abusive dans tout contrat ou type de contrat proposé ou destiné au consommateur » (art. L. 421-6, al. 2 C. consom.).

§ 4 - LA CAUSE

L'art. 1108 subordonne la validité du contrat à **l'existence** et à la **licéité** de la **cause de l'obligation**.

Elle se présente sous deux aspects.

• La **cause efficiente ou abstraite de l'obligation** : c'est le fait qui explique l'engagement du débiteur de **manière générale** et qui vaut pour tous les contrats du même type (tout acheteur s'engage à payer le prix **pour** devenir propriétaire d'une chose).

• La **cause finale** ou **subjective** : c'est le **motif principal** qui a conduit une personne à contracter (telle personne achète une maison **pour** y habiter).

La cause a donné lieu à de nombreuses théories. Dans la conception classique, seule la cause efficiente était retenue. Actuellement les deux notions sont utilisées :

– la cause efficiente, lorsqu'il s'agit de savoir **si l'obligation a bien une cause** ;

– la cause finale, lorsqu'il s'agit de savoir **si elle est licite**.

A. Existence de la cause

1. Notion de cause

La notion varie selon le type d'acte.

a) Actes à titre onéreux

• Contrat synallagmatique

La cause de l'obligation de chaque partie réside dans l'existence de l'obligation de l'autre, p. ex., la cause de l'obligation du vendeur (livrer la chose) est l'obligation incombant à l'acquéreur de payer le prix. Elle traduit l'interdépendance des obligations.

Dans les **contrats aléatoires**, l'existence ou l'étendue de la contreprestation est incertaine : on dit alors que **l'aléa constitue la cause de l'obligation**, mais à condition qu'il soit **réel**. Ex. : si une personne achète un immeuble moyennant une rente viagère inférieure aux revenus de ce bien, elle ne court aucun risque, ne s'expose à aucun aléa (elle paie le vendeur avec les revenus de l'immeuble), donc son obligation n'a pas de cause.

• Contrat unilatéral

Par définition, il n'y a pas, dans un tel contrat, de contrepartie attendue. La cause réside alors ordinairement dans une opération extérieure au contrat, et qui souvent l'a précédé, ainsi :

– dans le cas d'un **contrat réel** (p. ex. prêt, dépôt), il s'agit de la **remise antérieure de la chose** (par le prêteur ou le déposant). Cette remise est la cause de l'obligation de restituer, incombant à l'emprunteur ou au dépositaire ;

– dans le cas d'une **promesse unilatérale** de payer, la cause est une **dette préexistante** (promesse, p. ex., de réparer le dommage que l'on a causé), à moins que l'acte ne soit à titre gratuit.

b) Actes à titre gratuit

La cause de l'obligation est **l'intention libérale** (*animus donandi)* : elle tend alors à se confondre avec le consentement.

2. L'obligation sans cause ou sur une fausse cause est nulle (art. 1131)

a) Absence de cause

• Dans les contrats synallagmatiques, c'est **l'absence de contreprestation réelle**, p. ex., un contrat est conclu avec un généalogiste chargé de rechercher une succession, alors que l'existence de celle-ci devait normalement parvenir à la connaissance de l'héritier, sans intervention du généalogiste (Civ. 1re, 18 avr. 1953, *D.* 1953, 403). **Une contrepartie dérisoire** équivaut à une absence de contreprestation.

• Quand les prestations sont simplement inégales, la cause existe et, en vertu du principe selon lequel la lésion ne vicie pas les contrats, le juge n'a pas à rétablir l'équivalence des prestations. Toutefois, en présence d'un trop grand déséquilibre, des tribunaux se sont référés parfois à une **absence partielle de cause** pour réduire la prestation d'un contractant (honoraires d'un agent d'affaires, p. ex.).

b) Fausse cause

• C'est l'**erreur sur la cause**. Par ex. :

– une personne souscrit une reconnaissance de dette au profit d'une autre en croyant qu'elle lui devait quelque chose ;

– une personne assure une maison contre l'incendie en ignorant qu'elle a déjà brûlé.

En réalité, la cause n'existe pas et on parle de fausse cause car le débiteur a cru à son existence : **c'est l'absence de cause, mais envisagée à travers la psychologie d'un contractant**.

• **L'erreur sur la cause peut aussi être partielle**. C'est le cas dans un contrat synallagmatique lorsqu'une partie a cru que la prestation de son cocontractant était à peu près équivalente à la sienne, mais s'est trompé. Conformément au principe d'après lequel le juge n'a pas à rétablir l'équilibre des prestations, la Cour de cassation a déclaré que « dans un contrat synallagmatique, la fausseté partielle de la cause ne peut entraîner la réduction de l'obligation » (Civ. 1re, 31 mai 2007, *D.* 2007, 2574, note Ghestin). En revanche, en cas d'erreur partielle sur la cause d'un engagement de payer une dette préexistante, la question n'est pas clairement tranchée.

c) Conséquences du défaut de cause

• En cas d'absence de cause, l'obligation est nulle et le contrat l'est par voie de conséquence : il s'agit, selon l'opinion dominante, d'une **nullité absolue**.

• Exceptionnellement, certains actes juridiques, notamment en droit commercial (lettre de change), sont valables, même en l'absence de cause : on les appelle **actes abstraits**.

• La cause est aussi utilisée **après la conclusion du contrat** : si elle vient ultérieurement à disparaître, le contrat, qui a été valablement conclu, peut néanmoins être **résolu** (v. *infra*, p. 101).

3. Preuve de la cause

a) Cause non exprimée

Art. 1132 : « **La convention n'est pas moins valable quoique la cause n'en soit pas exprimée** ». C'est une règle de preuve : l'existence de la cause n'a pas à être prouvée, elle est **présumée**.

Conséquence : si le débiteur prétend qu'il s'est engagé en l'absence de cause ou sur une fausse cause, il doit le prouver par **tout moyen**.

b) Cause exprimée

L'une ou l'autre des parties a parfois intérêt à démontrer que **ce qui est exprimé ne correspond pas à la réalité** :

• Le **débiteur** veut prouver que la cause n'existe pas ;

• Le **créancier** peut avoir intérêt à établir que la cause exprimée n'est pas la véritable cause, parce que, p. ex., ce qui est exprimé révèle un défaut de cause réelle (vil prix) ou un mobile illicite.

En principe, la preuve contraire à ce qui est exprimé dans un écrit doit se faire **par écrit** (v. *infra,* p. 61).

B. Licéité de la cause

L'obligation est nulle lorsque la cause est **illicite** ou **immorale** (art. 1131 et 1133).

1. Notion

Pour apprécier la licéité et la moralité de la cause, les tribunaux recherchent le **motif principal** ou **cause impulsive et déterminante** : c'est le motif qui a incité les parties à contracter.

Ce motif doit avoir été **déterminant**, mais il n'est plus nécessaire qu'il ait été **convenu** entre elles.

a) Motif déterminant

• La cause est **illicite** lorsque les parties ont voulu frauder une **loi impérative** (contrat en vue d'une fraude à la réglementation fiscale) ou plus généralement l'**ordre public** (convention qui prévoit des honoraires pour celui qui a servi d'intermédiaire en vue d'une adoption).

• Elle est **immorale** lorsqu'elle porte atteinte aux **bonnes mœurs** (vente d'une maison de tolérance).

Une jurisprudence abondante s'est édifiée au sujet des **libéralités entre concubins**, et les tribunaux opéraient naguère une distinction en fonction de leur cause impulsive et déterminante.

– Elles étaient nulles, lorsqu'elles avaient pour cause soit la formation, la continuation ou la reprise de rapports considérés comme immoraux, soit leur rémunération.

– En revanche, elles étaient valables, si elles avaient un but légitime, p. ex. le souci de ne pas laisser, après la fin des relations, la concubine sans ressource ou l'exécution d'un devoir de gratitude, en cas d'appui apporté au disposant pendant une maladie ou d'aide à l'exercice de son activité professionnelle.

Cette distinction est aujourd'hui abandonnée. Confortant une solution admise en 1999 par la première chambre civile de la Cour de cassation, l'Assemblée plénière a déclaré le 29 octobre 2004 que « n'est pas nulle comme ayant une cause contraire aux bonnes mœurs la libéralité consentie à l'occasion d'une relation adultère » (*D.* 2004, 3175, note Vigneau). En conséquence, même si sa cause impulsive est le maintien d'une relation adultère, la libéralité n'est pas entachée de nullité de ce fait. Le débat sur l'immoralité de la cause est maintenant éliminé au sujet des libéralités entre concubins et même en cas d'adultère.

• **Différence avec l'objet** : une obligation peut avoir un objet licite, mais une cause illicite ou immorale. P. ex., une personne achète un immeuble **pour** en faire une maison de tolérance : l'objet de son obligation est licite (payer le prix pour acquérir un immeuble), la cause ne l'est pas.

b) Abandon de l'exigence d'un motif convenu

Dans les **actes à titre onéreux**, la jurisprudence ne déclarait le contrat nul que si le motif illicite avait été convenu par les parties ou, du moins, si le mobile illicite qui avait animé l'une était connu de l'autre. Cette solution avait l'inconvénient d'empêcher le contractant innocent de demander la nullité. Elle a été abandonnée par la première chambre civile de la Cour de cassation, le 7 octobre 1998, qui affirme qu'« un contrat peut être annulé pour cause illicite ou immorale, même lorsque l'une des parties n'a pas eu connaissance du caractère illicite ou immoral du motif déterminant de la conclusion du contrat » (*D.* 1998, 563, concl. Sainte-Rose).

2. Preuve de l'illicéité ou de l'immoralité

- La licéité est **présumée.**
- Il appartient donc au débiteur qui veut se libérer de prouver l'illicéité ou l'immoralité.
- La preuve se fait par **tout moyen**.

3. Sanction

Nullité absolue du contrat.

§ 5 - LA FORME

La forme est absente de l'énumération de l'art. 1108. Donc, en principe, les contrats sont **consensuels**, c.-à-d. valablement conclus en l'absence de toute forme, par le seul échange des consentements (p. ex., l'art. 1583 énonce cette règle à propos de la vente). C'est le **principe du consensualisme**.

A. Consensualisme et formalisme

1. Avantages et inconvénients du consensualisme

a) Avantages

- Les contrats peuvent être conclus **rapidement** ;
- il n'y a pas de menace d'annulation pour une simple irrégularité formelle.

b) Inconvénients

- Risque d'engagement **à la légère** (Ihering, auteur allemand du XIXe siècle : « La forme est la sœur jumelle de la liberté ») ;
- **absence de trace matérielle** de l'accord de volontés.

Aussi le consensualisme est **tempéré**.

2. Tempéraments apportés au principe du consensualisme

Plusieurs sortes de tempéraments lui sont apportés.

a) Formes de validité

- Parfois, la forme est nécessaire à la validité même du contrat (**solennité** ou **forme *ad validitatem***) : à défaut, l'acte est nul. C'est alors une **dérogation réelle** au consensualisme, puisque le consentement ne suffit plus. Les dérogations de ce genre sont de plus en plus nombreuses dans les lois modernes.
- Par ailleurs, le développement de l'informatique a conduit le législateur français à prévoir de nouvelles dispositions prenant en considération « **l'écrit sous forme électronique** ». La loi du 21 juin 2004 « pour la confiance dans l'économie numérique » a introduit dans le Code civil plusieurs dispositions relatives, d'une part, aux « obligations souscrites sous forme électronique » (art. 1108-1 et 1108-2) et, d'autre part, aux « contrats sous forme électronique » (art. 1369-1 à 1369-3). Ces règles ont pour but non pas d'édifier un droit spécifique, mais d'adapter à ces actes les règles existantes.

b) Formes de preuve

En principe, un écrit est nécessaire non pour la validité, mais seulement pour la preuve (**forme *ad probationem***). En pratique, la distinction avec la forme de validité n'est pas toujours bien perceptible (adage *idem est non esse aut non probari* : c'est la même chose que de ne pas exister ou de ne pas être prouvé). Néanmoins il existe des **différences entre les formes de validité et les formes de preuve :**

• Lorsque la forme est requise ***ad validitatem***, son absence entraîne la nullité de l'acte, et si une partie a exécuté l'obligation qui était mise à sa charge, elle est en droit d'exiger des restitutions.

• Lorsque la forme est seulement nécessaire pour la **preuve**, son défaut n'entraîne pas la nullité de l'acte qui produit tous ses effets tant que personne n'en conteste l'existence.

– Puisque l'acte est valable, celui qui a exécuté son obligation ne peut pas demander de restitution.

– Cependant, si une partie nie la réalité de l'acte et refuse d'exécuter l'obligation invoquée, l'autre sera dans l'impossibilité d'exiger cette exécution.

– La preuve de l'acte ne pourra, en l'absence d'écrit (ou de commencement de preuve par écrit corroboré par des témoignages), résulter que d'un aveu ou d'une déclaration faite sous serment.

En matière de forme de preuve, l'atteinte au consensualisme n'est qu'**indirecte**, puisque le consentement suffit pour la validité (un contrat oral est en principe valable). La loi du 13 mars 2000 a inséré de nouveaux articles dans le Code civil portant adaptation du droit de la preuve aux technologies de l'information (art. 1316 à 1316-4).

c) Autres catégories de forme

D'autres exigences de forme ont des fonctions variées, p. ex. de **publicité** (pour l'opposabilité aux tiers).

B. Les formes de validité

1. Types de formes

En principe, il s'agit d'un **écrit** (*instrumentum*), mais dont les modes de rédaction varient.

a) Exigence d'un écrit

• Parfois la loi exige un **acte notarié ou authentique ;** il en est ainsi pour les actes qu'elle considère comme importants ou dangereux, surtout en droit de la famille (contrat de mariage, donation, reconnaissance d'enfant naturel) ou relatifs à des immeubles (hypothèque, vente d'immeuble à construire).

Avantages :

– les parties bénéficient des conseils d'un notaire ;

– l'acte présente des garanties de conservation ;

– dans le cas des contrats relatifs aux immeubles, l'acte notarié est en principe nécessaire pour la publicité ;

– l'une des copies (l'original est conservé chez le notaire), dite exécutoire (dénommée dans la pratique « grosse »), est revêtue de la **formule exécutoire**, ce qui permet à son possesseur d'engager une voie d'exécution, sans procédure préalable.

• Dans d'autres hypothèses, un **acte sous seing privé**, c.-à-d. signé par les parties, suffit (seing privé = signature privée). Il en est p. ex. ainsi pour la validité d'une hypothèque sur un navire, un bateau ou un aéronef.

Avantage : facilité et rapidité de rédaction.

Inconvénient : l'acte sous seing privé offre beaucoup moins de garanties que l'acte notarié (risques de perte, d'imitation de signature).

Il arrive aussi que la loi impose des modes particuliers de rédaction :

– une rédaction **manuscrite** : p. ex. le testament olographe doit être écrit en entier de la main du testateur ;

– des **caractères très apparents**, p. ex. dans le cas de la clause attributive de juridiction (art. 48 C. pr. civ.).

• **Écrit sous forme électronique.** Transposant à l'écrit exigé *ad validitatem* la règle déjà énoncée par la loi du 13 mars 2000 au sujet de l'écrit *ad probationem*, le nouvel art. 1108-1 (L. 21 juin 2004) affirme le **principe d'équivalence entre l'écrit sur support papier et l'écrit sous forme électronique**. Il est précisé que le principe s'applique non seulement à l'acte sous seing privé, mais aussi à l'acte authentique – sous réserve du respect des conditions garantissant son authenticité – et aux mentions manuscrites – sous réserve de la certitude de leur attribution. Toutefois, ne peuvent pas faire l'objet d'actes en forme électronique les actes sous seing privé relatifs au droit de la famille et des successions, ainsi que ceux relatifs aux sûretés personnelles ou réelles (art. 1108-2).

b) Mentions obligatoires

Pour certains actes, la loi exige des mentions destinées à **éclairer le consentement** d'une partie (p. ex., dans la vente de fonds de commerce, le vendeur doit mentionner le chiffre d'affaires des trois dernières années : art. L. 141-1 C. com. ; certains contrats de vente ou de prêt conclus avec des consommateurs doivent contenir diverses informations et parfois même la reproduction de dispositions légales : art. L. 311-10-3° C. consom., en matière de crédit à la consommation).

2. Sanction

a) Nullité absolue ou relative

• Selon la conception traditionnelle, **la nullité pour un vice de forme est absolue**.

• Mais, surtout dans les lois modernes, les exigences de forme ont pour rôle de protéger une partie (notamment le consommateur) ; il est donc normal que le droit de demander la nullité lui soit réservé : elle est alors **relative**.

b) Nullité obligatoire ou facultative

• Si le vice de forme est établi, le juge **doit prononcer** la nullité.

• **Exceptionnellement**, la loi lui accorde un **pouvoir d'appréciation** (dans la vente de fonds de commerce, l'omission des mentions obligatoires n'entraîne pas la nullité si l'acquéreur a été informé autrement).

C. Les formes de preuve

Pour les actes juridiques, à la différence des faits juridiques, la preuve doit se faire en principe par un écrit.

1. Notion d'écrit

a) Définition de la preuve littérale ou par écrit

Le nouvel art. 1316 (L. 13 mars 2000) donne une définition de la preuve par écrit :

« La preuve littérale, ou preuve par écrit, résulte d'une suite de lettres, de caractères, de chiffres ou de tous autres signes ou symboles dotés d'une signification intelligible, quels que soient leur support et leurs modalités de transmission ».

b) Équivalence comme mode de preuve entre l'écrit sur support papier et l'écrit électronique

Jusqu'à la nouvelle législation l'écrit supposait un support papier. Pour tenir compte des technologies modernes, l'art. 1316-1 pose **le principe de l'équivalence entre l'écrit sur support papier et l'écrit sous forme électronique** : le second, qui est dématérialisé, « est admis en preuve au même titre » que le premier, « sous réserve que puisse être dûment identifiée la personne dont il émane et qu'il soit établi et conservé dans des conditions de nature à en garantir l'intégrité ».

Il est précisé que, en cas de **conflit de preuve littérale**, le juge doit, à défaut de précision dans les textes et de convention des parties sur la preuve, faire prévaloir **le titre le plus vraisemblable**, quel qu'en soit le support (art. 1316-2).

c) Signature

Pour avoir une valeur l'écrit doit être signé par celui ou ceux qui s'oblige(ent). La **signature** a trois fonctions essentielles (art. 1316-4) :

– elle identifie celui qui l'appose ;
– elle manifeste le consentement des parties aux obligations qui découlent de l'acte ;
– quand elle est apposée par un officier public, elle confère l'authenticité à l'acte.

Lorsqu'elle est **électronique**, « elle consiste en l'usage d'un procédé fiable d'identification garantissant son lien avec l'acte auquel elle s'attache » (art. 1316-4, al. 2). La fiabilité du procédé est présumée — jusqu'à preuve contraire — lorsque la signature électronique est créée, l'identité du signataire est assurée et l'intégrité de l'acte est garantie conformément à des conditions fixées par décret. Le décret du 30 mars 2001 précise les conditions qui permettent de considérer comme « sécurisé » un dispositif de création de signature électronique.

2. Principe de l'exigence d'un écrit

a) Domaine de l'exigence (art. 1341)

En droit civil, l'écrit est exigé lorsque la valeur en cause excède une somme fixée par décret (art. 1341). Le seuil est actuellement fixé à 1500 € (décret 20 août 2004).

Mais il est toujours nécessaire lorsque, **quelle que soit la somme en jeu**, on veut prouver **outre** ou **contre** un écrit :

- **outre** : p. ex., si un contrat de prêt ne stipule pas d'intérêts, le prêteur qui veut prouver que des intérêts sont dus doit le faire au moyen d'un autre écrit ;

- **contre** : p. ex., si un contrat de vente mentionne que le prix a été payé, le vendeur qui veut prouver que le prix n'a pas été payé doit le faire par un autre écrit.

Pour satisfaire à l'exigence de l'art. 1341, l'écrit peut être **authentique** ou **sous seing privé** ; mais sa force probatoire varie selon sa nature.

b) Force probante de l'écrit

- **Acte notarié ou tout acte authentique**, c.-à-d. dressé par un officier public

– il fait foi jusqu'à **inscription de faux** (procédure difficile) de ce que l'officier public a pu constater par lui-même (date, comparution des parties) ;
– il fait foi jusqu'à **preuve contraire** (qui doit être apportée par écrit) de ce que l'officier public n'a pas constaté lui-même (véracité des déclarations des parties).

Un acte authentique peut être dressé sur support électronique dans des conditions d'établissement et de conservation précisées par décret (art. 1317, al. 2). Il a alors la même force probante que l'acte authentique écrit sur support papier. Cette règle de l'équivalence est exprimée pour tout écrit par l'art. 1316-3.

• **Acte sous seing privé**

1. Conditions particulières d'efficacité quant à la preuve :

– pour les **contrats synallagmatiques** s'applique la règle du **double original**, c.-à-d. qu'il en faut un pour chaque partie ayant un intérêt distinct (art. 1325). Les lettres missives ne satisfont donc pas à cette exigence : elles ne sont éventuellement que des commencements de preuve par écrit (v. *infra*, p. 63) ;

– pour les **contrats unilatéraux**, outre la signature du débiteur, il faut la mention **par lui-même** de la somme ou de la quantité (s'il s'agit de choses fongibles ou de genre) en toutes lettres et en chiffres (art. 1326 C. civ. ; réd. L. 13 mars 2000). L'ancien texte de l'art. 1326 exigeait que la mention fût « écrite de sa main », mais le nouveau a assoupli la condition : la « souris » de l'ordinateur peut donc jouer le rôle de la main.

L'art. 1326 précise que, en cas de discordance, l'acte vaut pour la **somme écrite en lettres**. La Cour de cassation en a déduit que, si l'acte ne contient que la mention en lettres, il bénéficie de la force probante que lui accorde l'art. 1326. En revanche, si la somme est mentionnée seulement en chiffres, l'acte est irrégulier et ne peut constituer qu'un commencement de preuve par écrit.

2. Effets probatoires

Trois règles principales caractérisent la force probante de l'acte sous seing privé :

– **il ne fait pas foi de son origine**, donc la signature peut être contestée par celui à qui l'acte est opposé ; en cas de contestation, le juge procède à la **vérification d'écriture** (sur le principe, art. 1324 C. civ., et, pour la procédure, art. 287 et s. C. pr. civ.) ;

– si la signature n'est pas contestée, l'acte fait **foi de son contenu** jusqu'à la preuve contraire (par écrit) ;

– il fait **foi de sa date** jusqu'à preuve contraire (par écrit) **entre les parties** (et leurs héritiers), mais non à l'égard des tiers (car risque que les parties antidatent l'acte dans un but de fraude au détriment de tiers).

Envers les **tiers**, la date n'est opposable que si elle est « certaine » au sens de l'art. 1328 C. civ. L'acte n'acquiert **date certaine** que du jour où l'un des événements suivants s'est produit : l'acte sous seing privé a fait l'objet d'un enregistrement ; la substance de l'acte sous seing privé est constatée dans un acte authentique ; l'un des **signataires décède.**

3. Principe d'équivalence de la force probante de l'écrit sur support électronique et de l'écrit sur support papier

La règle de l'équivalence est expressément exprimée dans le nouvel art. 1316-3 : « L'écrit sur support électronique a la même force probante que l'écrit sur support papier ».

c) Textes particuliers

En dehors de l'art. 1341, de nombreuses dispositions du Code civil ou de lois postérieures exigent un écrit sans préciser s'il est nécessaire pour **la preuve ou la validité** (p. ex., l'art. 2044 sur la transaction).

• **Traditionnellement**, il a été jugé que le consensualisme est le principe et que,

dans le doute, l'exigence d'un écrit n'est que **probatoire** (p. ex., la jurisprudence sur le contrat d'assurance ou la transaction).
La différence entre ces textes spéciaux et la règle générale de l'art. 1341 ne concernerait alors que la portée de l'exigence de l'écrit :
– pour tous les contrats visés par ces textes spéciaux, l'écrit *ad probationem* est exigé **quelle que soit la somme en cause** ;
– dans le cas général prévu dans l'art. 1341, l'écrit *ad probationem* n'est exigé qu'**au-delà d'un certain seuil** (1500 €).
• Ce point de vue est **aujourd'hui** remis en cause : le rôle de l'écrit devrait dépendre du **but poursuivi par le législateur**. En particulier, s'il a voulu protéger une partie contre un engagement irréfléchi, la sanction la plus appropriée du défaut d'écrit est la **nullité relative**, à la demande de cette partie.
Cette distinction en fonction du but recherché par le législateur est parfois difficile à mettre en œuvre en raison de l'imbrication des motifs qui ont pu l'inspirer.

3. Exceptions à la preuve par écrit

La preuve se fait par **tout moyen** (témoignages, indices, à condition que le juge les trouve suffisamment convaincants) dans plusieurs cas.
a) En matière commerciale (art. 109 C. com.).
La Cour de cassation admet que la preuve par tous moyens est, en matière commerciale, recevable, même lorsqu'il s'agit de prouver contre un écrit.
Mais si un commerçant veut prouver un acte (dit **mixte**) contre un non-commerçant, il doit employer les modes du droit civil.
b) En cas de **perte du titre** par suite d'une **force majeure** (art. 1348 C. civ.). Il faut alors prouver par tout moyen : 1°) l'existence et le contenu du titre ; 2°) sa disparition due à la force majeure.
c) En cas d'**impossibilité matérielle** ou **morale** de se procurer une preuve littérale (art. 1348), notamment en raison de relations de famille ou même d'amitié, d'usages (relations médecin et malade) ou d'un lien de subordination (employeur-employé).
d) Dans tous les cas de **fraude**.
e) Lorsqu'un **commencement de preuve par écrit** est produit (art. 1347 C. civ.).
Notion : c'est un écrit quelconque auquel il manque une condition exigée par la loi (p. ex., la formalité du double original n'a pas été respectée).
Cet écrit doit émaner de celui à qui on l'oppose et rendre vraisemblable le fait allégué.
Une **lettre missive** peut être un commencement de preuve par écrit.
Effets : à lui seul le commencement de preuve par écrit ne suffit pas, mais il permet d'utiliser tout autre mode (indices, témoignages, serment dit supplétoire, c.-à-d. déféré d'office par le juge, art. 1357-2°) pour le corroborer. Il constitue un adminicule préalable en ce sens qu'il rend admissible un autre mode de preuve qui le complète.
f) Dans tous les cas où la preuve par écrit est exigée, elle peut être remplacée par un mode privilégié de preuve qui **lie le juge** :
• **L'aveu en justice**, qui est **irrévocable** et **indivisible** (il doit être pris dans son entier).
• **Le serment décisoire** : celui qu'une partie défère à l'autre, au cours d'une

procédure, pour en faire dépendre le jugement de la cause (art. 1357-1°). À l'opposé, le **serment supplétoire** ne lie pas le juge.

D. Autres formalités

1. Formes imposées par la loi

De nombreuses autres formalités peuvent être exigées et ont, à des degrés divers, une incidence sur l'efficacité de l'acte.

a) Formalités de publicité : destinées à rendre l'acte **opposable aux tiers** (notamment les contrats relatifs aux immeubles ou aux fonds de commerce).

À défaut, l'acte est valable entre les parties, mais inopposable aux tiers.

b) Formalités administratives : autorisations exigées soit pour la **validité** de l'acte, soit plus souvent pour en permettre **l'exécution** (autorisation de transfert de capitaux). Elles sont assez souvent assorties de sanctions pénales.

c) Formalités fiscales : à défaut, l'acte est en principe valable, mais une sanction fiscale (amende) est encourue.

d) Homologation judiciaire de certains actes (changement de régime matrimonial) : à défaut, **l'acte ne produit pas ses effets.**

e) Il arrive aussi qu'aucune sanction précise n'apparaisse, p. ex., pour l'obligation (introduite par une loi du 31 déc. 1975) d'employer, en principe, la **langue française** dans les contrats. Une loi du 4 août 1994 a abrogé celle de 1975 mais a repris la même exigence à propos de certaines indications dans les contrats proposés par les professionnels aux consommateurs (offre, désignation du bien ou du service, mode d'emploi, étendue et conditions de la garantie). Les dispositions de cette loi ont toutefois été déclarées contraires à la Constitution (Cons. const., 29 juill. 1994).

2. Formes convenues par les parties

Les parties peuvent volontairement assujettir leur acte à une condition de forme, que la loi n'impose pas, p. ex. la rédaction d'un acte notarié. Dans ce cas, cette formalité est-elle une solennité nécessaire à la validité du contrat ?

Principes de solution :

a) Il faut rechercher **ce que les parties ont réellement voulu** : soit subordonner la validité de leur acte à une condition supplémentaire, soit simplement retarder les effets du contrat au jour de l'accomplissement de la formalité (souvent la signature d'un écrit notarié).

b) Dans le **doute**, la Cour de cassation estime que la forme convenue n'est pas une condition de validité, donc que l'acte est déjà valablement conclu et produit ses effets. Le recours à la forme convenue n'est alors qu'une simple modalité d'exécution du contrat.

Section 2 > LES SANCTIONS DES CONDITIONS DE FORMATION DES ACTES JURIDIQUES

En cas de non-respect des règles relatives à la formation des actes juridiques, la sanction ordinaire est la **nullité**, mais une partie peut aussi engager sa **responsabilité civile** (art. 1382 C. civ. ; v., p. ex., pour les vices du consentement *supra*, p. 39 et s.) ou même **pénale** (législation protégeant les consommateurs). Parfois une responsabilité est encourue, même si l'acte n'est pas nul.

Définition de la nullité : c'est l'**anéantissement rétroactif** de l'acte, qui sanctionne une imperfection **concomitante à sa formation**.

• **La nullité** existe, au moins virtuellement, du seul fait de l'imperfection de l'acte, avant toute décision de justice.

• **L'annulation** est la déclaration par un tribunal qu'un acte est nul.

À distinguer :

1. de l'**inopposabilité**, c.-à-d. l'**inefficacité à l'égard des tiers** d'un acte valablement conclu, notamment parce que :

– les formalités de publicité ou d'opposabilité n'ont pas été accomplies (vente d'immeuble) ;

– les parties ont caché leur accord réel derrière un acte apparent (simulation) : v. *infra*, p. 84 ;

– elles ont conclu leur accord en fraude des droits des tiers.

2. de la **caducité** : l'acte a été **valablement conclu**, mais un **événement postérieur** et **indépendant** de la volonté des parties entraîne son **anéantissement**, p. ex. le legs (disposition testamentaire) devient caduc si la chose sur laquelle il porte a disparu du vivant du testateur (art. 1042 C. civ.).

3. de la **résolution** : **anéantissement** en principe rétroactif comme l'annulation, mais qui affecte un contrat **synallagmatique valablement conclu**, lorsqu'une partie n'exécute pas ses obligations.

4. d'**autres formes de sanctions** : ainsi, lorsque la loi impose une durée maximale pour certains contrats (p. ex. 10 ans pour les clauses d'exclusivité par lesquelles des acheteurs s'engagent vis-à-vis de leurs vendeurs à ne pas faire usage d'objets provenant d'autres fournisseurs), la sanction la plus appropriée, si un accord prévoit une durée supérieure, est de la réduire à la limite légale.

§ 1 - CATÉGORIES DE NULLITÉS

A. Nullité et inexistence

Selon une théorie, un acte serait inexistant lorsqu'un **élément essentiel** lui manque.

Cette théorie est née à propos du **mariage** pour les cas où la loi n'a pas expressément prévu de nullité, alors pourtant que manifestement un élément indispensable à sa validité fait défaut (p. ex., l'union de personnes du même sexe) et, par la suite, des auteurs l'ont étendue aux autres actes (p. ex., inexistence de n'importe quel contrat en cas de défaut de rencontre des volontés, du contrat de vente en l'absence de prix et, plus récemment, inexistence des clauses prohibées, lorsque les textes les qualifient de « non écrites »).

Les principales **différences** avec la nullité seraient :

• l'inexistence n'a pas à être prononcée par un tribunal ;

• l'acte inexistant ne bénéficie pas de la prescription trentenaire.

Mais cette théorie est souvent écartée, car la doctrine et la jurisprudence préfèrent en général assimiler l'inexistence à la nullité absolue.

La notion d'inexistence a eu plus de succès à propos des **actes de procédure** : ainsi, lorsque la loi exige un acte d'huissier (p. ex., pour une saisie), tout acte en une autre forme est inexistant.

B. Nullité absolue et nullité relative

1. Présentation de la distinction

a) Son fondement est discuté

Traditionnellement, on distinguait l'absence d'un **élément fondamental** de l'acte (p. ex., défaut de consentement = nullité absolue) et le **vice** de cet élément (p. ex., vice du consentement = nullité relative).

Mais cette distinction cadre parfois mal avec les solutions de la jurisprudence.

Aujourd'hui on s'attache plutôt à distinguer la violation d'une exigence d'**intérêt général**, sanctionnée par la nullité absolue, et la méconnaissance d'un **intérêt privé**, sanctionnée par la nullité relative.

b) Applications

• Dans certains cas, la nature de la nullité est incontestée.

1. Cas de **nullité absolue** :
– absence d'objet ;
– illicéité de l'objet ou de la cause, sauf si la condition violée a pour fonction de protéger une partie (ordre public de protection) ;
– immoralité de l'objet ou de la cause (dans tous les cas, parce que les bonnes mœurs sont concernées).

2. Cas de **nullité relative** :
– vice du consentement ;
– incapacité ;
– lésion.

• **Dans d'autres**, la nature de la nullité est discutée.

1. Absence de consentement ;

2. Absence de cause :
– selon la jurisprudence récente des chambres civiles de la Cour de cassation, l'absence de cause entraînerait une nullité relative, au motif que l'exigence violée est plutôt destinée à protéger l'intérêt particulier d'un contractant ;
– mais, d'un autre côté, selon la chambre commerciale de la Cour de cassation, l'absence de prix sérieux dans la vente doit être sanctionnée par la nullité absolue, au motif qu'elle est fondée sur l'absence d'un élément essentiel du contrat de vente.

3. Pour les **formes**, nullité absolue d'après la conception traditionnelle, mais aujourd'hui ce principe est en recul, et tout dépend plutôt du but des exigences de forme :
– si c'est l'intérêt général, la nullité est absolue (forme imposée par la loi fiscale, p. ex. art. 1589-2) ;
– si elles ont pour objet de protéger une partie (p. ex. l'acheteur d'un fonds de commerce, art. L. 141-1 C. com., reprenant les dispositions de la loi du 29 juin 1935 - l'emprunteur pour les prêts régis par le Code de la consommation), la nullité est relative.

2. Conséquences de la distinction

a) Personnes pouvant agir en nullité

• **Nullité relative** : seule peut agir en nullité la personne que la loi a voulu protéger (p. ex., la victime de l'erreur ou du dol), son représentant légal (en cas d'incapacité) et ses successeurs universels (héritiers).

• **Nullité absolue** : toute personne ayant un intérêt peut demander la nullité. Donc, il peut s'agir :

– de **chaque partie**, même celle qui est responsable de la nullité, et de ses successeurs ;
– des **tiers** qui peuvent justifier d'un **intérêt**, p. ex., l'acquéreur d'un immeuble loué, qui doit en principe respecter le bail, peut en demander l'annulation pour cause illicite ou immorale ;
– du **ministère public**, dans les cas d'atteinte à l'ordre public (art. 422 et s. C. pr. civ.).

b) Confirmation

Définition : la confirmation résulte d'un acte par lequel la personne qui pouvait invoquer la nullité y **renonce**.

• **Nullité relative : la confirmation est possible**

– **Conditions de fond** de la confirmation : il faut que l'auteur de la renonciation ait connaissance du vice et que ce vice ait disparu.
– Absence de **condition de forme** particulière : la renonciation peut être expresse ou tacite (exécution volontaire de l'acte).
– **Effet** : l'acte qui était annulable est considéré comme valable dès l'origine.

• **Nullité absolue : la confirmation n'est pas possible**, mais les parties peuvent, une fois la cause de nullité disparue, refaire l'acte.

Différences entre la **réfaction** et la confirmation :
– l'acte refait résulte d'un **nouvel accord de volontés** exprès ou tacite (ex. : une vente est nulle parce qu'aucun prix n'a été fixé : si l'acquéreur reçoit la marchandise et paie le prix qui lui est demandé à ce moment-là, il y a un nouvel accord tacite) ;
– la réfaction n'entraîne pas d'effet rétroactif.

Parfois, lorsque la validité d'un acte est subordonnée à une autorisation administrative, une autorisation tardive permet de le **régulariser**.

c) Prescription

• **Nullité absolue : 30 ans**, à dater du **jour du contrat**.

• **Nullité relative** : **5 ans**, à dater du **jour où le vice a disparu** (art. 1304 C. civ. ; p. ex., le jour où l'erreur ou le dol a été découvert).

• Mais qu'il s'agisse de nullité absolue ou relative :
– de nombreux textes prévoient des **prescriptions plus courtes** (2 ans en cas de lésion dans la vente d'immeuble ; 3 ans en cas de nullité d'une société) ;
– la **prescription ne concerne que l'action en nullité** : elle ne peut pas être opposée à celui qui invoque la nullité par voie d'exception, c.-à-d. en défense à une demande du créancier : on dit que les **exceptions de nullité sont perpétuelles.**

Cette règle se justifie par deux raisons :
D'une part, elle permet de déjouer la manœuvre d'une personne qui attendrait l'expiration du délai de prescription pour exiger l'exécution d'un acte annulable : grâce à la perpétuité de l'exception, le défendeur pourra toujours lui opposer la nullité.
D'autre part, lorsqu'une partie soulève l'exception de nullité, c'est par hypothèse

dans un cas où le contrat n'a pas été exécuté ; par conséquent, en demander la nullité ne remet pas en question des situations acquises par l'exécution des obligations, et on conçoit que l'exception soit perpétuelle. En revanche, lorsque le contrat a été exécuté, l'action en nullité, dont l'effet est de remettre en cause des situations acquises, doit être enfermée dans un délai, qui est un facteur de sécurité juridique.

C. Autres distinctions

1. Nullité textuelle et nullité virtuelle

a) Nullité textuelle : elle est formulée par la loi.

b) Nullité virtuelle : la loi exige une condition de fond ou de forme, mais sans dire si son absence entraîne la nullité. La jurisprudence décide que la sanction est la nullité, lorsqu'il apparaît que la condition violée a suffisamment d'importance. De nombreuses nullités sont virtuelles (v., p. ex., pour la forme, p. 62) mais, dans certaines matières, s'applique le principe **pas de nullité sans texte** (p. ex., à propos des exigences spéciales formulées par les dispositions concernant le droit des sociétés : art. 1844-10 C. civ. V. aussi pour les actes de procédure, art. 114, al. 1er C. pr. civ.).

2. Nullité obligatoire et nullité facultative

a) En principe, les nullités sont **impératives** pour le juge : si les conditions de la nullité sont réunies, il doit annuler l'acte.

b) Exceptionnellement, il dispose d'un **pouvoir d'appréciation** (art. L. 141-1 C. com. et L. 29 juin 1935 sur la vente de fonds de commerce, v. *supra*, p. 60).

§ 2 - EFFETS DE LA NULLITÉ

• En principe, l'acte est **anéanti**.

• Parfois il produit les effets d'un autre acte dont il réunit les conditions de validité : c'est ce que l'on appelle la **conversion par réduction**, p. ex., une lettre de change irrégulière peut valoir comme reconnaissance de dette.

A. Étendue de la nullité

La nullité peut être **totale** (l'acte en entier) ou **partielle** (seulement l'une de ses clauses).

La nullité d'une clause n'entraîne pas nécessairement la nullité du contrat.

• Dans certains cas, il est sûr que la nullité de la clause est sans effet sur la validité de l'acte. P. ex., la clause attributive de juridiction convenue entre des personnes dont l'une au moins n'est pas commerçante est nulle, alors que le contrat dans lequel elle figure est valable (art. 48 C. pr. civ.). Il en est également ainsi toutes les fois que le législateur déclare qu'une clause est « réputée non écrite ».

• Dans d'autres cas, la question est **discutée**.

1. Origine de la discussion

Dans le Code civil, deux textes fournissent des réponses apparemment contradictoires.

• **Art. 900** : « dans toute disposition entre vifs ou testamentaire, les conditions impossibles, celles qui seront contraires aux lois et mœurs seront réputées non écrites », donc **seule la clause illicite est nulle**.

• **Art. 1172** : « toute condition d'une chose impossible ou contraire aux bonnes mœurs, ou prohibée par la loi, est nulle, et rend nulle la convention qui en dépend » : **l'ensemble est donc nul.**

2. Interprétations possibles

a) Distinction entre actes à titre gratuit et actes à titre onéreux

L'art. 900 parle des libéralités, donc ne concernerait qu'elles, et l'art. 1172 s'appliquerait alors aux seuls actes à titre onéreux.

La différence s'expliquait, à l'époque de la rédaction du Code, par le souci de ses auteurs d'empêcher que des charges illicites dans les libéralités ne provoquent la résurgence d'institutions féodales (p. ex., charges aboutissant à imposer à perpétuité des corvées à une personne et à ses descendants). Si la nullité de la clause avait entraîné celle de la libéralité, le bénéficiaire de celle-ci aurait été dissuadé de demander l'annulation. En limitant la sanction à la clause, on permettait au bénéficiaire de la faire disparaître, tout en conservant la libéralité.

Cette justification n'a plus aujourd'hui qu'un caractère historique, et la différence de traitement sur ce point entre les actes à titre onéreux et les actes à titre gratuit, n'ayant pas d'autre raison d'être, a été abandonnée.

b) Distinction en fonction de l'importance de la clause

• Si la clause a été la **condition impulsive et déterminante**, sa nullité infecte l'acte en entier (application de la théorie de la **cause** : la condition déterminante est la cause du contrat et son illicéité entraîne la nullité de l'acte) ;

• s'il s'agit d'une **clause accessoire**, sa nullité ne s'étend pas au contrat.

La jurisprudence actuelle retient souvent cette distinction, mais une troisième est apparue.

c) Distinction en fonction du but de la nullité

• Parfois, même si la clause a été la condition impulsive et déterminante, il paraît plus opportun de ne pas étendre l'annulation à l'acte en entier. P. ex., la clause (déterminante pour le vendeur) qui prévoit un supplément de prix dissimulé au fisc est illicite et nulle, mais la vente est valable : c'est la meilleure sanction civile pour réprimer la fraude ou la prévenir, puisque le vendeur est engagé pour le prix apparent.

• De même, le contrat qui contient des clauses abusives « restera applicable dans toutes ses dispositions autres que celles jugées abusives s'il peut subsister sans lesdites clauses » (art. L. 132-1, al. 8 C. consom.). Donc il n'y a pas à rechercher si l'une de ces clauses a été ou non la cause impulsive et déterminante de l'engagement du professionnel : le contrat subsiste sauf si l'élimination des stipulations abusives le prive de l'essentiel de son contenu. Le maintien du contrat, débarrassé de ses clauses abusives, est évidemment la solution la plus avantageuse pour le consommateur que la loi veut protéger.

B. Rétroactivité

1. Principe

L'acte est **anéanti**,

• tant **pour l'avenir** : les prestations promises ne peuvent plus être exigées ;

• que **pour le passé** : les choses doivent être remises dans l'état où elles se trouvaient avant la conclusion de l'acte, ce qui entraîne des **obligations de restitution**. P. ex., si une vente est annulée après son exécution, l'acheteur doit restituer la chose et le vendeur lui rembourser le prix.

Cette rétroactivité est parfois rigoureuse ou même impossible à réaliser, d'où des tempéraments.

2. Tempéraments

a) Dans le cas d'un contrat à exécution successive

Si un contrat à prestations successives (bail, contrat de travail) est annulé en cours d'exécution, il n'est pas possible de faire abstraction des prestations déjà accomplies : l'occupant a joui de l'immeuble, le salarié a effectué un travail. Le juge accorde alors une **indemnité** au propriétaire ou au salarié, calculée en équité, et qui peut différer du loyer ou du salaire qui avait été convenu.

b) Au profit du contractant de bonne foi (c.-à-d. qui ignorait le vice, cause de l'annulation) : il a le droit de **conserver les fruits** (revenus de la chose ou intérêts d'une somme d'argent) qu'il a perçus jusqu'au jour de la demande en nullité.

c) Lorsque la nullité a été prononcée **au profit d'un incapable**, il n'est pas obligé de restituer tout ce qu'il a reçu, sinon la nullité n'offrirait pas grand intérêt pour lui. D'après l'art. 1312, **il ne doit restituer « que ce qui a tourné à son profit »**. Si donc il a dissipé l'argent reçu, il n'est pas tenu de le restituer, sauf ce qui lui en resterait.

d) La règle *Nemo auditur propriam turpitudinem allegans*

Lorsque l'annulation est fondée sur une **cause** ou un **objet immoral**, les **restitutions sont interdites**.

Fondement dans l'adage, consacré par la jurisprudence : « ***nemo auditur propriam turpitudinem allegans*** » (nul ne peut invoquer sa propre turpitude).

Cet adage empêche seulement les restitutions, mais n'interdit évidemment pas l'action en nullité, puisque son objectif est justement de priver d'effet la turpitude.

Conséquences :

- Cette règle peut aboutir à une **injustice** : la partie, qui n'a pas exécuté sa prestation, mais a reçu celle de l'autre, n'est pas tenue à la restituer.
- Mais on lui attribue une **vertu préventive** : elle inciterait à ne pas conclure de contrat immoral, ou du moins à ne pas l'exécuter, en raison du risque que court celui qui accomplit sa prestation, sans avoir reçu celle de l'autre.

Domaine :

• En principe, la règle ne s'applique qu'aux **contrats immoraux** (p. ex., le vendeur d'une maison de tolérance n'a pas à rembourser le prix en cas d'annulation de la vente) et **non aux contrats simplement illicites** (le vendeur qui a reçu un supplément de prix occulte est tenu à le rembourser après annulation de l'accord destiné à frauder le fisc).

• Mais la jurisprudence est plus nuancée et tient compte parfois du **degré respectif de turpitude de chaque contractant**, sans nécessairement distinguer entre contrat immoral et contrat illicite : le contractant qui est moins coupable que l'autre pourra alors obtenir restitution.

e) À l'égard des tiers, l'annulation rétroactive peut avoir de graves conséquences, car **nul ne peut transmettre plus de droits qu'il n'en a lui-même**. P. ex., si une vente est annulée alors que l'acquéreur avait déjà revendu le bien, le droit du sous-acquéreur disparaît en conséquence de l'anéantissement du droit de l'acquéreur.

Aussi diverses techniques sont utilisées pour permettre au tiers, surtout s'il est de **bonne foi**, de conserver son bien :

• le sous-acquéreur d'un **meuble** peut, s'il est de bonne foi, se prévaloir de l'art. 2279 C. civ. : « **En fait de meubles, la possession vaut titre** » ;

• le sous-acquéreur d'un **immeuble** peut invoquer la prescription acquisitive au bout d'un certain temps de possession (usucapion) qui varie (10 à 20 ans) selon qu'il est de bonne ou mauvaise foi ;

• plus généralement, la jurisprudence applique la **théorie de l'apparence** qui permet de sauver le droit du tiers qui a commis une erreur légitime.

C. Responsabilité

Le contractant qui, lors de la conclusion du contrat, a commis une **faute** (l'irrégularité lui est imputable ou simplement il connaissait ou aurait dû connaître le vice) peut être condamné à des dommages et intérêts, si l'annulation cause un préjudice à l'autre partie (art. 1382).

POUR ALLER PLUS LOIN

BIBLIOGRAPHIE :

› F. Terré, Ph. Simler et Y. Lequette, *Droit civil. Les obligations*, Dalloz, coll. « Précis », 9e éd., 2005, nos 90 à 438.

› J. Ghestin *Traité de droit civil, Le contrat : formation*, LGDJ.

› H. Capitant, F. Terré et Y. Lequette, *Les grands arrêts de la jurisprudence civile*, t. 2, *Obligations, Contrats spéciaux, Sûretés*, Dalloz, coll. « Grands arrêts », 11e éd., 2000 (12e éd. à paraître en 2008), en particulier nos 144-145 (contrats entre absents), 147 (le silence), 148-149 (l'erreur), 151-152 (l'objet et le prix).

Chapitre 3 › LES EFFETS DU CONTRAT

Le contrat est conclu pour produire des effets : **créer**, **transmettre** ou **éteindre des obligations**, et parfois aussi **des droits réels** (p. ex., la vente entraîne la transmission du droit de propriété).
Pour connaître les effets particuliers de chaque contrat, il faut savoir ce que les parties ont réellement voulu, ce qui peut poser un problème d'**interprétation** (section 1).
Tous les contrats ont pour effet d'**obliger** les parties (section 2) et, si l'une **n'exécute pas ses obligations**, certaines conséquences vont en résulter (section 3).

Section 1 › L'INTERPRÉTATION DU CONTRAT

Définition : l'interprétation du contrat est l'**opération par laquelle on en précise le sens, en cas de lacune, ambiguïté ou contradiction**.
L'interprétation est à distinguer de la **preuve** : prouver un contrat, c'est en démontrer l'existence.
À défaut d'accord entre les parties, l'interprétation est effectuée par le juge.

§ 1 - LES RÈGLES D'INTERPRÉTATION

Les art. 1156 et s. du Code civil donnent au juge certaines **directives**, mais elles ne sont pas impératives, en ce sens qu'un pourvoi en cassation fondé sur leur éventuelle violation est irrecevable.

A. Directive principale

« On doit dans les conventions rechercher quelle a été la commune intention des parties contractantes plutôt que de s'arrêter au sens littéral des termes » (art. 1156). Donc :

• Le juge doit rechercher l'**intention commune** et non l'intention d'une partie.
L'intention commune est celle que les parties avaient au moment de la conclusion du contrat, mais leur comportement ultérieur peut être de nature à révéler cette intention.

• L'**intention réelle** doit l'emporter sur le sens littéral.
En particulier, en cas de **contradiction entre une clause manuscrite et une clause imprimée**, surtout une clause de style (clause habituelle, utilisée dans tous les contrats du même genre et insérée à l'avance), la première l'emporte, car elle est censée mieux révéler la volonté réelle.

B. Autres directives données au juge

• Lorsqu'une clause est « **susceptible de deux sens** », l'un permettant de lui faire produire des effets, alors que l'autre la prive de toute efficacité, on doit plutôt retenir le premier (art. 1157). C'est sans doute ce premier sens que les parties avaient adopté.

• Quand deux sens, qui permettent de donner effet à la clause, sont possibles, on doit prendre celui « **qui convient le plus à la matière du contrat** » (art. 1158).

C'est évidemment ce sens qui paraît le plus conforme à la commune intention des parties.

• « **Toutes les clauses des conventions s'interprètent les unes par les autres, en donnant à chacun le sens qui résulte de l'acte entier** » (art. 1161). Les clauses doivent être interprétées non pas isolément, mais par référence à l'ensemble de l'acte.

• Afin de déceler la volonté des parties, il faut aussi tenir compte, lorsqu'il en existe, des **usages du lieu où le contrat a été conclu** (art. 1159).

• Si le doute subsiste, l'acte « **s'interprète contre celui qui a stipulé et en faveur de celui qui a contracté l'obligation** » (art. 1162).
L'expression « **celui qui a stipulé** » a deux significations possibles : dans la conception traditionnelle, cette personne est le **créancier**, par opposition à « celui qui a contracté l'obligation », c.-à-d. le débiteur. Mais la formule est parfois comprise comme visant **celui qui a rédigé l'acte**, qui peut être, selon les circonstances, le créancier ou le débiteur. Quel qu'il soit, on considère alors que l'acte doit s'interpréter contre lui, puisqu'il lui appartenait de mieux le rédiger.
Le Code de la consommation (art. L. 133-2, al. 2) contient une règle semblable au profit des consommateurs : dans les contrats proposés par les professionnels aux consommateurs, les clauses doivent, en cas de doute, être interprétées « **dans le sens le plus favorable au consommateur** ».

C. Importance du rôle du juge

Par le biais de l'interprétation, les juges du fond ont parfois ajouté au contrat des obligations qui n'avaient pas réellement été envisagées par les parties (not. les obligations de renseignements ou même de conseils, surtout à la charge des professionnels ; les obligations de sécurité dans certains contrats, tel le contrat de transport).
Par ailleurs, les juges ne sont pas liés par la **qualification** que les parties ont donnée au contrat, et ils ont la faculté de lui attribuer sa véritable qualification pour en déduire des conséquences légales autres que celles envisagées par les contractants.

§ 2 - RÔLE DE LA COUR DE CASSATION

A. Principe

L'interprétation d'un contrat relève du **pouvoir souverain des juges du fond**, et le pourvoi fondé sur une mauvaise interprétation est irrecevable (Cass. sect. réun., 2 févr. 1808, *Lubert*, *Grands Arrêts*, n° 159).
Justification : interpréter une clause obscure ou ambiguë entraîne des **recherches de fait**, dans lesquelles la Cour de cassation n'a pas à s'immiscer.

B. Dénaturation

Mais la Cour de cassation se réserve le droit, depuis un arrêt de 1872 (Civ., 15 avr. 1872, *Grands Arrêts*, n° 160), de casser une décision qui **dénature** une clause contractuelle.
Justification : la dénaturation suppose, à la différence de l'interprétation, une **clause claire** et **précise**, que les juges ont déformée. Ce faisant, ils ont violé non seulement la volonté des parties, mais aussi l'art. 1134, al. 1er du Code civil, qui lui

donne force obligatoire. Donc il ne s'agit plus d'une question de fait, mais d'une **violation de la loi**, ce qui justifie la cassation.
La distinction entre la **dénaturation** (lorsque la clause est claire et précise) et la simple **interprétation** (lorsque la clause est obscure ou ambiguë) n'est pas toujours aisée.

Section 2 › LA FORCE OBLIGATOIRE DU CONTRAT

Le contrat **lie** les parties mais, en principe, n'a pas d'effet à l'égard des tiers : on dit qu'il a un **effet relatif**.

§ 1 - LE CONTRAT ET LES PARTIES

Principe (art. 1134, al. 1, C. civ.) : « **Les conventions légalement formées tiennent lieu de loi à ceux qui les ont faites** ».
Du principe de la force obligatoire résultent deux conséquences principales : 1°) le contrat ne peut pas être unilatéralement révoqué ; 2°) le juge n'a pas le pouvoir de le modifier.
Par ailleurs, les contrats doivent être exécutés de bonne foi (art. 1134, al. 3).

A. Interdiction de la révocation unilatérale

1. Principe

L'art. 1134, al. 2, tire la conséquence directe de la règle énoncée dans l'al. 1er : les conventions « **ne peuvent être révoquées que d'un commun accord** ».
Le contrat ne peut être défait que par un nouvel accord (*mutuus dissensus*), c.-à-d. un nouveau contrat qui n'a pas d'effet rétroactif : à distinguer de l'annulation qui anéantit rétroactivement un acte atteint d'un vice au moment de la formation (v. *supra*, p. 65).
Parfois la **révocation unilatérale** est autorisée.

2. Cas dans lesquels la révocation unilatérale est autorisée

a) Révocation prévue par les parties

• Les parties ont la faculté de prévoir dans le contrat que l'une d'elles pourra revenir sur son engagement, souvent à la condition de payer à l'autre une somme d'argent, fixée forfaitairement, à titre d'indemnité.
Cette somme est appelée **dédit** ou, surtout dans le droit de la vente, **arrhes**. Celui qui a versé les arrhes peut se libérer en les perdant, l'autre peut le faire en restituant le double (art. 1590).
Le dédit et les arrhes sont à soigneusement distinguer d'un **acompte**, qui est un paiement partiel, accompli en exécution d'un engagement ferme de payer la totalité.
• Il est parfois difficile de déterminer à quel titre une somme a été versée lors de la conclusion du contrat.
En **droit de la consommation**, afin d'éliminer toute difficulté d'interprétation, l'art. L. 114-1, al. 4 C. consom. dispose que, dans les contrats de vente d'un bien meuble ou de fourniture de services, conclus entre un professionnel et un consommateur, les sommes versées d'avance par celui-ci sont, sauf stipulation contraire, des

arrhes. Il s'ensuit que chacun des contractants peut revenir sur son engagement : si c'est le consommateur, il perd les arrhes ; si c'est le professionnel, il doit en restituer le double.

b) Révocation permise par la loi

La loi permet la révocation unilatérale dans certaines hypothèses : la dérogation au principe de l'art. 1134, al. 2, est alors très nette.

Divers cas de dérogations légales peuvent se distinguer.

• **Tout contrat à exécution successive**, qui a été conclu pour une **durée indéterminée**, peut être résilié unilatéralement, sinon l'engagement risquerait de devenir perpétuel, ce qui est prohibé (généralisation de la règle énoncée dans l'art. 1780, al. 2 C. civ.).

• Dans **certains contrats à exécution successive**, conclus avec l'*intuitus personae*, la résiliation unilatérale est possible à tout moment, même si une durée a été convenue (mandat, art. 2003 et s. C. civ. ; dépôt, art. 1944 C. civ.).

Mais, dans tous ces cas, la résiliation doit être faite sans abus, et notamment en prévenant l'autre partie suffisamment à l'avance (sauf urgence) afin de lui permettre de prendre ses dispositions.

• Quelques textes organisent une faculté de révocation unilatérale au profit de **certains contractants**. P. ex., le locataire d'un bail à usage d'habitation régi par la loi du 6 juillet 1989 peut résilier le contrat à tout moment, à condition de donner un préavis trois mois à l'avance par LRAR (art. 12).

• Plusieurs lois destinées à protéger les consommateurs leur accordent un **droit de repentir** dans un délai déterminé (v. *supra*, p. 32).

Sur la faculté de résilier unilatéralement un contrat, lorsque l'autre partie n'exécute pas son obligation, v. *infra*, p. 102.

c) Plus rarement une faculté de dédit est admise par les **usages** et reconnue par la **jurisprudence**, p. ex. l'annulation d'une réservation en matière hôtelière, à condition toutefois de ne pas être faite tardivement.

B. Interdiction de la révision en cas de changement imprévu des circonstances

Lorsque les parties concluent un **contrat à exécution successive**, elles tiennent compte des circonstances actuelles et des modifications prévisibles. Or, si les circonstances sont bouleversées par suite d'événements imprévus (guerre, crise particulière), l'exécution du contrat peut devenir beaucoup plus onéreuse pour une partie : peut-elle exiger une révision du contrat ? C'est le problème dit de l'**imprévision.**

La question de l'imprévision est à distinguer de celle de la **force majeure** :

– en cas de force majeure, l'exécution devient **impossible** ;

– en cas d'imprévision, l'exécution est seulement devenue **beaucoup plus difficile**.

1. Principe

Contrairement à la jurisprudence du conseil d'État (*Gaz de Bordeaux*, 1916), la Cour de cassation interdit aux juges de modifier le contrat (affaire du *Canal de Craponne*, Civ., 6 mars 1876, *Grands Arrêts*, n° 163).

Justifications : le principe de l'interdiction de réviser le contrat se fonde sur la **force obligatoire du contrat** et le souci de préserver la **sécurité des transactions**.

Mais plusieurs **arguments**, de valeur inégale, sont invoqués **contre** cette solution :
– l'un est tiré de la **volonté présumée des parties** : elles auraient conclu le contrat avec la clause sous-entendue qu'il faudrait le renégocier en cas de bouleversement imprévu des circonstances (clause *rebus sic stantibus*). Cette interprétation d'une volonté qui est purement hypothétique est artificielle ;
– un autre se fonde sur la **théorie de la cause** : lorsque l'équilibre des prestations est rompu, l'obligation, devenue beaucoup plus onéreuse, n'aurait plus de contrepartie et donc plus de cause. Cependant le défaut de cause suppose une absence de contre-prestation réelle, et un simple déséquilibre, même important, ne suffit pas (à rapprocher du principe selon lequel la lésion n'est pas une cause d'annulation des contrats) ;
– un troisième découle de l'obligation pour les parties **d'exécuter de bonne foi** les conventions (art. 1134, al. 3 C. civ.) : le créancier qui exige l'exécution d'une obligation devenue très difficile pour son débiteur manque de bonne foi.
Malgré ces objections, le principe est maintenu, mais diverses exceptions lui sont apportées.

2. Exceptions

a) Révision prévue par une clause du contrat

Deux sortes principales de clauses permettent la révision du contrat.

• **Clause de variation automatique du prix :** on l'appelle **clause d'échelle mobile** ou **d'indexation ;** elle fait varier le prix automatiquement selon les fluctuations d'un indice choisi.

• **Clause par laquelle les parties s'engagent à négocier à nouveau le contrat**, pour le cas où un déséquilibre profond surviendrait ; elle est dénommée clause de ***hardship*** ou de **sauvegarde** - c'est une sorte de clause *rebus sic stantibus* expresse.

b) Révision permise par la loi

Les exceptions véritables découlent de **lois** qui permettent d'imposer une révision, alors que les parties ne l'avaient pas envisagée, p. ex. :

• les lois spéciales prises pour les périodes de guerre réaménageant les obligations du débiteur, nées de contrats conclus avant les hostilités ;

• l'art. 1889 C. civ., qui autorise le juge à obliger l'emprunteur d'une chose à la rendre, s'« il survient au prêteur un besoin pressant et **imprévu** de sa chose » ;

• les art. 900-2 et s. C. civ., qui autorisent le juge à modifier les charges et conditions d'une libéralité, en cas de « changement de circonstances » rendant l'exécution de la charge « **extrêmement difficile** » ou « **sérieusement dommageable** » ;

• les lois (L. 25 mars 1949, plusieurs fois modifiée) prévoyant une révision automatique des rentes viagères en fonction d'un taux qui varie selon la date de naissance de la rente ;

• les textes sur les baux commerciaux (décret 30 sept. 1953, plusieurs fois modifié) permettant au juge de réviser, tous les trois ans et si une partie le demande, le loyer, en fonction de la « valeur locative » du local.

C. Obligation d'exécuter de bonne foi les contrats

Cette obligation est formulée dans le 3e al. de l'art. 1134 : les parties doivent faire preuve de loyauté et de coopération, c.-à-d. mettre tout en œuvre pour respecter l'économie du contrat.

1. Obligation de loyauté

La loyauté implique :

• **de la part du débiteur**, une exécution conforme à son engagement et à la probité, et,

• **de la part du créancier**, l'absence de manœuvres qui rendraient plus difficile l'exécution de la prestation de l'autre partie. Ex. de déloyauté du créancier : dans un contrat de bail, une clause prévoit la résolution de plein droit pour non-paiement des loyers après une sommation de payer, restée infructueuse ; si le bailleur envoie cette sommation en août, en sachant que le locataire est en vacances, il n'exécute pas de bonne foi la clause du contrat. Lorsque la clause résolutoire a été mise en œuvre de mauvaise foi, elle ne produit pas d'effet.

2. Obligation de coopération

La coopération implique l'obligation pour chaque partie d'agir au mieux des intérêts de son cocontractant, et notamment le devoir de lui donner les **informations** qu'il a intérêt à connaître au sujet de l'exécution du contrat.

Remarque : cette **obligation contractuelle d'information**, relative à l'exécution du contrat, est à distinguer de **l'obligation précontractuelle de renseignements** (v. *supra*, p. 43).

a) La **jurisprudence** a mis à la charge de chacun des contractants une obligation d'informer l'autre, en fonction du type de contrat et de la personne qui en est tenue. Elle pèse plus lourdement sur ceux qui ont des connaissances, et notamment les professionnels.

b) Divers textes précisent les informations que certains contractants doivent fournir (p. ex., législation sur les baux, imposant au bailleur de donner au locataire divers renseignements).

La loi du 18 janvier 1992 renforçant la **protection des consommateurs** a exigé du professionnel la communication de renseignements, p. ex. :

• le vendeur de biens meubles doit indiquer la période pendant laquelle il est prévisible que les pièces indispensables à l'utilisation du bien seront disponibles sur le marché (art. L. 111-2 C. consom.) ;

• le vendeur de meubles ou celui qui doit fournir une prestation de services est tenu, lorsque l'exécution de son obligation n'est pas immédiate, d'indiquer la date limite d'exécution (art. L. 114-1 C. consom.). Si le dépassement de la date prévue excède 7 jours, le consommateur peut dénoncer le contrat par LRAR.

§ 2 - LE CONTRAT ET LES TIERS

Principe énoncé dans l'art. 1165 C. civ. : « **Les conventions n'ont d'effet qu'entre les parties contractantes ; elles ne nuisent point au tiers, et elles ne lui profitent que dans le cas prévu par l'art. 1121** » (stipulation pour autrui).

En réalité, cet art. n'est plus interprété aujourd'hui dans un sens absolu : dire que le contrat ne nuit ni ne profite au tiers, cela signifie plus précisément **qu'il ne peut créer de rapport d'obligation qu'entre les parties contractantes** et qu'il ne peut pas rendre les tiers créanciers ni débiteurs.

C'est ce qu'on appelle le **principe de l'effet relatif des contrats**.

A. Effet relatif des contrats

Justification : le contrat étant un accord de volonté, il est normal que seuls ceux qui l'ont conclu soient liés.

Portée :

• Quant aux **droits**. Le principe de l'art. 1165 ne concerne que les **droits de créance**, car les droits réels, créés ou transmis par un contrat, sont attachés à la chose et produisent leurs effets à l'égard de tous (sous réserve éventuellement du respect de certaines règles de publicité).

• Quant aux **personnes**. L'art. 1165 distingue les parties et les tiers. Le contrat produit des droits et des obligations à l'égard :
- d'une part, des personnes qui sont **parties au moment de la naissance du contrat**, c.-à-d. qui l'ont conclu, soit **directement**, soit par **représentation** ;
- d'autre part, des personnes qui **prennent la place des parties**, p. ex. en cas de décès de l'une d'elles.

1. Cas de la représentation

Mécanisme par lequel une personne — le **représenté** — fait conclure un contrat pour son compte par un intermédiaire ou **représentant**.
C'est une technique très utile qui permet la conclusion de contrats au nom d'une personne qui n'est pas présente ou qui est incapable.
Seul le représenté est partie au contrat.

a) Conditions

• Le représentant doit avoir le pouvoir d'engager les biens d'autrui.
Ce pouvoir peut découler :
– de la **loi**, p. ex., le tuteur peut engager les biens de l'incapable ;
– d'un **jugement**, p. ex., un époux peut se faire habiliter en justice à représenter son conjoint hors d'état de manifester sa volonté (art. 219 C. civ.) ;
– d'un **contrat**, appelé **mandat** : par ce contrat, une personne — le mandant — charge son cocontractant — le mandataire — qui accepte cette mission, d'accomplir pour elle et en son nom, un ou plusieurs actes juridiques, à des conditions plus ou moins précises (p. ex., mandat de vendre, d'acheter, etc.).
• Le représentant doit avoir l'intention d'agir pour le compte du représenté.

b) Effets

Ils varient en fonction du caractère parfait ou imparfait de la représentation.
• Le représentant agit **au nom** et **pour le compte du représenté. La représentation** est dans ce cas **parfaite**, car elle produit immédiatement tous ses effets :
– le contrat conclu par représentation crée des droits et des obligations **à l'égard du représenté** ;
– il n'en produit aucun **envers le représentant** qui, par rapport à ce contrat, reste un tiers. Mais si le représentant a dépassé ses pouvoirs, il est personnellement tenu des obligations qu'il a souscrites en dehors de sa mission.
Le dépassement des pouvoirs sera aussi opposable au représenté en cas de **mandat apparent**, c.-à-d. lorsque le cocontractant pouvait croire légitimement, compte tenu des circonstances, à la réalité des pouvoirs du représentant.
• Le représentant agit **pour le compte du représenté**, mais **en son nom personnel** : la représentation est alors **imparfaite** (contrat de commission, p. ex.).

Ses effets se déroulent en deux temps :
– d'abord, seul le représentant est partie au contrat ;
– ensuite, il doit transférer ses droits au représenté qui devient partie.

c) Cas particulier de ce que l'on appelle le contrat avec soi-même

Dénomination, qui n'est pas très adéquate, pour désigner deux séries de situations.

• **Un représentant agit à la fois pour le compte de deux représentés** (double représentation). P. ex., un mandataire, chargé de vendre la maison de A et d'en acheter une pour le compte de B, vend celle du premier au second.

• **Une personne agit à la fois pour elle-même et comme représentant d'une autre**. P. ex., le mandataire, chargé de vendre la maison de son mandant, l'achète pour lui-même.

De telles opérations peuvent être dangereuses pour les personnes représentées, aussi la loi en interdit certaines. P. ex, un tuteur ne peut pas acheter un bien de l'incapable ; un mandataire ne peut pas acheter le bien qu'il est chargé de vendre (art. 1596 C. civ.).

2. Tiers devenant parties

Il s'agit de personnes qui, lors de la conclusion du contrat, avaient la qualité de tiers, mais qui deviennent ultérieurement parties.

Deux événements peuvent causer cette transformation : le décès de l'une des parties ou la cession du contrat.

a) Le décès d'une partie

Le successeur s'appelle un ayant cause universel ou à titre universel.

L'**ayant cause** est une personne qui a acquis un droit ou une obligation d'une autre, que l'on appelle son **auteur**.

• L'ayant cause **universel** est celui qui a vocation à recevoir tout le patrimoine de son auteur ; c'est le cas de l'héritier légal et du légataire universel (celui qui, en vertu d'un testament, a vocation à recueillir la totalité des biens du testateur).

• L'ayant cause **à titre universel** est un légataire qui a vocation à recueillir une partie de la succession.

En principe, les droits et obligations de l'auteur se transmettent à ses ayants cause universels et à titre universel, donc les contrats qu'il a conclus produisent leurs effets à leur égard.

Sauf :
– si les contractants avaient prévu le contraire ;
– si le contrat, en raison de l'*intuitus personae*, doit prendre fin au décès d'un contractant. Selon le cas, l'*intuitus personae* concerne une seule partie (p. ex. l'avocat ou l'artiste peintre) ou les deux (dans le mandat, le mandant et le mandataire). Le décès de la partie dont la personnalité avait été prise en considération met fin au contrat.

b) La cession de contrat

La cession de contrat peut provenir d'un **accord de volonté** entre le cédant et le cessionnaire ou résulter de la **loi**. Ex. de cessions imposées par la loi :
– l'acquéreur d'un immeuble loué est tenu de respecter le bail (art. 1743 C. civ.) ;
– l'acquéreur d'une entreprise est lié par les contrats de travail en cours (art. L. 122-12 C. trav.).

Le cessionnaire est substitué au cédant, c.-à-d. recueille ses droits et assume ses obligations.

B. La situation des tiers

Les tiers ne peuvent être ni créanciers ni débiteurs en vertu d'un contrat auquel ils sont étrangers.
Mais la notion de tiers n'est pas uniforme et plusieurs degrés apparaissent.

1. Les tiers absolus ou *penitus extranei*

Ce sont toutes les personnes totalement étrangères au contrat et aux contractants, c.-à-d. qu'elles n'en sont pas les ayants cause ni les créanciers.
Le contrat ne fait naître ni droit ni obligation à leur égard, mais il leur est opposable en tant que fait.
Cela signifie notamment que :

a) Les parties peuvent opposer le contrat aux tiers

• Si le contrat contient un **droit réel**, la règle est indiscutable, puisque par nature un droit réel est opposable à tous.

• En ce qui concerne les **droits de créance**, les tiers sont tenus de les respecter. Donc, si, en connaissance de cause, un tiers se rend complice de la violation par un débiteur de ses obligations contractuelles, il commet une faute qui engage sa responsabilité.

Exemples :
– un tiers se rend complice de la violation par un commerçant d'une obligation contractuelle de non-concurrence ;
– un patron débauche l'employé d'un concurrent et le conduit à rompre le contrat de travail qui le lie à cet employeur.

Pour que la responsabilité du tiers soit engagée, il faut qu'il ait eu connaissance du contrat à la violation duquel il participe.
Sa responsabilité, ne découlant pas d'un contrat auquel il serait partie, est délictuelle (art. 1382 C. civ.).

b) Le tiers a la faculté d'invoquer le contrat

En particulier,
• il peut faire état d'un contrat comme **élément de preuve** : cet acte auquel il est étranger sert alors de renseignement de nature à éclairer la décision du juge ;

• il peut se prévaloir d'un contrat dont **la mauvaise exécution lui a causé un dommage** : p. ex., si un accident est provoqué par une machine vendue, atteinte d'un vice de fabrication, la victime a la possibilité, lorsqu'elle est un tiers au contrat de vente, d'invoquer le vice et d'engager la responsabilité délictuelle du fabricant (la responsabilité de celui-ci est contractuelle si la victime est l'acheteur).

2. Les personnes se trouvant dans une situation intermédiaire

a) Ayant cause à titre particulier

C'est l'ayant cause auquel l'auteur ne transmet qu'un ou plusieurs droits déterminés, p. ex. un acheteur, un donataire, un légataire particulier.
L'acheteur d'un bien acquiert le droit de propriété dont le vendeur de la chose était titulaire, mais est-il tenu des dettes et profite-t-il des créances attachées à ce bien par le précédent propriétaire ?
Trois situations sont à distinguer :
• Si l'ancien propriétaire avait constitué un **droit réel**, p. ex. une servitude sur un immeuble, ce droit réel se transmet nécessairement avec la chose : il est donc opposable à l'acquéreur.

• Le régime du **droit de créance** est plus délicat. Il est généralement admis que ce droit se transmet à l'ayant cause lorsqu'il est attaché à la chose et en constitue un accessoire. Par ex., en cas de ventes successives, le droit pour un acquéreur de mettre en œuvre la garantie due par son vendeur passe au bénéfice du sous-acquéreur.
L'ayant cause peut donc se prévaloir des droits, réels ou personnels, qui sont des accessoires du bien transmis.
• En revanche, les **obligations** nées sur la tête de l'ancien propriétaire ne se transmettent pas **en principe** à ses ayants cause à titre particulier, puisque ceux-ci ne peuvent devenir débiteurs sans leur consentement. P. ex., si l'ancien propriétaire qui avait chargé un tiers d'effectuer des réparations sur la chose vendue ne les a pas payées, sa dette n'est pas transmise à l'acquéreur du bien, sauf stipulation contraire dans le contrat de vente.
Exceptionnellement, la loi impose la transmission de droits et d'obligations à un ayant cause à titre particulier : ainsi les droits et obligations résultant d'un bail se transmettent à l'acquéreur de l'immeuble (art. 1743 C. civ.), ceux qui découlent de contrats de travail à l'acquéreur de l'entreprise (art. L. 122-12 C. trav.).

b) Créanciers chirographaires

Ce sont des créanciers qui ne bénéficient pas d'une sûreté (p. ex., une hypothèque) pour garantir le recouvrement de leur créance ; mais ils ont un droit de gage général sur tous les biens de leur débiteur (art. 2284 C. civ.), ce qui leur permet de les saisir, s'il n'exécute pas son obligation, v. *infra*, p. 202 et s.
Les créanciers chirographaires sont plutôt considérés comme des **tiers** par rapport aux contrats conclus par leur débiteur. Néanmoins, comme ces contrats peuvent diminuer leur droit de gage général, la loi leur accorde certaines prérogatives en vue de les protéger, p. ex. l'action paulienne, v. *infra,* p. 204 et s.

C. Contrats destinés à produire des effets à l'égard des tiers

Dans certains domaines (droit du travail, baux d'habitation, v. *supra*, p. 17), des **accords collectifs** s'appliquent à des personnes qui ne les ont pas conclus et leur attribuent des droits et des obligations.
En dehors des accords collectifs, il est possible de conférer par contrat un **droit** à un tiers (validité de la stipulation pour autrui), mais non de lui imposer une **obligation** (interdiction de la promesse pour autrui).

1. Stipulation pour autrui

Définition : c'est l'opération, convenue dans un **contrat**, par laquelle une personne — le **stipulant** — obtient de son cocontractant — le **promettant** — un engagement au profit d'un **tiers bénéficiaire**.
Elle déroge au principe de l'art. 1165, car le contrat qui lui sert de support fait naître un droit au profit d'un tiers, en l'absence de toute représentation. Sa validité est reconnue par l'art. 1121.
C'est une institution qui a connu un essor considérable et qui sert à expliquer plusieurs mécanismes, p. ex. :
• l'**assurance sur la vie :** le stipulant est le souscripteur du contrat d'assurance et s'engage à verser des primes. En contrepartie, l'assureur (promettant) promet de payer, au décès de l'assuré, une somme à un tiers.

• l'**assurance pour le compte de qui il appartiendra :** un expéditeur de marchandises souscrit une assurance pour le compte de celui qui en sera le propriétaire au jour du sinistre.

• la **donation avec charge** : le donataire (promettant) s'engage envers le donateur (stipulant) à faire quelque chose au profit d'un tiers.

a) Conditions d'existence et de validité

• La stipulation est soumise aux **conditions générales de validité des actes juridiques** (objet et cause licites, p. ex.).

• Les parties doivent avoir l'**intention de stipuler pour autrui** ; p. ex., un vendeur demande à l'acquéreur de verser le prix à un tiers.

Cette intention ne se présume pas et doit être établie selon les modes de preuve ordinaires des contrats.

Dans le doute, on est censé avoir stipulé pour soi-même ou ses héritiers (art. 1122). Mais la jurisprudence a aussi parfois admis des **stipulations pour autrui tacites**, c.-à-d. dans des cas où il n'est pas sûr qu'un contractant ait réellement voulu stipuler au profit d'un tiers. P. ex., le contrat conclu entre l'administration d'un hôpital et un centre de transfusion sanguine comporte une stipulation au profit des personnes transfusées, leur garantissant la pureté du sang.

• La stipulation pour autrui doit avoir pour support un **contrat valablement conclu** entre le stipulant et le promettant (contrat quelconque : assurance, vente, donation, bail, etc.).

• **Le tiers bénéficiaire doit être désigné ou du moins déterminable**, p. ex. une assurance sur la vie au profit d'un enfant à naître.

Si la personne ne peut pas être déterminée, la stipulation tourne au profit du stipulant (ou de ses héritiers).

• Le contrat doit conférer un **droit au tiers**.

La stipulation doit conférer au tiers un avantage quelconque.

Pendant longtemps on a considéré que la stipulation pour autrui ne permettait pas, même accessoirement, de faire peser une obligation sur le tiers. Puis la Cour de cassation a décidé, le 8 déc. 1987 (*D.* 1989, som. com., 233, obs. Aubert), que « la stipulation pour autrui n'exclut pas, dans le cas d'acceptation par le bénéficiaire, qu'il soit tenu de certaines obligations ». Le tiers pourra donc être tenu d'obligations, à condition qu'il les accepte. En ce cas, il accepte en même temps le droit qui lui est attribué et les obligations qui l'accompagnent. P. ex., le tiers désigné comme bénéficiaire d'une donation peut être lié, s'il accepte la stipulation, par la clause lui interdisant d'aliéner ou de morceler le terrain qui lui a été donné. L'acceptation du bénéficiaire joue toutefois, à propos de l'obligation, un rôle différent : alors qu'elle ne fait que **consolider son droit déjà né**, elle est **indispensable à l'existence même de l'obligation** mise à sa charge.

b) Conditions de consolidation du droit du tiers

Pour que la stipulation pour autrui produise tous ses effets et que le droit du tiers soit consolidé, il faut deux conditions supplémentaires ; l'une est négative, l'autre positive.

• L'absence de révocation de la stipulation

Qui peut révoquer ? Le stipulant ou, après son décès, ses héritiers.

Quand ? la révocation peut se produire tant que le bénéficiaire de la stipulation ne l'a pas acceptée.
Comment ? la révocation peut être expresse ou tacite, à condition d'être sans équivoque.
Effets ? la stipulation ne disparaît pas, mais tourne au profit du stipulant ou de ses héritiers, à moins que le stipulant ne désigne un autre bénéficiaire.
• L'acceptation par le bénéficiaire
Qui peut accepter ? Le bénéficiaire ou, après son décès, ses héritiers.
Quand ? à tout moment, à condition que le stipulant n'ait pas révoqué la stipulation.
Comment ? l'acceptation peut être expresse ou même tacite, dès lors qu'elle n'est pas équivoque.
Effets ? à partir de l'acceptation, la stipulation devient irrévocable.

c) Rapports juridiques nés de la stipulation pour autrui

• **Les rapports entre le stipulant et le promettant** sont définis par le contrat.

• **Le bénéficiaire a un droit direct contre le promettant** et peut agir directement contre lui pour le contraindre à exécuter son obligation.
Comme le droit du tiers est issu du contrat, son étendue et ses modalités en dépendent : le promettant peut donc opposer au tiers les clauses du contrat (p. ex., limitatives de responsabilité) et les dispositions légales qui le régissent.
• **Le stipulant a également la faculté d'agir contre le promettant** afin de défendre les intérêts du tiers : il peut prendre des mesures conservatoires pour protéger le droit du tiers et même exiger l'exécution de l'obligation du promettant envers le tiers.

2. Promesse pour autrui et promesse de porte-fort

a) Prohibition de la promesse pour autrui

L'art. 1119 C. civ. dispose : « On ne peut s'engager… que pour soi-même ». Il n'est pas possible d'engager autrui par un contrat, car nul ne peut devenir débiteur d'une obligation contractuelle sans avoir donné son consentement (à moins d'être un ayant cause du contractant).
Si une personne ne peut pas créer un engagement à la charge d'une autre, il lui est tout au moins possible de promettre que le tiers s'engagera : c'est la promesse de porte-fort.

b) Validité de la promesse de porte-fort

Validité admise par l'art. 1120.
Une personne s'engage à l'égard de son cocontractant **à faire en sorte qu'un tiers s'oblige :** le promettant est obligé, mais le tiers n'a pas d'obligation tant qu'il ne donne pas son consentement.
Effets : le promettant est tenu d'une **obligation de faire**, qui est de résultat.
• **Si le résultat** (engagement du tiers) **n'est pas obtenu, la responsabilité du promettant est engagée.**
La promesse de porte-fort est à distinguer de la **promesse de bons offices**, par laquelle le promettant s'engage seulement à faire tout son possible pour que le tiers consente (obligation de moyens). Celui qui a promis ses bons offices n'est donc responsable que si sa faute est prouvée.
• **Si le tiers s'engage**, c.-à-d. **ratifie le contrat**, deux conséquences en découlent :
– **le promettant a exécuté son obligation**. Sauf clause contraire, il s'est seulement

engagé à ce que le tiers consente, donc il n'est pas responsable si ce tiers, après avoir accepté, n'exécute pas son obligation.
– **le tiers est rétroactivement engagé** dès le jour où le contrat de porte-fort a été conclu : c'est par cette rétroactivité que, de façon très atténuée, la promesse de porte-fort déroge au principe de l'effet relatif.

§ 3 - LA SIMULATION

A. Notion

1. Définition

La simulation est l'opération par laquelle les parties conviennent de cacher leur accord réel, appelé **contre-lettre**, derrière un **acte apparent**.

2. Objets et manifestations

La simulation peut porter sur :
• l'**existence même du contrat**. P. ex., un débiteur aux abois vend fictivement ses biens pour éviter une saisie : l'acte apparent est la vente, et la contre-lettre stipule que cette vente est fictive ;

• la **cause** ou la **nature du contrat** : on parle alors d'**acte déguisé**. P. ex., les parties concluent un acte apparent de vente mais, dans une contre-lettre, elles stipulent que le prix ne sera pas versé (donation déguisée) ;

• **l'objet** du contrat, p. ex. le prix réellement convenu est différent du prix mentionné dans l'acte apparent ;

• la **personne** même d'une partie : c'est l'**interposition de personne**. P. ex., quelqu'un veut faire une donation à un bénéficiaire qui est incapable, en vertu de la loi, de la recevoir (telle une congrégation non autorisée) : il s'adresse alors à un donataire apparent – appelé le **prête-nom** – qui s'engage à transmettre le bien au véritable bénéficiaire.

3. Conditions

La simulation suppose la réunion de trois conditions.
a) un mensonge concerté ; le mensonge d'une seule partie peut constituer un dol, mais non une simulation ;
b) l'acte secret doit être **contemporain** de l'acte apparent ; si les parties font un acte postérieur, c'est un acte qui modifie l'accord antérieur, et non une contre-lettre ;
c) l'acte apparent **ne doit pas révéler l'accord secret**, sinon il n'y aurait pas de véritable simulation.

4. Preuve

a) La contre-lettre est un accord de volontés, donc les règles de preuve des actes juridiques lui sont applicables et un **écrit** est en principe nécessaire (art. 1341 C. civ.), v. *supra*, p. 60 et s.
b) Parfois la loi établit des **présomptions de simulation**. P. ex., certaines personnes sont incapables, dans des conditions déterminées, de recevoir des libéralités. Si la libéralité a été adressée à un proche parent de l'incapable (acte apparent), elle est présumée avoir été faite à personne interposée, c.-à-d., en réalité, au profit de cet incapable (acte secret) : art. 911 C. civ.

B. Validité

1. Principe

Souvent la simulation cache une **fraude**, mais ce n'est pas toujours le cas, d'où :

• **la simulation n'est pas en elle-même une cause de nullité : l'acte secret est valable** s'il réunit les conditions de validité des contrats ;

• si l'**acte secret** ne réunit pas ces conditions (p. ex., illicéité de la cause), il est nul et, en principe, **l'acte apparent** ne produit pas d'effet, puisqu'il ne reflète pas la volonté réelle des parties.

2. Cas de nullité

Dans certaines hypothèses, la loi prononce directement la **nullité de la contre-lettre**, et selon le cas, les parties sont liées ou non par l'acte apparent, p. ex. :

• La donation déguisée sous la forme d'un acte onéreux ou faite à une personne interposée dans le but de dissimuler la donation à un incapable de recevoir à titre gratuit (art. 911 C. civ.) est nulle et l'acte apparent, qui ne révèle pas la volonté réelle des parties, est sans effet. L'ensemble de l'opération est donc annulé.

• L'accord prévoyant un supplément de prix occulte dans la cession d'un immeuble, d'un fonds de commerce ou d'un office ministériel est nul. Mais, dans cette hypothèse, l'acte apparent produit ses effets : le vendeur ne peut pas s'en dégager et se trouve lié par le prix qui y figure, ce qui permet de sanctionner plus efficacement la fraude fiscale.

C. Effets de la contre-lettre

Entre les parties, la contre-lettre produit tous ses effets, si elle est valable.

À l'égard des tiers, deux principes complémentaires :

• **Les contre-lettres n'ont pas d'effet** (art. 1321 C. civ.). Sont aussi considérés comme tiers, au sens de l'art. 1321, les ayants cause à titre particulier et les créanciers chirographaires auxquels la contre-lettre pourrait nuire.

• **Mais les tiers peuvent s'en prévaloir s'ils y ont intérêt**. P. ex., un créancier chirographaire a intérêt à se prévaloir de la contre-lettre dans laquelle son débiteur qui, par un acte apparent, a vendu un bien, reconnaît que cette vente est fictive (la vente, en effet, diminue le gage du créancier).

Preuve de la contre-lettre : pour les tiers, la simulation n'est qu'un fait juridique, qu'ils peuvent donc prouver par tous moyens.

Un **conflit entre les tiers** surgit lorsque les uns se prévalent de l'acte apparent, les autres de l'acte secret. La Cour de cassation fait prévaloir l'acte apparent, car si on permet à des tiers d'invoquer la contre-lettre, c'est à la condition qu'elle ne nuise pas à d'autres.

Section 3 › L'INEXÉCUTION DU CONTRAT ET SES CONSÉQUENCES

Lorsque le débiteur n'exécute pas son obligation contractuelle, plusieurs voies s'offrent au créancier.

• Il peut agir en justice pour **contraindre son débiteur à l'exécution**. Cette action n'est pas propre au droit des contrats et peut être aussi employée à propos des obligations extracontractuelles.

Toutefois, si le débiteur était tenu d'une obligation **en nature**, la contrainte directe est, d'après l'art. 1142 C. civ., en principe interdite, et il peut seulement être condamné à payer à son créancier des **dommages et intérêts**.

• Dans tous les cas où le débiteur n'exécute pas son obligation née du contrat, il engage sa **responsabilité contractuelle** (sauf cause d'exonération), par l'effet de laquelle le créancier pourra exiger des dommages et intérêts.

• D'autres voies ne concernent en principe que les **contrats synallagmatiques**, car elles résultent de l'interdépendance des obligations : le créancier a la faculté de **suspendre** l'exécution de son obligation ou même de demander la **résolution** du contrat.

§ 1 - LA RESPONSABILITÉ CONTRACTUELLE

À la fin du XIXe siècle la doctrine et la jurisprudence ont créé le concept de responsabilité contractuelle, en opérant des rapprochements avec la responsabilité extracontractuelle ou délictuelle. Ce concept est actuellement critiqué, au motif notamment que les dommages et intérêts dus en cas d'inexécution d'un engagement contractuel sont un mode de paiement forcé et non la réparation d'un dommage. Néanmoins la notion est encore couramment utilisée.

Dire que le cocontractant qui n'exécute pas le contrat engage sa responsabilité contractuelle, cela signifie qu'il est tenu de réparer les conséquences dommageables que cette inexécution cause à l'autre partie.

A. Conditions

La responsabilité contractuelle suppose : 1°) l'inexécution du contrat ; 2°) un dommage qui en résulte pour le cocontractant.

Selon le cas, il peut aussi être nécessaire que le créancier mette son débiteur en demeure d'exécuter sa prestation.

1. Inexécution de l'obligation contractuelle

L'inexécution peut être un **défaut total d'exécution** (p. ex., le vendeur n'a rien livré), une **exécution partielle** (il n'a livré que la moitié des marchandises), **défectueuse** (il a livré des marchandises détériorées) ou **tardive**.

La **preuve** de l'inexécution incombe au créancier, mais le fardeau est plus ou moins lourd selon que l'obligation inexécutée est de moyens ou de résultat.

a) La preuve de l'inexécution et la distinction des obligations de moyens et des obligations de résultat

Différences de régime : la distinction entre obligations de moyens et obligations de résultat a été mise en œuvre par Demogue vers 1930, puis adoptée par la jurisprudence.

Elle s'appuie sur deux textes du Code civil.

1. L'art. 1137 dispose : « l'obligation de veiller à la conservation de la chose… soumet celui qui en est chargé à y apporter **tous les soins d'un bon père de famille** ».

La référence aux soins du bon père de famille signifie que :

– le débiteur n'engage sa responsabilité que s'il a commis une **faute** : on dit qu'il est tenu d'une obligation de **moyens** ou de **diligence** ;
– le créancier doit **prouver** cette **faute** ;
– la faute est appréciée *in abstracto*, c.-à-d. par rapport à un modèle abstrait, l'homme normalement prudent et avisé et, s'il s'agit d'un professionnel, par référence au membre normalement compétent de sa profession.

2. L'art. 1147 énonce : « le débiteur est condamné, s'il y a lieu, au paiement des dommages et intérêts, soit en raison de l'inexécution de l'obligation, soit en raison du retard dans l'exécution, toutes les fois qu'il ne justifie pas d'une **cause étrangère qui ne peut pas lui être imputée**, encore qu'il n'y ait aucune mauvaise foi de sa part ».

Il résulte de cet article que :
– le débiteur est de **plein droit** responsable en cas d'inexécution ou de retard ;
– le créancier doit simplement **prouver** cette **inexécution**, c.-à-d. que le résultat promis n'est pas atteint ;
– le débiteur ne peut pas se dégager de sa responsabilité en prouvant seulement qu'il n'a pas commis de faute. Il ne le peut qu'en établissant une « cause étrangère » qui ne lui est pas imputable, telle une force majeure.

D'où le nom d'obligation de **résultat** par opposition à l'obligation de moyens.

Il n'est pas toujours facile de savoir si l'obligation est de moyens ou de résultat, ce qui rend nécessaire la recherche d'un critère.

Critères de distinction : plusieurs critères ont été proposés par la doctrine.

1. La lettre des textes : l'art. 1137 parle seulement de celui qui est tenu de **conserver une chose** et ne concernerait donc que ce débiteur, tandis que l'art. 1147, rédigé en **termes généraux**, serait le principe et s'appliquerait à tout autre débiteur ; mais cette interprétation littérale a été abandonnée, parce qu'il n'y a pas de raison d'instituer un régime particulier qui serait réservé à l'obligation du conservateur d'une chose.

2. La volonté des parties : si le débiteur promet d'exécuter une obligation aux **contours précis**, p. ex. livrer un appareil en bon état, son obligation est ordinairement de résultat ; s'il promet seulement de respecter « les règles de l'art », de **faire son possible** pour arriver à un résultat, son obligation n'est que de moyens.

La volonté des parties joue dans certains cas un rôle décisif, mais souvent elle est insuffisante et les tribunaux doivent recourir à d'autres critères.

3. L'objet de l'obligation : certaines obligations sont, de par leur objet même, des obligations de résultat. Ainsi celui qui s'engage à **payer une somme d'argent** est tenu du résultat (le paiement) et ne promet pas seulement de faire tout son possible pour y arriver. Le débiteur est également lié par une obligation de résultat, lorsqu'elle consiste à **ne pas faire quelque chose** ou à **livrer une chose de genre**.

Mais le critère de l'objet n'est pas toujours déterminant.

4. L'existence ou l'absence d'aléa :
– Si le résultat doit normalement être atteint par la mise en œuvre de techniques dont dispose — ou devrait disposer — le débiteur, l'obligation est de résultat, p. ex., livrer une marchandise en bon état, transporter une personne ou une chose à bon port ;
– Si le résultat est aléatoire, l'obligation n'est que de moyens. P. ex., le médecin ne promet pas la guérison, mais s'engage à soigner le malade conformément aux données actuelles de la science (jurisprudence confirmée par art. L. 1142, al. 1er C. santé publ.

– toutefois, en raison notamment des progrès de la médecine, une place est maintenant accordée à des obligations de résultat, p. ex. en ce qui concerne la qualité d'un appareil de prothèse ou en cas d'infections nosocomiales, c.-à-d. qui se répandent dans les hôpitaux). De même, l'avocat ne promet pas de gagner un procès, mais s'engage à défendre le plus efficacement possible les intérêts de son client.

5. Le rôle actif ou passif du créancier

– Si le créancier a un rôle actif et garde une certaine liberté d'action, le débiteur n'est tenu que d'une obligation de moyens (obligation de sécurité de l'exploitant d'un manège d'équitation ou d'un remonte-pente) ;

– Au contraire, la passivité du créancier est un indice de l'obligation de résultat. Ainsi la personne transportée dans un engin, train, téléphérique, etc., sur la maîtrise duquel elle n'a aucun pouvoir, est créancière d'une l'obligation de sécurité incombant à l'exploitant et qui est de résultat. Pour la même raison, celui qui reçoit une transfusion sanguine est créancier d'une obligation de résultat de la part du centre de transfusion, qui doit fournir du sang non contaminé.

Ces critères sont, à des degrés divers, utilisés par les tribunaux, qui toutefois qualifient souvent l'obligation de résultat ou de moyens sans donner de justification précise. De plus, des nuances complexifient la distinction.

Nuances dans l'application de la distinction :

Les obligations de résultat sont les plus nombreuses car, en général, le créancier attend un résultat (p. ex., les obligations de payer une somme d'argent, de livrer une chose de genre, de ne pas faire).

Mais la jurisprudence, abondante, est pleine de nuances, parce que la réalité ne se laisse pas facilement enfermer dans deux catégories bien distinctes.

Aussi chaque groupe d'obligations a des degrés.

• **l'obligation de moyens** est appréciée moins sévèrement lorsque le débiteur agit à titre gratuit, et plus sévèrement si c'est un professionnel ;

• **l'obligation de résultat** peut être :

– **aggravée :** p. ex., lorsque le débiteur est responsable même en cas de force majeure (L'obligation est alors dite de garantie) ;

– **allégée :** certains débiteurs peuvent s'exonérer de leur responsabilité en prouvant qu'ils ont fait tout leur possible pour éviter le dommage et n'ont pas commis de faute (transporteurs maritimes et aériens, en cas de dommage subi par un passager ou causé à la marchandise ; laboratoire photographique, en cas de perte des pellicules qui lui ont été confiées pour les développer).

Selon la jurisprudence, si l'origine du dommage est inconnue, ces débiteurs ne sont pas en mesure de prouver l'absence de faute (cette preuve supposerait en effet qu'on connaisse la cause du dommage afin de pouvoir vérifier si le débiteur avait fait tout son possible pour l'éviter), et donc leur responsabilité est engagée.

On peut aussi qualifier leur obligation d'**obligation de moyens renforcée**, puisqu'elle est fondée sur une **présomption de faute**.

b) Les causes d'exonération du débiteur

Les causes principales sont la **force majeure** et le **fait du créancier**. L'**absence de faute du débiteur** est plus rarement une véritable cause d'exonération.

• **Force majeure**

L'art. 1148 exonère le débiteur lorsque l'inexécution provient d'une force majeure ou d'un cas fortuit.
On distingue parfois le cas fortuit, qui serait un événement interne à l'activité ou l'entreprise du débiteur (p. ex., incendie de ses locaux), de la force majeure qui lui serait totalement étrangère (tremblement de terre), mais, en général, la jurisprudence n'opère pas cette distinction, et les deux expressions sont souvent employées comme synonymes.
La force majeure peut être un événement de la nature ou le fait d'un tiers, y compris l'administration (on parle de fait du prince).
Caractères : l'événement doit être :
- **irrésistible** ou **insurmontable**. C'est le caractère essentiel. Dans certaines décisions, la Cour de cassation a même admis que l'irréstibilité de l'événement était, à elle seule, constitutive de la force majeure, lorsque de toute façon sa prévision ne permettait pas d'en empêcher les effets et que le débiteur avait pris toutes les mesures requises pour éviter sa réalisation.
Remarques :
1. L'irrésistibilité est l'**impossibilité** d'exécuter ; une plus grande difficulté ne suffit pas (v. *supra*, p. 75 à propos de l'imprévision) ;
2. elle s'apprécie par référence aux capacités d'un homme normalement diligent (la jurisprudence parle souvent d'un « événement **normalement irrésistible** ») ;
3. la jurisprudence en déduit que le débiteur d'une chose de genre qui a été détruite peut rarement se libérer par la force majeure, car elle estime qu'il a toujours la possibilité de la remplacer (*Genera non pereunt*).
– **imprévisible**.
Remarques :
1. L'imprévisibilité s'apprécie au jour de la conclusion du contrat ;
2. par référence à la prévoyance d'un homme raisonnable : la jurisprudence parle couramment d'événements « **normalement imprévisibles** » ;
3. tout dépend des circonstances, p. ex. une intempérie était prévisible, mais non sa violence.
– **extérieur**. Cette condition est plus controversée.
L'événement doit être extérieur, en ce sens qu'il n'est **pas imputable** au débiteur ni aux personnes dont il doit répondre, p. ex. le débiteur n'est pas exonéré lorsque son employé a commis une faute, même imprévisible et irrésistible.
Mais souvent la jurisprudence adopte une conception très large de l'extériorité, ou même ne l'exige pas, p. ex. :
– la **maladie** est « interne » au débiteur (sauf à admettre qu'elle a été causée par un agent extérieur), mais elle constitue souvent un cas de force majeure, si les deux autres conditions sont réunies ;
– le **chômage** du débiteur : la même analyse lui est applicable ;
– la **grève** au sein de l'entreprise du débiteur est « interne », mais la jurisprudence y voit un cas de force majeure, notamment si elle a des causes extérieures à l'entreprise (critique de la politique sociale du gouvernement, p. ex.).
Effets :
– Le débiteur est **libéré** de son obligation, sauf dans les hypothèses exceptionnelles

où sa responsabilité s'étend aux cas de force majeure, soit parce qu'il avait accepté cette extension dans le **contrat**, soit parce que la **loi** la lui impose (emprunteur qui emploie la chose à un autre usage ou plus longtemps que ce qui avait été convenu, art. 1881 C. civ. ; transporteur routier de passagers, L. 5 juill. 1985).

– Si l'impossibilité d'exécution n'est que **momentanée**, l'obligation du débiteur n'est pas éteinte, et son exécution est seulement **suspendue**.

La suspension du contrat est parfois prévue par la loi **lorsqu'un événement déterminé se produit, même s'il ne revêt pas les caractères de la force majeure**, p. ex., est suspendue l'exécution : du contrat de travail, en cas de maladie du salarié ; de l'obligation de certains emprunteurs, en cas de licenciement.

• **Fait du créancier**

Le fait du créancier — fautif ou non — exonère totalement le débiteur lorsqu'il a été la **cause exclusive** de son dommage, p. ex., le client d'un manège forain commet une imprudence qui est la seule cause de l'accident. La Cour de cassation vient de décider que le transporteur (SNCF), tenu d'une obligation de sécurité de résultat à l'égard d'un voyageur, ne peut s'exonérer que si la faute de celui-ci présente les caractères de la force majeure.

La **faute du créancier** peut avoir concouru, avec celle du débiteur, à la réalisation du dommage : le débiteur est alors **partiellement exonéré**, et un **partage de responsabilité** est prononcé. En ce cas, seule la faute du créancier est prise en compte. Le fait non fautif qui n'aurait contribué que pour partie à la réalisation du dommage n'a pas d'incidence sur la réparation.

• **Absence de faute**

Si l'obligation est de **résultat**, le débiteur est responsable même lorsqu'il n'a pas commis de faute : la preuve de l'absence de faute n'a aucun effet exonératoire.

Si l'obligation est de **moyens**, la responsabilité du débiteur n'est engagée que lorsque sa faute a été prouvée : l'absence de faute n'est donc pas une cause d'exonération, c'est tout simplement le défaut d'une condition indispensable à la mise en jeu de sa responsabilité.

En définitive, la preuve de l'absence de faute n'est une cause d'exonération que dans les cas de responsabilité fondée sur une **présomption de faute** (v. *supra*, p. 88) : le débiteur peut s'en dégager en prouvant qu'il a été diligent.

2. Dommage

L'inexécution n'entraîne pas de plein droit une obligation à réparation (« **s'il y a lieu** », dit l'art. 1147) : il faut aussi que le créancier ait subi un dommage.

a) Preuve

• **En cas d'inexécution**

En général, l'inexécution, surtout si elle est totale, fait **présumer le dommage**, mais le créancier doit en **prouver l'étendue**.

Dans le cas d'une **obligation de ne pas faire**, la seule circonstance d'y avoir contrevenu ouvre droit à des dommages et intérêts.

• **En cas de retard dans l'exécution**

Le simple **retard** dans l'exécution ne fait pas présumer le dommage : le créancier devra le prouver, sauf s'il s'agit d'une somme d'argent (les intérêts de retard lui sont alors de plein droit accordés, en principe à dater de la sommation de payer, art. 1153, al. 2 et 3).

Le dommage et son montant, faits juridiques, se prouvent par **tout moyen**.

b) Types de dommages : matériel, corporel ou moral

Le dommage est fréquemment matériel, mais il peut aussi être corporel ou moral (p. ex., les proches parents d'un passager décédé au cours d'un transport peuvent réclamer au transporteur réparation du préjudice résultant de la perte d'un être cher). Les solutions dégagées en matière de responsabilité extracontractuelle sont aussi applicables dans le domaine de la responsabilité contractuelle, v. *infra*, p. 112 et s.

c) Caractères du dommage

Quel qu'il soit, le dommage doit présenter plusieurs caractères qui sont les mêmes qu'en matière extracontractuelle. Seuls des points concernant plus spécialement les contrats sont présentés ici ; pour plus de précisions, v. *infra*, p. 113 et s. **La différence essentielle entre les deux régimes de responsabilité porte sur le caractère prévisible.**

• **Certain**. Un préjudice certain, **même futur** (prolongation certaine d'un état de choses actuel), est réparable, mais un préjudice simplement éventuel ne l'est pas (v. *infra*, p. 114).

• **Direct** (art. 1151 C. civ.). Il faut un lien suffisant de **causalité** avec l'inexécution. Le créancier peut réclamer réparation de la perte éprouvée ou *damnum emergens* (p. ex., prix qui avait été payé pour acheter des marchandises, par la suite perdues au cours d'un transport) et du **gain manqué** ou *lucrum cessans* (p. ex., bénéfice qui pouvait résulter de leur revente).

La frontière entre préjudice direct (réparable) et préjudice indirect (non réparable) est parfois délicate à tracer (ex. de Pothier : si un marchand vend une vache malade, le dommage direct englobe le prix payé et la valeur des animaux morts par contagion, mais les dommages plus éloignés — impossibilité pour l'acheteur de cultiver ses terres, d'en tirer des revenus, de payer ses créanciers, ce qui a provoqué la saisie de ses biens et sa ruine — sont indirects).

• **Prévisible** (art. 1150 C. civ.).

Principe : le débiteur ne doit réparer que le dommage qu'il avait pu prévoir **lors de la conclusion du contrat**. Cette condition propre à la matière contractuelle est en général expliquée par l'idée que les conséquences de l'inexécution d'un contrat dépendent de ce que les parties ont voulu et de ce qu'elles ont pu raisonnablement prévoir ; si donc le dommage s'étend au-delà de ce qui était normalement prévisible, le débiteur n'est pas tenu de réparer la fraction qu'il ne pouvait pas prévoir.

D'après la jurisprudence, l'imprévisibilité concerne **non la cause du dommage** (car le débiteur ne peut pas prétendre que sa faute était imprévisible), **mais son montant** (car il faut qu'il ait une idée de ce à quoi il s'expose s'il cause un dommage au créancier).

P. ex., si une malle, transportée ou mise en dépôt et contenant des bijoux précieux, a disparu, le débiteur (transporteur ou dépositaire), qui ignorait son contenu, doit seulement rembourser la valeur de la malle et des articles que, habituellement et dans des circonstances analogues, un objet de ce genre contient (l'évaluation ne peut être qu'approximative et, dans les contrats de transport, elle dépend souvent du poids ; sur l'étendue de l'indemnité due par un hôtelier, v. art. 1953 C. civ.).

Exception prévue par l'art. 1150 : la réparation s'étend au dommage imprévisible lorsque l'inexécution provient d'un dol du débiteur.

Notion de dol au sens de l'art. 1150 : c'est la **faute intentionnelle** commise dans l'exécution du contrat, p. ex., un refus d'exécution sans raison légitime et en sachant que le créancier va subir un préjudice. Le dol dans l'exécution du contrat est à distinguer du dol dans sa conclusion, v. *supra*, p. 40.

La jurisprudence assimile au dol la **faute lourde**.

Notion de faute lourde : à la différence du dol, **elle n'est pas intentionnelle** ; mais elle est **plus grave qu'une faute ordinaire** : c'est une faute grossière, une incurie grave ; p. ex., si de nombreux vols se sont déjà produits chez un dépositaire, il commet une faute lourde en ne prenant pas des mesures pour les éviter.

Les tribunaux adoptent parfois une conception plus objective et déduisent la faute lourde du **caractère essentiel de l'obligation violée.** P. ex., la société chargée de l'édition d'un annuaire commet une faute lourde si elle omet le numéro de téléphone d'un abonné : le débiteur n'a pas accompli son obligation essentielle.

Comme le dol, la faute lourde entraîne la réparation du dommage même imprévisible (application de l'adage « *culpa lata dolo aequiparatur* »).

3. Mise en demeure

Définition : acte par lequel le créancier somme le débiteur d'exécuter son obligation.

a) Fonctions

Si, après la mise en demeure, le débiteur n'exécute pas son obligation, sa carence **est établie.**

En conséquence, à dater de la mise en demeure :

• le créancier peut réclamer des **dommages et intérêts** ou, si l'exécution est encore possible, des **intérêts de retard ;**

• il peut aussi demander soit la **résolution du contrat** pour inexécution, soit son **exécution forcée ;**

• quand l'obligation a pour objet un **corps certain**, les **risques de la force majeure** sont à la charge du débiteur (art. 1138, al. 2 C. civ.), c.-à-d. que, si la chose est détruite par force majeure avant sa livraison, le débiteur qui aurait dû la livrer ne pourra pas invoquer cet événement pour se libérer.

b) Formes

L'art. 1139 C. civ. exige un acte solennel, signifié par un huissier (sommation, commandement, citation en justice), ou tout acte équivalent, telle une lettre missive (réd. L. 9 juill. 1991).

Dans tous les cas, il faut que le créancier manifeste clairement son intention d'obtenir l'exécution.

c) Domaine

La mise en demeure est **inutile** lorsque :

• **L'exécution n'est plus possible**, notamment parce que :

– le débiteur a violé son obligation de ne pas faire (art. 1145 C. civ.). Le mal est en ce cas déjà fait. Toutefois la mise en demeure reste utile pour demander la cessation du trouble, p. ex, lorsque le débiteur a installé un commerce au mépris d'une clause de non-concurrence.

– l'obligation ne pouvait être exécutée que dans un certain temps que le débiteur a laissé passer (art. 1146 C. civ.) ; p. ex, un artiste n'a pas participé au spectacle pour lequel il avait été engagé.

– plus généralement, la mise en demeure est inutile chaque fois que l'inexécution est acquise et a causé un préjudice.

• **Le débiteur déclare au créancier qu'il n'exécutera pas la prestation.**

Elle est surtout **utile** :

– en cas de **retard**. L'échéance du terme n'entraîne pas de plein droit un préjudice au créancier ; aussi doit-il adresser au débiteur une mise en demeure avant de pouvoir lui réclamer des dommages et intérêts moratoires, c.-à-d. destinés à réparer le dommage découlant du retard (*mora*, en latin). P. ex., s'il s'agit d'une somme d'argent, les intérêts ne courent qu'à compter de la sommation de payer (art. 1153, al. 3).

Toutefois une clause du contrat (art. 1139) ou un texte spécial (p. ex., art. 1996 pour le mandat) peut dispenser de la mise en demeure ;

– lorsqu'il faut que le débiteur soit **informé** de la volonté du créancier d'exiger l'exécution, soit parce qu'aucune échéance n'avait été convenue dans le contrat, soit parce qu'il ignore même l'existence ou le montant de sa dette (p. ex., le propriétaire qui est tenu de supporter la charge de certains travaux sur l'immeuble loué doit être informé de leur nécessité par le locataire).

B. Réparation du dommage

Principe : tout le dommage doit être réparé.

1. Modes de réparation

La réparation s'effectue le plus souvent sous la forme d'une **indemnité pécuniaire.** Il ne peut pas en être autrement lorsque la réparation en nature est impossible, p. ex., en cas de dommage corporel ou moral (perte d'un être cher).

Lorsqu'une **réparation en nature** est matériellement possible, la question est discutée de savoir si elle est admissible.

a) Réparation en nature ou en équivalent

Principe énoncé dans l'art. 1142 : « Toute obligation de faire ou de ne pas faire se résout en dommages et intérêts en cas d'inexécution de la part du débiteur ».

Fondement : éviter qu'une contrainte physique soit exercée contre la personne du débiteur.

Domaine : l'art. 1142 n'envisage que les **obligations de faire** et les **obligations de ne pas faire**.

Pour les **obligations de donner**, c.-à-d. de transférer la propriété d'un bien, de deux choses l'une :

– ou bien le contrat, dès sa conclusion, entraîne le transfert de propriété : dans ce cas, le contrat ne donne pas naissance à une obligation de donner et il n'y a pas de problème (il en va de même si l'on retient une autre analyse, selon laquelle l'obligation est exécutée au moment même où elle naît). En matière de vente, c'est la situation la plus courante.

– ou bien le contrat n'entraîne pas un transfert immédiat : dans cette hypothèse, le transfert dépend d'un acte postérieur que doit accomplir le vendeur (p. ex., individualisation de la chose de genre ; pesage, comptage ou mesurage pour les choses vendues « au poids, au compte ou à la mesure », art. 1585) ou l'acheteur (paiement du prix), et l'exécution de l'obligation de donner est alors subordonnée à celle d'une obligation de faire.

La raison d'être du principe implique son application quelle que soit la source de l'obligation, contractuelle ou extracontractuelle.

Application du principe : la jurisprudence distingue deux situations :

– si l'obligation a un caractère **personnel**, le juge n'a pas la possibilité de condamner le débiteur à l'exécuter, **il peut seulement le condamner à une indemnité pécuniaire** : p. ex., un peintre ne peut pas être condamné à faire ou livrer un tableau, un écrivain à rédiger un livre ;

– si l'obligation n'a pas ce caractère personnel, **le juge peut condamner le débiteur à l'exécution en nature**, p. ex., à livrer la chose vendue, à restituer une chose déposée, éventuellement sous la menace d'une astreinte (condamnation à tant d'euros par jour de retard). **Mais aucune coercition ne doit être exercée contre sa personne**, aussi en cas de persistance du refus, l'exécution forcée ne peut être effectuée que sur les **biens du débiteur** (saisie puis vente, dont le prix sert à payer le créancier).

b) Modalités particulières offertes au créancier dans certaines situations

• **Destruction de ce qui a été fait en violation d'une obligation de ne pas faire** (art. 1143 C. civ.)

Le créancier d'une obligation de ne pas faire peut exiger que ce qui a été fait en contravention à l'engagement soit détruit, p. ex. imposer la démolition d'un ouvrage édifié en violation d'une clause interdisant une construction.

Si le débiteur refuse, le créancier doit se faire autoriser par justice à détruire l'ouvrage, aux frais du débiteur.

En définitive, si le créancier obtient une réparation en nature, le débiteur n'est tenu qu'à une indemnité pécuniaire.

• **Exécution par une autre personne que le débiteur** (art. 1144)

Le créancier d'une **obligation de faire** inexécutée peut être autorisé par justice à la faire accomplir par un tiers **aux dépens du débiteur**. Celui-ci peut même être condamné à payer l'avance des frais.

Là encore, le créancier obtient ce qu'il attendait, mais le débiteur est en dernier lieu seulement tenu à une somme d'argent.

• Parfois la loi prévoit des **modes particuliers de réparation**, p. ex. :

– **déchéance d'un droit** (p. ex., prêteur déchu dans certains cas du droit aux intérêts),

– **réfaction du contrat** (p. ex., art. 1644 : faculté pour l'acheteur de garder la chose atteinte d'un vice, en demandant une réduction du prix).

• **Constatation d'un acte juridique par un jugement**. Lorsque l'obligation de faire consiste dans l'accomplissement d'une formalité, notamment la signature d'un acte notarié, il peut être passé outre au refus d'une partie par une décision de justice qui remplace cet acte.

2. Réparation par équivalent : les dommages et intérêts

a) Dommages et intérêts compensatoires

Ils sont destinés à **compenser** le préjudice découlant de l'inexécution totale ou partielle.

• **Montant**

Le montant des dommages et intérêts compensatoires doit couvrir la totalité du dommage réparable, mais ne pas l'excéder.

Exceptionnellement, la loi fixe un **plafond de réparation** (p. ex., bagages déposés chez un hôtelier, art. 1953, al. 3 C. civ. ; dommages corporels ou matériels au cours d'un transport maritime ou aérien).

• **Date d'évaluation du dommage**

La jurisprudence a décidé que le dommage doit être évalué au **jour du jugement définitif de condamnation**, afin que le créancier ne subisse pas les effets de l'érosion monétaire.

• **Production d'intérêts**

Pour inciter le débiteur à un paiement rapide, la loi fait produire des intérêts à la créance de réparation (art. 1153-1 C. civ.). C'est une règle « applicable en toute matière », donc y compris dans le domaine des obligations contractuelles.

Point de départ des intérêts : la créance produit des intérêts à partir du jour du prononcé du jugement, même en l'absence de demande ou de disposition spéciale du jugement. Toutefois le juge peut déterminer autrement le point de départ.

Montant des intérêts : ils sont calculés en fonction du taux légal. Celui-ci est défini chaque année (il est égal à « la moyenne arithmétique des douze dernières moyennes mensuelles des taux de rendement actuariel des adjudications de bons de Trésor à taux fixe à treize semaines »).

Le taux légal est fixé à 3,99 % pour l'année 2008.

b) Dommages et intérêts dus en cas de retard dans le paiement d'une somme d'argent

Le débiteur doit des intérêts de retard ou **dommages et intérêts moratoires**, qui sont calculés **forfaitairement**. Il s'ensuit que le créancier n'a pas à prouver son préjudice (art. 1153, al. 2 C. civ.).

• **Calcul des dommages et intérêts moratoires**

Les dommages et intérêts résultant du retard dans l'exécution d'une somme d'argent « ne consistent jamais que dans la condamnation aux intérêts au taux légal » (art. 1153, al. 1er C. civ.).

Justification : ce mode de calcul simple évite des recherches compliquées sur le dommage qu'aurait réellement subi le créancier, quand il n'a pas pu employer la somme qui devait lui être versée plus tôt.

Les parties peuvent aussi convenir d'un taux d'intérêt, appelé **conventionnel**, mais à condition qu'il ne soit pas usuraire (caractère excessif déterminé selon des critères établis par la loi).

• **Point de départ des intérêts**

Les intérêts courent à dater de la **mise en demeure**, sauf dans les cas où la loi les fait courir de plein droit (p. ex., art. 1996 C. civ., pour les sommes que le mandataire a employées à son usage).

• **Indemnité supplémentaire**

Le créancier a droit à des dommages et intérêts supplémentaires dans certaines circonstances.

1. Lorsque le débiteur en retard a causé par sa mauvaise foi un préjudice indépendant du retard (art. 1153, al. 4 C. civ.).

Deux conditions sont nécessaires :

– la **mauvaise foi du débiteur**, c.-à-d. qu'il savait que, en ne payant pas, il causait un préjudice au créancier.

– le créancier doit subir un « **préjudice indépendant du retard** », c.-à-d. autre que la simple privation de la disposition des fonds (p. ex., le créancier a eu des difficultés financières particulières).

2. Dans des cas particuliers prévus par la loi (p. ex., en cas de non-paiement d'une lettre de change : art. L. 511-45 C. com. ; lorsque l'associé qui devait apporter une somme dans la société ne l'a pas fait à la date prévue : art. 1843-3, al. 5 C. civ.).

• **Anatocisme ou capitalisation des intérêts**

Les intérêts produisent à leur tour des intérêts (ce que l'on appelle capitalisation des intérêts ou **anatocisme**) si cette capitalisation a été demandée en justice et accordée par un **jugement** ou décidée par les parties dans une **convention spéciale** (art. 1154 C. civ.).

Dans tous les cas, l'anatocisme n'est possible qu'à partir d'une année d'intérêts échus (art. 1154, *in fine*).

Dans de rares hypothèses, l'anatocisme se produit de plein droit. P. ex., dans une convention de compte courant (par laquelle deux personnes — souvent une banque et son client — conviennent d'inscrire dans un compte unique toutes les créances qu'elles acquerront l'une contre l'autre), le solde du compte est de plein droit productif d'intérêts, à chaque échéance.

C. Modifications conventionnelles

1. Distinction entre les clauses qui modifient le contenu des obligations et celles qui portent directement sur la responsabilité

Deux types de clauses se distinguent plus ou moins clairement.

a) Certaines modifient le contenu de l'obligation, tel qu'il a été défini par la loi, soit en l'**étendant** (p. ex., le locataire qui, de par la loi, c.-à-d. l'art. 1720, al. 2 C. civ., n'est tenu que des réparations locatives, peut aussi prendre en charge les autres), soit en le **réduisant** (c'est l'effet de la clause précédente à l'égard du bailleur).

Ces clauses, qui portent directement sur l'objet même de l'obligation, ont néanmoins une **incidence sur la responsabilité**, dont l'étendue dépend du contenu de l'obligation. Ainsi, lorsque l'obligation est allégée, les circonstances permettant la mise en jeu de la responsabilité du débiteur sont réduites.

En raison de la liberté contractuelle, elles sont en principe **valables, à condition de ne pas supprimer l'essentiel de la prestation** (p. ex., dans un contrat de bail, une clause stipulant que le bailleur ne s'engage pas à laisser au locataire la jouissance des lieux loués viderait son obligation de substance).

b) D'autres ne changent pas le contenu de l'obligation, mais **modifient directement le régime de la responsabilité contractuelle** : l'obligation du débiteur est inchangée mais, en cas d'inexécution, sa responsabilité est, par rapport aux règles légales, **allégée** ou **aggravée**.

Ces clauses sont, en principe, valables, mais leur efficacité est plus ou moins grande.

2. Clauses aggravant la responsabilité

Une partie accepte qu'une obligation qui pèse sur elle soit plus lourde. P. ex., celui dont l'obligation n'est que de moyens accepte qu'elle se transforme en obligation de résultat. - ou bien le débiteur s'engage à réparer les dommages découlant de la **force**

majeure en général ou de **certains cas de force majeure** (p. ex., art. 1772-1773 C. civ. sur les baux à ferme). Son obligation est alors dite de **garantie.**

Ces clauses sont **valables**.

Toutefois, dans les contrats conclus entre professionnels et consommateurs, le professionnel qui stipule une clause de garantie doit mentionner clairement que, en tout état de cause, la garantie légale ne disparaît pas (art. R. 211-4 C. consom.). Ceci pour éviter que, par le biais d'une clause apparemment avantageuse pour lui, le consommateur ne soit indirectement privé des règles légales de garantie.

3. Clauses écartant ou limitant la responsabilité.

a) Définitions

• La clause de **non-responsabilité** est celle dont l'objet est d'affranchir le débiteur de sa responsabilité.

• La clause **limitative** n'écarte pas la responsabilité, mais **limite le montant de la réparation** en instaurant un maximum.

b) Avantages et inconvénients

Les clauses qui écartent ou limitent la responsabilité présentent une utilité mais ont aussi des inconvénients.

Utilité : le contractant, dont la responsabilité est conventionnellement écartée ou réduite, fait payer ses services moins cher.

Inconvénients : elles peuvent inciter le débiteur à une certaine négligence et privent le créancier de tout ou partie de l'indemnisation de son dommage.

D'où le problème de leur **validité.**

c) Sort de ces clauses

• Droit commun

Actuellement, en droit commun, la **jurisprudence** adopte les règles suivantes :

1. En vertu de la liberté contractuelle, ces clauses sont en principe **valables**.

2. Néanmoins, elles ne doivent pas faire échec au principe selon lequel il faut exécuter de bonne foi les conventions (art. 1134, al. 3). Donc, elles sont **inefficaces** en cas de **dol** (= faute intentionnelle) ou de **faute lourde** (sur laquelle, v. *supra*, p. 92) et n'exonèrent le débiteur qu'en cas de faute légère.

3. En outre, la clause **ne doit pas contredire l'obligation** principale du contrat, sous peine d'être jugée non écrite. Ainsi une société de transport rapide ne peut se prévaloir d'une clause limitative de responsabilité, si elle effectue la livraison avec retard.

4. La validité des clauses exonératoires ou même limitatives de responsabilité est toutefois discutée (quelle que soit la gravité de la faute commise par le débiteur), lorsqu'elles concernent des dommages causés à l'**intégrité physique** de la personne ; dans ce cas, les tribunaux les considèrent parfois comme non écrites.

• Dispositions spéciales

Certains textes prohibent les clauses écartant ou limitant la responsabilité, p. ex. :

– la clause qui, dans le contrat de **vente**, a pour objet ou pour effet de supprimer ou de réduire le droit du consommateur à une réparation en cas de manquement par le professionnel à l'une quelconque de ses obligations (art. R. 132-1 C. consom.) :

– parfois seule la clause de non-responsabilité est nulle, p. ex. celle qui exonère le **transporteur de marchandises** en cas de perte ou d'avarie (art. L. 133-1 C. com., tel qu'interprété par la jurisprudence).

• **Dans les contrats conclus entre professionnels et consommateurs**, une clause qui allège la responsabilité peut être déclarée **abusive**, en application de l'art. L. 132-1 C. consom. (v. *supra*, p. 52).

4. Clauses pénales

a) Définition et validité

Définition : elles **évaluent par avance** et **forfaitairement l'indemnité** (peine) qui sera due par le débiteur en cas d'**inexécution**.

La clause pénale est à distinguer de la clause de **dédit**, par laquelle, p. ex., le bénéficiaire d'une promesse unilatérale de vente s'engage, pour le cas où il déciderait de ne pas acheter, à verser au promettant une somme destinée à l'indemniser du fait que cette personne a dû immobiliser son bien pendant un certain temps. Cette clause de dédit n'est pas une clause pénale, puisque celui qui doit l'indemnité n'était pas obligé d'acheter et n'a donc pas failli à ses obligations contractuelles.

La clause pénale est **en principe valable** (art. 1152, al. 1 C. civ.).

b) Conditions d'application de la clause pénale

Pour mettre en œuvre une clause pénale il faut préalablement :

– établir l'**inexécution** de l'obligation ;

– adresser au débiteur une **mise en demeure**, sauf dispense résultant de l'accord des parties (art. 1230 C. civ.) ;

Le **créancier ne peut demander à la fois l'exécution forcée et la peine convenue** (art. 1229, al. 2 C. civ.) : il doit choisir.

c) Mise en œuvre

• **Caractère forfaitaire**

Si les conditions d'application sont réunies, la peine est due, sans que le créancier ait à établir l'existence et le montant de son dommage.

• **Pouvoir de révision du juge**

Bien que la clause soit valable, son application peut être source d'**abus**, si elle est disproportionnée au montant du préjudice réel :

– parfois, elle est **trop élevée** et sanctionne injustement le débiteur ;

– plus rarement, elle est **trop faible** et se rapproche d'une clause exonératoire de responsabilité,

d'où la loi du 9 juillet 1975 qui accorde au juge le pouvoir de « modérer ou augmenter la peine qui avait été convenue, si elle est manifestement excessive ou dérisoire » (art. 1152, al. 2).

Condition de la révision : il faut une **disproportion importante** et **flagrante** entre la peine convenue et le préjudice réel.

Le juge peut réviser :

– même d'office (art. 1152, al. 2 C. civ., réd. L. 11 oct. 1985) ;

– même si une clause interdit la révision.

Étendue de la révision :

– le juge peut **réduire** ou **augmenter** la peine, mais non la supprimer ;

– il en fixe **souverainement le chiffre**, mais le montant du préjudice reste une limite, c.-à-d. un plancher, s'il réduit la peine (il ne peut aller plus bas que le préjudice réel), ou un plafond, s'il l'augmente (il ne peut aller plus haut) ;

– lorsque l'engagement a été exécuté en partie, la peine peut être **réduite**, à proportion de l'intérêt que cette exécution partielle a procuré au créancier (art. 1231 C. civ.).

Obligation de motivation : la Cour de cassation exige du juge qui use de son pouvoir de révision d'en **donner les raisons**. En revanche, il n'a pas à motiver spécialement sa décision, s'il fait application purement et simplement de la clause, parce que la force obligatoire du contrat reste le principe.

§ 2 - LES RÈGLES PARTICULIÈRES AUX CONTRATS SYNALLAGMATIQUES

Ces contrats sont caractérisés par l'**interdépendance des obligations** : chacune des parties ne s'engage qu'en considération de la prestation promise par l'autre ; p. ex., dans la vente, le vendeur ne promet d'exécuter la prestation qui lui incombe que parce que l'acheteur s'est engagé à payer le prix, et réciproquement.
Cette interdépendance des obligations entraîne trois conséquences particulières en cas d'inexécution par un contractant de sa prestation :
– l'autre partie peut suspendre l'exécution de son obligation : c'est l'**exception d'inexécution ;**
– elle peut aussi demander en justice la **résolution** du contrat ;
– si l'exécution est impossible en raison d'une **force majeure**, chaque contractant est **libéré**.

A. L'exception d'inexécution

Définition : l'exception d'inexécution ou *exceptio non adimpleti contractus* (*adimplere* = accomplir) est le droit accordé à chaque contractant de refuser d'exécuter son obligation tant que l'autre n'accomplit pas la sienne.
P. ex., dans la vente au comptant, l'acheteur peut refuser de payer le prix tant que le vendeur ne livre pas la chose.

1. Caractères

• C'est un **moyen de pression** sur le débiteur et une **garantie** pour le créancier.

• Sa mise en œuvre **n'exige pas l'autorisation du juge** (c'est une sorte de **peine privée**), mais celui-ci peut être amené ultérieurement à contrôler si l'exception n'a pas été utilisée abusivement.

• Caractère **provisoire :** le créancier suspend provisoirement l'exécution de son obligation, qui n'est pas éteinte. S'il apparaît que le débiteur n'accomplira pas sa prestation, il appartient alors au créancier de demander en justice soit l'exécution forcée, soit la résolution du contrat, avec éventuellement des dommages et intérêts.

2. Domaine

Plusieurs articles du Code civil en font des applications particulières, p. ex. au profit du vendeur qui n'a pas été payé (art. 1612), du dépositaire qui n'a pas reçu le salaire convenu (art. 1948).
Puis la Cour de cassation a généralisé la technique à **tous les contrats synallagmatiques**, en se fondant sur la théorie de la cause : « dans les contrats synallagmatiques, l'obligation de l'une des parties a pour cause l'obligation de l'autre, de telle sorte que si l'obligation de l'une n'est pas exécutée, l'obligation de l'autre devient sans cause et n'a pas à être exécutée » (Civ., 5 mai 1920, *D.P.* 1926, 1, 37).

La jurisprudence l'a étendue à tous les cas de **relations réciproques** nées d'un contrat ou encore de l'annulation ou de la résolution d'un contrat, donc également :
– aux **contrats synallagmatiques imparfaits** (v. *supra*, p. 19) ;
– aux **restitutions réciproques consécutives à l'annulation ou à la résolution d'un contrat synallagmatique**. P. ex., après l'annulation d'une vente qui a déjà été exécutée, chaque partie doit restituer à l'autre ce qu'elle a reçu ; ces obligations de restitution sont interdépendantes, par conséquent, une partie peut refuser de rendre ce qu'elle doit si l'autre n'exécute pas son obligation de restitution.
Lorsque le créancier détient la chose d'autrui, le mécanisme tend à se confondre avec un **droit de rétention** (droit qui permet au créancier de refuser de restituer une chose appartenant à son débiteur qui ne le paie pas).

3. Conditions

a) Les obligations doivent être connexes, c.-à-d. avoir pour source le même contrat synallagmatique.
b) Les obligations sont à exécuter simultanément.
P. ex., dans la vente au comptant, l'acheteur est tenu de payer au moment où le vendeur lui livre la chose, donc si l'un n'exécute pas son obligation, l'autre est en droit de suspendre l'exécution de la sienne.
Dans les hypothèses où, en vertu du contrat, une partie doit exécuter son obligation avant l'autre (p. ex., le vendeur à crédit qui doit livrer la chose avant d'être payé), cet ordre chronologique l'empêche d'invoquer l'exception.
c) Il faut qu'une partie n'exécute pas son obligation, quelle qu'en soit la cause (faute ou force majeure).
d) Il faut une certaine proportion entre la riposte du créancier (qui suspend l'exécution de son obligation) et l'inexécution de l'obligation de son débiteur.
L'exception n'est donc offerte qu'au créancier de **bonne foi :** un contractant n'a pas le droit de refuser d'exécuter son obligation, si l'inexécution de l'autre partie est minime ou porte sur une obligation accessoire. P. ex., le locataire ne peut pas refuser de payer le loyer lorsque le bailleur n'effectue pas des réparations d'importance secondaire.
En cas d'**inexécution partielle**, le créancier est en droit de refuser d'exécuter sa prestation soit partiellement, soit même totalement, à condition que la riposte ne soit pas disproportionnée.
Il n'y a pas d'autre condition (mise en demeure ou demande en justice), car l'exception est simplement un moyen **défensif** qui permet à une partie de refuser l'exécution lorsque l'autre la réclame.

4. Effets

Les effets de l'exception sont provisoires : elle entraîne la **suspension** de l'exécution de l'obligation.
Mais l'obligation doit être exécutée, dès que le cocontractant accomplit la sienne.

B. La résolution pour inexécution

Principe : lorsqu'une partie manque à ses obligations, l'autre peut réclamer la résolution, c.-à-d. l'**anéantissement du contrat : « La condition résolutoire est toujours sous-entendue dans les contrats synallagmatiques, pour le cas où l'une des deux parties ne satisfera point à son engagement** » (art. 1184, al. 1).

Origine de la formule : l'expression employée dans l'art. 1184 s'explique par une raison historique tirée du droit romain : à Rome, les parties inséraient dans certains contrats une clause de résolution en cas d'inexécution, qui peu à peu est devenue une clause de style ; les rédacteurs du Code civil ont franchi un pas de plus en la considérant comme toujours sous-entendue.
Fondement : le droit de demander la résolution découle de l'**interdépendance des obligations**, chaque obligation ayant pour cause l'obligation de l'autre.
Option : l'al. 2 de l'art. 1184 offre au créancier une **option :** soit demander la **résolution**, soit exiger l'**exécution**, si elle est encore possible.
Caractère judiciaire : la résolution produit des effets plus graves que l'exception d'inexécution : le contrat est anéanti, d'où, en principe, la nécessité d'une **décision de justice**.
Plus rarement la résolution du contrat peut être prononcée, également en justice, en raison d'une **mésentente** entre les contractants (entre associés : art. 1844-7-5°).

1. Domaine

La résolution pour inexécution concerne les contrats synallagmatiques, mais ce principe connaît une **extension** et des **limitations**.
a) La **résolution** de **certains contrats unilatéraux** est également **possible**. Ex. du prêt à intérêts : si l'emprunteur ne paie pas les intérêts, le prêteur peut exiger le remboursement immédiat du capital. La notion de **cause** explique cette extension : le prêteur a, au moment du contrat, exécuté sa prestation (la remise de la chose), dont la cause réside dans l'engagement de l'emprunteur de payer les intérêts et plus tard de restituer le capital. Si l'emprunteur ne satisfait pas à son engagement de verser les intérêts, l'obligation du prêteur n'a plus de cause : le prêteur peut donc exiger la restitution immédiate.
De même, le débiteur qui a remis un bien en gage à son créancier peut en exiger la restitution quand le créancier ne satisfait pas à son obligation de conservation du bien gagé (art. 2344, al. 1er C. civ.).
b) La **résolution** de **certains contrats synallagmatiques** est **interdite** par la loi ou par la jurisprudence pour des raisons diverses :

• la **cession d'office ministériel**, car le cessionnaire est investi de la charge par un acte administratif ;

• **certains contrats aléatoires** (p. ex. la rente viagère, art. 1978 C. civ.), à cause des difficultés de remettre les choses en l'état antérieur ;

• le **partage**, en raison des perturbations qui découleraient de sa résolution et de la difficulté d'en faire un autre.

2. Inexécution

a) Il faut que le débiteur ne satisfasse pas à son engagement, dit l'art. 1184, al. 1, donc l'inexécution peut être **totale** ou **partielle**.
b) Mais il convient que la gravité de la sanction (extinction du contrat) soit **proportionnée** à l'importance de l'inexécution, donc les juges refusent la résolution si l'inexécution invoquée est mineure.
c) La doctrine estime en général que le mécanisme de la résolution judiciaire n'a été prévu que pour le cas où l'inexécution est imputable au débiteur. Cependant la Cour

de cassation a jugé que, l'art. 1184 ne distinguant pas entre les causes de l'inexécution, le mécanisme doit s'appliquer non seulement lorsqu'elle est fautive, mais aussi quand elle est la conséquence d'une force majeure (Civ., 14 avr. 1891, *D.P.* 1891, 1, 329.V., sur la théorie des risques, *infra*, p. 103 et s.).

3. Caractère judiciaire

a) Principe : le recours au juge est nécessaire (art. 1184, al. 3)

• **Raisons du recours au juge**

– La résolution a des **conséquences plus graves** que l'exception d'inexécution, puisqu'elle met fin au contrat.

– Le juge doit **vérifier** si les conditions de la résolution sont réunies.

• **Décisions possibles**

Le juge a un large pouvoir d'appréciation ; si l'inexécution est établie, il peut :

– prononcer la **résolution** ; si chaque contractant a commis une faute, la résolution peut être prononcée aux torts réciproques ;

– la prononcer en condamnant en outre le débiteur à des **dommages et intérêts** ;

– condamner le débiteur à des **dommages et intérêts sans prononcer la résolution**, notamment en cas d'**inexécution partielle**, ce qui aboutit à diminuer indirectement la prestation due par le créancier ; le même résultat est atteint par la réfaction du contrat, c.-à-d. la réduction du prix, technique surtout utilisée à propos de la vente commerciale ;

– accorder au débiteur un **délai de grâce** (art. 1184, al. 3).

Tant que la résolution n'a pas été définitivement prononcée, le débiteur a encore, selon les circonstances, la possibilité d'exécuter valablement son obligation. Toutefois, dans le cadre de son pouvoir d'appréciation, le juge peut estimer que cet agissement tardif ne permet pas d'échapper à la résolution.

b) Résolution non judiciaire

En dehors du cas où les parties sont d'accord pour mettre fin au contrat (*mutuus dissensus* ; la résolution résulte alors d'un nouveau contrat), on distingue trois séries d'hypothèses.

• **Résiliation unilatérale** autorisée dans certaines conditions par la loi.

– Contrats à durée indéterminée

Raison de la faculté de résilier unilatéralement **: éviter que l'engagement ne devienne perpétuel.**

Mais le droit de rompre ne doit pas être exercé abusivement (sauf circonstances particulières, un préavis est nécessaire). En outre, dans certains contrats, la loi exige le respect de conditions spécifiques, destinées à protéger une partie (licenciement d'un salarié, congé donné à un locataire).

– Contrats fondés sur l'*intuitus personae*

Raison : dans ces contrats, la prise en considération de la personne du contractant étant déterminante, il est normal que la partie qui a placé sa confiance en l'autre puisse résilier l'acte si cette confiance a disparu. La loi accorde expressément une faculté de résiliation unilatérale à certains contractants, p. ex., au mandant (art. 2004) et au déposant (art. 1944).

Le droit de rompre unilatéralement peut être exercé pour n'importe quel motif, mais là encore **sans abus**.

• **Clause de résolution convenue lors de la conclusion du contrat**

Les clauses résolutoires sont **valables**, sauf exceptions légales (P. ex., prohibition totale dans les baux à ferme — ou partielle dans les baux d'habitation).

Leur effet varie selon les termes employés :

– **la clause se borne à dire que le contrat sera résolu en cas d'inexécution** : la jurisprudence y voit un simple rappel de l'art. 1184, ce qui ne dispense donc pas du recours au juge, ni d'une mise en demeure pour constater l'inexécution ; en définitive, elle ne sert à rien ;

– **la clause stipule que « la résolution aura lieu de plein droit » :** le recours au juge n'est pas nécessaire, mais il faut une mise en demeure ;

– **la clause stipule que la résolution aura lieu « de plein droit et sans sommation » :** elle dispense à la fois du recours au juge et de la mise en demeure.

• **Résolution unilatérale en l'absence de clause et de disposition légale**

La jurisprudence l'admet exceptionnellement, en cas de **faute particulièrement grave** qui perturbe considérablement les relations contractuelles et ne permet plus leur maintien : l'urgence justifie alors une résolution immédiate, sans attendre une décision de justice (p. ex., expulsion du spectateur qui trouble une représentation). Peu importe que le contrat soit à durée déterminée ou non. La gravité du comportement d'une partie peut ainsi expliquer que l'autre y mette fin de façon unilatérale, mais à ses risques et périls. Une simple inexécution de ses obligations par une partie ne suffit pour justifier la rupture unilatérale.

• **Contrôle judiciaire *a posteriori***

Dans tous les cas où la résolution judiciaire n'est pas nécessaire, le juge peut être amené *a posteriori*, non à la prononcer, mais à vérifier si ses conditions étaient bien réunies (p. ex., y a-t-il eu manquement à une obligation visée par une clause de résolution de plein droit ?).

Si un cocontractant a rompu à tort le contrat, il engage sa **responsabilité** envers l'autre partie.

4. Effets

a) En principe, la résolution provoque l'**anéantissement rétroactif** du contrat, ce qui peut entraîner des **restitutions** (comme l'annulation, v. *supra*, p. 69).

b) La résolution, comme l'annulation, risque d'affecter les **droits des tiers**, qui toutefois peuvent invoquer certaines règles pour les préserver. P. ex., en matière mobilière, le sous-acquéreur de bonne foi peut se prévaloir de l'art. 2279 du Code civil (« En fait de meubles, la possession vaut titre »).

c) Si le contrat est à **exécution successive**, on ne peut pas effacer certains faits (travail accompli), d'où un aménagement nécessaire : le contrat est anéanti, mais **sans rétroactivité** : on parle alors de **résiliation** (extinction seulement pour l'avenir).

C. La résolution due à la force majeure (théorie des risques)

1. Position du problème

Lorsqu'un événement de force majeure empêche une partie d'exécuter son obligation, elle est libérée, mais qu'advient-il de l'obligation incombant à l'autre partie et dont l'exécution est encore possible ?

P. ex., si, avant d'être livrée, la chose vendue périt à cause d'une force majeure, le vendeur n'est plus obligé à la livrer, mais l'acheteur doit-il payer le prix ?

C'est le problème dit des **risques**, car il s'agit de savoir **sur qui pèsent les risques de la force majeure**. Ils peuvent peser :
– **soit sur le créancier de l'obligation devenue impossible à exécuter en raison de la force majeure** ; il devra alors exécuter la sienne, sans recevoir de contrepartie (maxime *res perit creditori* : les risques sont pour le créancier – et il faut préciser car, dans un contrat synallagmatique, chacun est créancier – de l'obligation qui ne peut plus être exécutée).
– **soit sur le débiteur qui ne peut pas exécuter sa prestation** : il est libéré, mais l'autre partie, qui pouvait encore accomplir la sienne, n'est plus tenue à le faire (*res perit debitori*).

2. Solutions

Deux situations sont à distinguer.

a) En principe, les risques pèsent sur le débiteur (*res perit debitori*)

Les deux parties sont donc libérées, et **leur contrat est résolu de plein droit**.

Justification : puisque l'obligation d'un contractant est devenue impossible à exécuter, l'obligation de l'autre se trouve **privée de cause**.

Domaine : la règle est énoncée dans certains art. du Code civil, p. ex. l'art. 1720 : si l'immeuble loué est détruit par force majeure, le bail est résilié de plein droit, c.-à-d. que le locataire est dispensé de payer le loyer, donc les risques pèsent sur le bailleur, débiteur de l'obligation (mettre le local à la disposition du locataire) qui ne peut plus être exécutée.

La jurisprudence a généralisé cette règle à **tous les contrats qui ne transfèrent pas la propriété d'un bien** (Civ., 14 avr. 1891, préc.).

Effets :

• Si l'impossibilité d'exécution est **totale**, le contrat est **entièrement résolu** (ou résilié).

La résolution résultant de la faute majeure présente quelques **différences** avec la résolution pour inexécution **fautive** :
– La doctrine estime en général que la résolution à la suite d'une force majeure devrait s'opérer **de plein droit** et n'aurait pas à être demandée au juge. Cependant la jurisprudence fait application de l'art. 1184, au motif que ce texte ne distingue pas entre les causes d'inexécution, et en déduit que la résolution exige là aussi l'intervention du juge. Celui-ci vérifie notamment si l'inexécution provient bien d'une force majeure.
Toutefois, dans certains cas particuliers, des textes prévoient expressément la résiliation de plein droit du contrat, p. ex. l'art. 1722 relatif au bail.
– Aucune partie ne pourra être condamnée à des dommages et intérêts, puisque personne n'a commis de faute.

• Si l'impossibilité n'est que **partielle**, le créancier de l'obligation inexécutée n'est pas totalement libéré : son obligation est seulement **réduite en proportion** (p. ex., l'art. 1722 permet au locataire de demander une diminution du loyer, lorsque la chose louée est détruite en partie).

b) Dans les contrats translatifs de propriété, le risque pèse sur le propriétaire (*res perit domino*)

Hypothèse visée : en cas de vente (ou d'échange, etc.), la chose vient à périr après la conclusion du contrat, mais avant sa livraison à l'autre partie. Si la règle *res perit debitori* s'appliquait, le risque pèserait sur le vendeur, car il est débiteur de l'obligation (de livrer) qui est devenue impossible.

Mais la solution est différente : les risques pèsent sur le créancier de cette obligation, c.-à-d. l'acquéreur, qui doit donc payer le prix (art. 1138, al. 2) : *res perit creditori*.

Justification : la charge des risques est attachée à la propriété, or, en principe, l'acheteur devient **immédiatement propriétaire** dès la conclusion du contrat : les risques pèsent donc sur lui, en tant que propriétaire (*dominus*, en latin), d'où la maxime *res perit domino*.

Conséquence en cas de transfert retardé : lorsque le transfert de propriété est retardé (ce qui est le cas pour les choses de genre, ou en vertu d'une clause du contrat), les risques pèsent sur le vendeur, tant qu'il reste propriétaire.

Exception en cas de mise en demeure : lorsque celui qui a acquis la chose a mis le débiteur de l'obligation de livrer en *demeure de le faire*, les risques pèsent sur ce débiteur, même s'il n'est plus propriétaire, car la mise en demeure établit son retard fautif, dont il doit supporter toutes les conséquences (art. 1138, al. 2, in fine).

c) Caractère supplétif des règles

Dans tous les cas, les parties sont libres de régler autrement le fardeau des risques.

d) Hypothèse d'une impossibilité provisoire

Si l'impossibilité d'exécution due à la force majeure **n'est pas définitive**, le contrat n'est pas résolu et son exécution n'est que **suspendue** :

– le débiteur dont l'obligation ne peut plus être exécutée momentanément n'est pas libéré : dès que l'obstacle aura disparu, il devra accomplir sa prestation ;

– de son côté, le créancier est dispensé d'exécuter son obligation tant que le débiteur n'exécute pas la sienne.

POUR ALLER PLUS LOIN

BIBLIOGRAPHIE :

› F. Terré, Ph. Simler et y. Lequette, *Droit civil. Les obligations*, Dalloz, coll. « Précis », 9e éd., 2005, nos 437 à 672.

› H. Capitant, F. Terré et Y. Lequette, *Grands arrêts de la jurisprudence civile*, t. 2, *Obligations, Contrats spéciaux, Sûretés*, Dalloz, coll. « Grands arrêts », 11e éd., 2000 (12e éd. à paraître en 2008), en particulier nos 159 et 160 (l'interprétation), 161-162 (les obligations de moyens et les obligations de résultat), 163 (l'imprévision).

› P. Ancel, « Force obligatoire et contenu obligationnel du contrat », *RTD civ.* 1999, 771 s.

› J. L. Aubert, « À propos d'une distinction renouvelée des parties et des tiers », *RTD civ.* 1993, 263 s.

EXEMPLES DE SUJETS D'EXAMENS :

Dissertations :

- **Comparer l'erreur et le dol**, Université Panthéon-Assas (Paris II), 2006-2007 (*Annales Droit civil des obligations 2008*, Dalloz, p. 95)
- **Peut-on, en matière contractuelle, perdre le droit d'invoquer une cause de nullité ?**, Université Paris 1 Panthéon-Sorbonne, 2002-2003 (*Annales Droit civil des obligations 2008*, Dalloz, p. 141)
- Sujets au choix : **La loyauté dans la formation du contrat / L'erreur vice du consentement**
- **Le rejet par le droit français de la révision pour imprévision vous paraît-il aujourd'hui justifiable ou dépassé ?**, Université Paris 1 Panthéon-Sorbonne
- **L'exception d'inexécution et la résolution pour inexécution maintiennent un lien entre les obligations d'un même contrat : est-ce compatible avec la notion même de contrat ?**, Université Paris 1 Panthéon-Sorbonne

Commentaires d'arrêts :

- **Ass. plén., 29 octobre 2004**, Université de Bretagne occidentale, 2005-2006 (*Annales Droit civil des obligations 2008*, Dalloz, p. 119)
- **Civ. 1re, 8 décembre 1987.**

Titre 2

LE FAIT JURIDIQUE (SOURCES EXTRACONTRACTUELLES DES OBLIGATIONS)

Différence avec l'acte juridique: le fait juridique est un **agissement volontaire ou involontaire qui crée des obligations non recherchées par son auteur**, p. ex. celui qui, intentionnellement ou par simple maladresse, cause un dommage à autrui est tenu à le réparer, sans avoir voulu cette obligation.

Certains faits juridiques produisent des conséquences de droit, mais ne sont pas par eux-mêmes créateurs d'obligation, p. ex. le **décès**, dont l'effet est d'ouvrir la succession du défunt.

Les faits juridiques créateurs d'obligations se regroupent en deux catégories : les **délits** et **quasi-délits (responsabilité civile extracontractuelle)**, d'une part, et les **quasi-contrats**, d'autre part.

L'**objet principal** des règles de la responsabilité civile et des quasi-contrats est de **rétablir**, et notamment par une compensation financière, **l'équilibre antérieur** que le fait juridique a rompu.

Chapitre 1 › LA RESPONSABILITÉ CIVILE EXTRACONTRACTUELLE

Notion : lorsqu'une personne cause un **dommage** à une autre, la victime peut lui demander **réparation**. Il en est ainsi non seulement lorsque le dommage provient du fait personnel (faute volontaire ou simple inadvertance) de celui dont la responsabilité est engagée, mais encore lorsqu'il résulte du fait des choses (ou des animaux) sous sa garde ou des personnes qui agissent pour lui (responsabilité du fait d'autrui).

Objet : l'objet de la responsabilité civile est de replacer la victime, autant que faire se peut, dans la situation antérieure, au moyen d'une réparation **en nature**, si elle est possible, ou **par équivalent** (octroi de dommages et intérêts dits compensatoires, p. ex. en cas de dommages corporels).

Caractères :

1. La responsabilité est **civile** en ce sens qu'elle entraîne une obligation de nature civile : l'obligation de réparer le dommage. Par là, elle se distingue notamment de la responsabilité pénale.

2. La responsabilité est **extracontractuelle** lorsque les circonstances se déroulent en dehors d'un cadre contractuel. On dit alors qu'elle a pour source un délit civil ou un quasi-délit.

Section introductive › ÉVOLUTION ET FONDEMENTS DE LA RESPONSABILITÉ EXTRACONTRACTUELLE

Définitions : la responsabilité est l'**obligation de répondre** (*respondere*) **de ses actes.** Elle peut être **extrajuridique** (morale, politique) ou **juridique** (obligation d'en répondre devant les tribunaux).

La responsabilité juridique englobe : la **responsabilité pénale** : obligation de répondre des infractions (violations de la loi pénale) que l'on commet ; **la responsabilité administrative :** obligation pour l'administration de répondre des dommages qu'elle cause dans certaines circonstances, notamment lorsqu'elle a commis une faute.

– la **responsabilité civile** : obligation de répondre des dommages que l'on cause à autrui (qu'il y ait ou non une infraction pénale)

- **responsabilité contractuelle** : obligation incombant à un contractant de réparer le dommage qu'il cause à l'autre partie en n'exécutant pas correctement la prestation promise (v. *supra*, p. 86 et s.).
- **responsabilité extracontractuelle** ou **délictuelle** : obligation de réparer le dommage que l'on cause à un tiers.

§ 1 - RESPONSABILITÉ CIVILE ET RESPONSABILITÉ PÉNALE

Pendant longtemps responsabilité civile et responsabilité pénale ne se distinguaient pas, puis leurs rôles respectifs se sont peu à peu différenciés (distinction surtout dégagée à partir du XVIe siècle et bien mise en évidence le siècle suivant par Domat).

En principe, la **responsabilité pénale** a pour objet la sanction d'une **faute**, en proportion de sa gravité, alors que l'objet de la **responsabilité civile** est de permettre la réparation d'un **dommage**, proportionnellement à son importance et indépendamment de la gravité ou même, selon le cas, de l'existence de la faute.

Une **faute pénale** est punissable même si elle n'entraîne pas de dommage à une personne, parce que la loi veut sanctionner tous les comportements qui portent atteinte à l'ordre public. De son côté, une **faute civile** n'a d'effet juridique que si elle est à l'origine d'un dommage.

§ 2 - RESPONSABILITÉ POUR FAUTE OU SANS FAUTE

A. Régime prévu par les rédacteurs du Code civil

• Pour les auteurs du Code civil (1804), une seule source de responsabilité : la **faute**. Le principe est énoncé dans l'art. 1382 : « **Tout fait quelconque de l'homme, qui cause à autrui un dommage, oblige celui par la faute duquel il est arrivé, à le réparer** ».

• Le **délit civil** est une faute commise **volontairement** (c'est elle que vise l'art. 1382) ; le **quasi-délit** est une faute **non intentionnelle**, d'**imprudence** ou de **négligence** (l'art. 1383 la cite expressément).

• En général, la faute doit être **prouvée** (art. 1382, 1383), mais, dans certaines hypothèses, les rédacteurs du Code ont institué une **présomption de faute** (telle a été l'interprétation initialement donnée aux art. 1384, 1385 et 1386, concernant des cas de responsabilité du fait d'autrui ou de certaines choses ; la faute présumée est surtout un manque de surveillance d'une chose ou d'une personne).

B. Situation créée par le développement du machinisme

Le développement au XIXe siècle du machinisme est à l'origine d'une multiplication des accidents (notamment du travail, puis de la circulation). Or de nombreux accidents provoquent des dommages sans qu'on puisse démontrer la faute de quelqu'un. Dans un système de responsabilité exclusivement fondé sur la faute, il n'est donc pas possible pour les victimes d'obtenir en ce cas une réparation. **D'où la recherche, dans le souci d'améliorer leur situation, d'un principe de responsabilité sans faute**.

C. Théories du risque et de la garantie

1. La théorie du risque

La doctrine de la fin du XIXe siècle (Labbé, Saleilles, Josserand) a proposé la **théorie du risque** : celui qui exerce une activité faisant courir un risque à autrui est tenu de réparer les dommages qu'elle cause, même s'il n'a pas eu un comportement moralement répréhensible. La responsabilité civile prend alors un fondement objectif, ne reposant plus uniquement sur la faute.

a) Variantes : Cette théorie a plusieurs variantes, notamment :

• **risque-danger** : la théorie se limite aux dommages causés par les choses considérées comme dangereuses.

• **risque-profit** : celui qui tire profit d'une activité doit en supporter les charges, ce qui englobe l'indemnisation des dommages qu'elles provoquent (théorie exposée en 1890 par Labbé, qui écrivait : « Celui qui perçoit les émoluments procurés par l'emploi d'une machine susceptible de nuire aux tiers doit s'attendre à réparer les préjudices que cette machine causera »).

• **risque d'activité** : celui dont l'activité crée un risque pour autrui doit répondre des dommages qu'elle cause à autrui. Selon Saleilles (1897), toute activité qui fonctionne pour une personne fonctionne à ses risques. Cette théorie a une portée plus large que les autres, puisqu'elle concerne toute activité, lucrative ou non.

b) Découverte d'un support de texte. Puis des auteurs (Laurent, Saleilles) ont trouvé un support de texte à la théorie du risque dans l'al. 1er de l'art. 1384, selon lequel : « On est responsable non seulement du dommage que l'on cause par son propre fait, mais encore de celui qui est causé par le fait des personnes dont on doit répondre, ou des **choses que l'on a sous sa garde** ».

À l'origine, cet alinéa ne servait qu'à introduire les cas, prévus par le Code civil, de responsabilité du fait d'autrui (autres alinéas de l'art. 1384) et du fait de certaines choses (art. 1385 : animaux ; art. 1386 : bâtiments en ruine), puis il a été interprété comme énonçant un **principe général de responsabilité du fait de n'importe quelle chose**.

2. La théorie de la garantie

Autre théorie proposée pour assurer une meilleure indemnisation des victimes : **théorie de la garantie** (B. Starck), selon laquelle il conviendrait d'accorder une indemnisation de plein droit et forfaitaire des dommages les plus graves (not. corporels).

D. Évolution du droit positif

• En matière de responsabilité, **le rôle créateur de la jurisprudence a été considérable**. La Cour de cassation a adopté le principe de la **responsabilité du fait des choses en général**, fondé sur l'art. 1384, al. 1er (arrêt *Teffaine*, explosion de la chaudière du remorqueur Marie, 1896).

• Puis la même juridiction a précisé que celui qui est présumé responsable sur le fondement de ce texte ne peut pas se libérer en démontrant qu'il n'a pas commis de faute (sa responsabilité ne repose donc pas sur une présomption de faute, qui pourrait tomber devant la preuve contraire).

• En 1991, l'Assemblée plénière de la Cour de cassation a, de manière similaire, mis en évidence un **principe de responsabilité du fait d'autrui** en donnant un sens nouveau à une autre partie de l'art. 1384, al. 1er, qui parle « **du fait des personnes dont on doit répondre** » (arrêt *Blieck*).

• Par ailleurs, plusieurs **lois spéciales** prévoient des règles particulières d'indemnisation ou de responsabilité sans faute (lois de 1898, modifiée, sur les accidents du travail ; de 1985 sur les accidents de la circulation).

Conséquence : d'où, actuellement, deux fondements principaux sont attribués à la responsabilité civile : la **faute** et, dans certains domaines, le **risque**. Une valeur constitutionnelle a été reconnue au principe de la responsabilité pour faute.

§ 3 - RESPONSABILITÉ INDIVIDUELLE ET COLLECTIVISATION DES RISQUES

Le Code civil n'a envisagé que la responsabilité individuelle (de soi-même ou des personnes dont on doit répondre), puis sont apparues des techniques de collectivisation des risques, destinées à mieux garantir l'indemnisation des victimes.

1. La plus ancienne est le recours à l'**assurance** dite **de responsabilité**, dont le but est de garantir les conséquences pécuniaires de la responsabilité incombant à l'assuré lorsqu'il a causé des dommages à autrui. Ce mécanisme a pour effet de répartir les risques sur l'ensemble des assurés.

L'extension des cas de responsabilité a engendré le développement de l'assurance qui permet :

• d'alléger la situation des responsables ;

• de garantir le paiement des indemnités dues aux victimes.

L'extension de l'assurance a, en retour, une incidence sur le droit de la responsabilité : les tribunaux sont plus enclins à retenir la responsabilité de quelqu'un s'il est assuré, puisque c'est en réalité l'assureur qui supportera le fardeau de l'indemnité et, à travers lui, la collectivité des assurés. Ce facteur a joué un rôle dans l'évolution jurisprudentielle du droit de la responsabilité en un sens plus favorable aux victimes.

2. Les mécanismes de **sécurité sociale** qui permettent de répartir le fardeau des prestations sur l'ensemble des assurés sociaux.

3. Des organismes, notamment des **fonds de garantie**, qui prennent en charge la **réparation de certains dommages**.

• Fonds de garantie pour les dommages causés par un **auteur inconnu, non assuré ou dont l'assureur est insolvable, en cas d'accident de circulation ou de chasse** (fonds créé par une L. 31 déc. 1951).

• Fonds de garantie des victimes des actes de terrorisme et d'autres infractions (art. 706-3 et s. C. pr. pén.). Ce fonds prend en charge la réparation intégrale des dommages provenant de **faits, volontaires ou non, qui présentent le caractère matériel d'une infraction**. Les dommages aux biens et les dommages corporels légers (incapacité inférieure à un mois) ne sont toutefois réparés que lorsque la victime a de faibles ressources et se trouve, du fait de l'infraction, « dans une situation matérielle grave ». Le même fonds est chargé d'indemniser, mais selon des modalités différentes, les victimes d'**actes de terrorisme**.

• Fonds d'indemnisation des transfusés et hémophiles pour les dommages résultant de la contamination par le **virus du SIDA**, causée par une transfusion de produits sanguins ou une injection de produits dérivés du sang (art. 47 L. 31 déc. 1991).

• Office national d'indemnisation des accidents médicaux, des affections iatrogènes et des infections nosocomiales (art. 101 L. 4 mars 2002).

Ainsi, dans certains domaines, des techniques de « **socialisation** » de la réparation ont remplacé les mécanismes classiques, ce qui a conduit des auteurs à parler d'une

« crise » de la responsabilité civile. Ces mécanismes de responsabilité individuelle conservent néanmoins, avec des aménagements variés, une importance considérable.

Section 1 > CONDITIONS DE LA RESPONSABILITÉ

À la différence de la responsabilité pénale, un **dommage** est nécessaire.
Il doit être **causé** par un **fait générateur**, fautif ou non selon le type de responsabilité.

§ 1 - LE DOMMAGE OU PRÉJUDICE

C'est une condition commune à tout type de responsabilité civile.

A. Catégories de dommages

Trois catégories principales se distinguent, dont les frontières varient.

1. Dommage matériel

C'est le dommage causé aux biens et plus généralement au patrimoine de la victime, p. ex., perte de revenus, dégâts à un véhicule.
Comme en matière contractuelle, il englobe la perte subie (*damnum emergens*) et le gain manqué (*lucrum cessans*). V. *supra*, p. 90.

2. Dommage corporel

Il s'agit de tout dommage portant atteinte à l'intégrité physique d'une personne. Il en existe deux types.

a) Les uns ont un **caractère économique (ou matériel) marqué** et peuvent figurer également dans la catégorie précédente : c'est le cas des **soins médicaux**, de l'**incapacité de travail** (qui peut être permanente ou temporaire, totale ou partielle) ou des **frais d'obsèques**. Lorsque les blessures laissent des séquelles permanentes, affectant ou non son activité professionnelle, la victime est en droit d'invoquer un préjudice appelé l'**incapacité permanente partielle** (IPP), calculée en %, en fonction de la gravité de l'incapacité.

b) Les autres sont plutôt des **dommages immatériels**. Il en est ainsi :

- du préjudice dû à la **douleur physique** (*pretium doloris*) ;
- du **préjudice esthétique** ;
- du **préjudice d'agrément** : privation d'un plaisir de la vie (p. ex. pratique d'un sport ou d'un art).

Les préjudices esthétique et d'agrément sont parfois placés dans la catégorie des préjudices moraux.

3. Dommage moral

Deux types principaux :

- préjudice découlant d'une **atteinte à l'honneur, à la vie privée** ou à un **autre droit de la personnalité** ;
- préjudice **d'affection** : chagrin causé par le décès ou la déchéance d'un être cher (ce préjudice est subi par une personne autre que la victime directe de l'accident).

La réparation de ces dommages, notamment du préjudice d'affection, a été discutée pour deux raisons principales :
– la douleur morale ne devrait pas se monnayer ;
– plus généralement, la réparation d'un préjudice moral est impossible à évaluer.
Mais, depuis le XIXe siècle, les juridictions de l'ordre judiciaire admettent l'indemnisation des dommages moraux, en vertu du principe que tout préjudice doit être réparé, dès lors qu'il présente certains caractères.

4. Dommage écologique

Plus récemment s'est détaché des précédents le **dommage écologique** qui résulte d'une atteinte à l'environnement (suites du naufrage de l'Erika).

5. Victime par ricochet

Un dommage matériel ou moral peut être subi par une **victime par ricochet**, p. ex., un proche parent de la victime dite directe, décédée à la suite d'un accident, peut être privé de subsides et atteint d'un préjudice d'affection - le père ou la mère d'un enfant gravement blessé invoque la douleur de le voir souffrir.

B. Caractères du dommage réparable

Les dommages ne sont pas tous réparables. Certains résultent d'un acte licite et n'entraînent donc pas de réparation, p. ex. le dommage que subit un commerçant à cause d'un acte de concurrence loyale, accompli par un autre.
Pour donner lieu à réparation, le dommage doit réunir plusieurs caractères.

1. Violation d'un intérêt licite (intérêt légitime juridiquement protégé)

Condition exigée par la jurisprudence et qui permet de rejeter les demandes **contraires à la loi, à l'ordre public ou aux bonnes mœurs**. P. ex., un proxénète ne pourrait certainement pas obtenir réparation du dommage financier que lui cause le décès d'une prostituée à son service. De même, une société ne peut pas obtenir réparation du préjudice découlant de l'absence d'une salariée qui a été victime d'un accident, si l'emploi de cette salariée n'avait pas été déclaré à l'URSSAF.
Quelques situations ont donné lieu à des difficultés particulières.

a) 1er exemple : le décès d'un(e) concubin(e)

• Autrefois, lorsqu'un concubin décédait à la suite d'un accident, les tribunaux invoquaient souvent l'absence d'intérêt légitime pour rejeter les demandes d'indemnisation de sa compagne. Puis une divergence apparut dès 1937 au niveau même de la Cour de cassation entre la chambre criminelle qui admettait la réparation des dommages subis par la concubine et la chambre civile qui ne l'acceptait pas.

• Le conflit fut sur ce point tranché par l'arrêt d'une chambre mixte qui se prononça dans le même sens que la chambre criminelle, en précisant que les art. 1382 et suivants du Code civil n'exigent pas l'existence d'un lien de droit (mariage, parenté) entre la victime décédée et le demandeur (*Gaudras c. Dangereux*, 27 févr. 1970. *D.* 1970, 201, note Combaldieu). Les tribunaux reconnaissent aujourd'hui le droit à une réparation de la concubine ou du concubin, **à condition que le concubinage ait été suffisamment stable**.

• La chambre criminelle a, dans des arrêts postérieurs, jugé qu'une indemnisation pouvait être accordée même lorsque les concubins n'avaient pas cohabité et même lorsque le concubinage était adultérin.

b) 2e exemple : la naissance non souhaitée d'un enfant

Lorsque des parents ont voulu interrompre une grossesse, mais n'ont pas obtenu le résultat qu'ils souhaitaient, en raison d'une erreur médicale, peuvent-ils soutenir que la naissance de l'enfant constitue pour eux un préjudice, notamment matériel (frais d'entretien et d'éducation difficiles à assumer à cause de leurs moyens financiers très réduits) ? La jurisprudence a décidé que la naissance non souhaitée d'un enfant ne peut, **à elle seule**, constituer pour ses parents un préjudice juridiquement réparable, car elle ne saurait être assimilée à la violation d'un intérêt légitime.

c) 3e exemple : la naissance avec un grave handicap qui n'avait pas été décelé

Les juridictions ont été confrontées à un très délicat problème. Dans la célèbre affaire *Perruche*, une femme enceinte qui présentait les symptômes de la rubéole (risque de grave déformation du fœtus) avait manifesté son intention de recourir à une interruption volontaire de grossesse en cas d'infection. Des erreurs commises par le médecin et le laboratoire de biologie lui ont fait croire à tort qu'elle était immunisée, et l'enfant est né avec un grave handicap. Peut-on admettre que ces fautes ont entraîné un dommage réparable pour les parents et pour l'enfant ?

• La Cour de cassation juge que les **parents** subissent un préjudice réparable, du fait que les fautes médicales les ont privés de la possibilité de prendre une décision éclairée concernant une interruption de grossesse et qu'ils doivent assumer le grave handicap de leur enfant.

• La question a été plus discutée au sujet du préjudice invoqué par l'**enfant** lui-même. L'Assemblée plénière de la Cour de cassation avait jugé le 17 novembre 2000, dans l'arrêt *Perruche* (*D.* 2001, 332, notes D. Mazeaud et P. Jourdain) que les fautes médicales ayant empêché la mère « d'exercer son choix d'interrompre sa grossesse afin d'éviter la naissance d'un enfant atteint d'un handicap, ce dernier peut demander la réparation du préjudice résultant de ce handicap et causé par les fautes retenues ».

• Cette solution a par la suite été condamnée par l'art. 1er de la loi du 4 mars 2002 relative aux droits des malades et à la qualité du système de santé (devenu l'art. 114-5 du Code de l'action sociale et des familles). Le texte précise d'abord que « **nul ne peut se prévaloir d'un préjudice du seul fait de sa naissance** » puis que, lorsque l'enfant est né avec un handicap non décelé pendant la grossesse à la suite d'une faute « caractérisée », seul le préjudice des parents peut être indemnisé. Cela n'englobe pas les dépenses particulières découlant, tout au long de la vie de l'enfant, de ce handicap et qui sont prises en charge par la solidarité nationale. En définitive, le préjudice réparable des parents se ramène à leur préjudice moral.

2. Dommage certain

La distinction entre le dommage certain et celui qui ne l'est pas est parfois délicate à mettre en œuvre. Pour les tribunaux, la certitude est entendue de façon relative : c'est une **probabilité suffisante**.

Un préjudice **même futur** peut être certain, notamment lorsqu'on envisage la prolongation d'un préjudice actuel : il est donc réparable. En revanche, un préjudice simplement **éventuel** ne l'est pas.

a) La perte d'une chance

La question de savoir si un dommage est certain se pose notamment à propos de la perte d'une chance. P. ex., lorsqu'un avocat n'a pas effectué un acte de procédure en temps utile, son client peut-il soutenir que la perte de la chance de gagner le procès est un dommage certain ? Si un étudiant est blessé lors d'un accident et se trouve dans l'impossibilité de se présenter à un examen, peut-il invoquer comme préjudice, non pas le fait qu'il n'a pas réussi (la réussite était en effet incertaine), mais la perte de la chance de réussir ?

La jurisprudence estime que le dommage est certain lorsque la chance perdue était **réelle et sérieuse**. Ainsi l'oubli par un avocat aux conseils de soutenir un pourvoi en cassation n'entraîne pas sa responsabilité lorsque ce recours ne présentait aucune chance de succès. À l'opposé, si le retard dans le diagnostic et le traitement d'une maladie a entraîné une évolution plus rapide ou empêché une guérison, le médecin est responsable, car le malade a perdu la chance d'éviter une aggravation de son état ou de guérir. En cas de perte de la chance de réussir à un examen ou d'accéder à une profession, le dommage est considéré comme certain seulement si l'avantage espéré pouvait être **obtenu à bref délai** ; p. ex., la victime d'un accident qui n'avait pas terminé ses études secondaires et demande réparation du préjudice découlant de l'impossibilité d'embrasser la carrière de pharmacienne n'invoque qu'un avantage purement hypothétique.

La Cour de cassation a également raisonné en termes de perte de chance en jugeant que, lorsque des médecins ont oublié de prescrire le test qui aurait permis de détecter, lors de l'examen médical, la rubéole de la mère (à l'origine de graves malformations de l'enfant), cette omission fautive a privé les parents de la possibilité de prendre une décision éclairée qui les aurait éventuellement conduits à recourir à une interruption de grossesse thérapeutique.

L'appréciation du caractère réel et sérieux est une **question de fait**.

b) Le risque de dommage

En principe, une action en responsabilité suppose la preuve d'un dommage réel. Cependant, des décisions récentes admettent qu'un simple risque peut fonder une action en cessation d'une activité, p. ex., en présence de la menace constante, pour le voisin d'un terrain de golf, de subir des dommages provoqués par la projection de balles, ou en cas de risque sanitaire lié au voisinage d'une antenne de téléphonie mobile. Il faut évidemment que le risque soit suffisamment sérieux.

c) Les préjudices des victimes en état d'inconscience

Un problème est apparu à propos de la réparation de certains préjudices subis par des victimes plongées dans un état d'inconscience. Des juridictions avaient déduit de cet état que la preuve des préjudices **esthétique**, d'**agrément** ou lié à la **douleur** n'était pas établie et que ces dommages n'étaient pas réparables. La chambre criminelle puis la deuxième chambre civile de la Cour de cassation ont jugé que « l'état végétatif d'une personne humaine n'excluant aucun chef d'indemnisation, son préjudice doit être réparé dans tous ses éléments » (Civ. 2e, 22 févr. 1995, *D.* 1996, 69, note Chartier).

L'indemnisation d'un dommage n'est donc pas fonction de la représentation que peut s'en faire la victime, mais de sa constatation et de son évaluation objective par le juge.

3. Dommage personnel

Seule la personne qui a subi un dommage, **directement** ou **par ricochet**, a droit à une indemnisation.

a) Les **personnes morales** doivent justifier d'un dommage subi par le groupement lui-même, p. ex., en cas d'atteinte à son patrimoine ou à sa réputation. La règle ne soulève aucune difficulté spécifique à propos des groupements à but intéressé (société civile ou commerciale).

b) En revanche, le caractère personnel du dommage donne lieu à discussion à propos des personnes morales **à but désintéressé** (associations, même reconnues d'utilité publique), lorsqu'elles demandent réparation du préjudice résultant d'une **atteinte à un intérêt collectif** qu'elles sont chargées de défendre.

• La question se pose le plus souvent dans le cadre d'une action civile engagée, à la suite d'une infraction, devant une **juridiction pénale**. La jurisprudence considère en règle générale que l'atteinte à un intérêt collectif ne constitue pas un préjudice personnel du groupement et que, sauf autorisation spéciale de la loi, les personnes morales ne peuvent pas demander réparation d'une atteinte à cet intérêt (solution établie par un arrêt des Chambres réunies du 15 juin 1923, *D.P.* 1924, 1, 153, note Rolland). Devant les juridictions pénales, seul le ministère public est en effet habilité à assurer la défense d'intérêts généraux.

• Toutefois de nombreuses **lois spéciales** ont accordé le droit d'agir, y compris devant les juridictions pénales, à certains groupements en cas de dommages causés aux intérêts collectifs qu'ils défendent, p. ex., les syndicats, les associations de lutte contre l'alcoolisme, le racisme, le proxénétisme, la délinquance routière, les associations de protection de la nature, des consommateurs.

4. Dommage direct

• Le dommage doit être la **conséquence directe** et non lointaine du fait qui engage la responsabilité. P. ex., lorsqu'une personne décède à la suite d'un accident, celui qui avait une créance contre elle ne peut pas demander à l'auteur de l'accident la réparation du dommage que lui cause le décès de son débiteur, au motif que, s'il avait vécu, la dette aurait été payée. L'exigence du caractère direct se confond avec celle d'un **lien suffisant de causalité** (sur ce lien, v. *infra*, p. 133).

• Certaines personnes morales ont par exception le droit d'agir en réparation d'un préjudice direct **ou même indirect** porté à l'intérêt collectif qu'elles ont pour objet de défendre (intérêt collectif d'une profession, pour les syndicats : art. L. 411-11 C. trav. ; intérêt collectif des consommateurs, pour les associations chargées de les défendre : art. L. 421-1 C. consom.).

§ 2 - LE FAIT GÉNÉRATEUR

Trois types de faits générateurs du dommage se distinguent : la **faute** (ou fait personnel), le **fait de la chose** et le **fait d'autrui**.

A. La responsabilité pour faute (art. 1382 et 1383)

• Les art. 1382 et 1383 du Code civil édictent un principe de responsabilité pour faute (déjà énoncé par Domat au XVIIe siècle), soit **volontaire** (1382), soit **involontaire** (négligence ou imprudence, visées dans l'art. 1383) ; dans les deux cas le régime de la responsabilité est le même.

• Le Conseil constitutionnel a reconnu une **valeur constitutionnelle** au principe énoncé dans l'art. 1382, selon lequel toute faute dommageable imputable à une personne physique ou morale de droit privé entraîne une obligation de réparer (décision du 22 oct. 1982 déclarant non conforme à la constitution la disposition d'une loi qui interdisait l'exercice d'une action en réparation lorsque le dommage avait été causé par des salariés à l'occasion d'un conflit collectif du travail).

• La faute n'est pas définie par les textes, mais elle suppose la réunion de trois éléments : un élément matériel, la violation d'un devoir imposé par l'ordre juridique (illicéité) et, en principe, le discernement.

1. Élément matériel

Ce peut être :

a) un fait positif ou **faute par commission** (excès de vitesse, injure) ;

b) une abstention ou **faute par omission**, p. ex. l'abstention de porter secours, en l'absence de risque pour soi-même ou pour les tiers, à une personne en péril (c'est aussi une faute pénale : art. 223-6 C. pén.) ; l'omission, par l'historien d'une technique, du nom de l'un de ses inventeurs (omission de Branly dans un article sur l'histoire de la TSF : Civ., 27 févr. 1951, *D.* 1951, 329, note Desbois) ; le fait de publier un article présentant une personne comme coupable d'un délit pénal sans préciser qu'elle n'a pas été condamnée et bénéficie donc de la présomption d'innocence.

2. Illicéité

Le fait matériel doit être la violation d'un devoir imposé par l'ordre juridique.

a) Violation d'un devoir

• Sources du devoir

Ce devoir peut découler :

– d'une **loi** ou d'un **texte quelconque**, p. ex. le Code de la route, le Code de l'urbanisme, le Code pénal (toute violation de la loi pénale est aussi une faute civile, mais une faute civile peut exister en l'absence de faute pénale) ;

– d'un **usage**, notamment professionnel (code de déontologie) ou d'une **réglementation d'origine privée** (règles du jeu en matière sportive) ;

– plus généralement, en l'absence de texte spécial, d'une **règle d'origine morale** : obligation d'agir de bonne foi, de ne pas nuire à autrui, de se comporter de manière prudente et avisée.

En raison de sa portée générale, l'art. 1382 a ainsi vocation à s'appliquer à toute **faute extracontractuelle** qui est à l'origine d'un dommage. Il en va toutefois différemment lorsque la faute constitue un **délit de presse réprimé par la loi du 29 juill. 1881** : l'art. 1382 est en ce cas inapplicable et la victime ne peut agir qu'en respectant les conditions de la loi de 1881, qui sont plus exigeantes (not. prescription beaucoup plus courte : trois mois).

• Abus de droit

Principe : même dans l'exercice d'une liberté publique (p. ex. liberté d'expression) ou d'un droit subjectif (p. ex. droit de propriété) un abus peut être commis : il constitue alors une faute au sens de l'art. 1382 (à l'exception de certains droits considérés comme **absolus** et dont l'exercice est **discrétionnaire**, p. ex. le droit pour un propriétaire de s'opposer à tout empiétement).

Applications : il en est notamment ainsi lorsque :

– le titulaire du droit l'exerce dans le **seul but de causer un dommage à autrui**, sans intérêt sérieux pour lui-même, p. ex. édification d'une fausse cheminée pour nuire au voisin ;

– le but en lui-même n'est pas contraire au droit, mais les **moyens employés** pour y parvenir le sont, p. ex. abus du droit d'agir en justice ou de procéder à des voies d'exécution (un créancier, après avoir reçu des acomptes correspondant à l'essentiel de sa créance, maintient quand même des saisies pour des sommes excessives).

Critères : les critères de l'abus sont tantôt subjectifs, c.-à-d. l'**intention de nuire à autrui**, tantôt plus objectifs, c.-à-d. le fait de **détourner un droit de son but** (théorie selon laquelle l'exercice des droits doit être conforme à des fins sociales).

Exception : la Cour de cassation a décidé que les **abus de la liberté d'expression contre les personnes** ne peuvent être poursuivis sur le fondement de l'art. 1382. Ils pourront éventuellement l'être sur d'autres, p. ex. la loi de 1881 ou l'art. 9 C. civ.

Trouble anormal du voisinage : de la théorie de l'abus de droit la jurisprudence a détaché la responsabilité pour **trouble anormal causé au voisinage** (bruit, fumée). C'est une **responsabilité objective** qui ne suppose pas la preuve d'une faute : il suffit que l'inconvénient soit **excessif**. Toutefois, la victime ne peut pas, en principe, s'en plaindre si elle s'est installée en un lieu où le trouble existait déjà (théorie de la préoccupation).

b) Appréciation de la faute

• L'appréciation se fait *in abstracto*, c.-à-d. par référence au comportement d'un **homme raisonnable** (modèle du bon père de famille), placé dans la même situation.

• Mais les tribunaux tiennent compte également d'**éléments concrets**, not. l'âge, l'expérience ou la compétence de la personne.

• En principe, peu importe la **gravité de la faute** (légère, lourde, inexcusable, intentionnelle), l'effet est le même : le dommage doit être entièrement réparé.

c) Faits justificatifs

Faits qui enlèvent à l'acte son caractère d'illicéité, et qui sont transposés du droit pénal à la responsabilité civile.

• **Faits extérieurs à la victime :**

– **Ordre de la loi ou commandement de l'autorité légitime** : p. ex. un cycliste est obligé, sur ordre d'un agent de police, à ne pas s'arrêter devant un feu rouge, ce qui provoque une collision.

– **État de nécessité** : mal intentionnellement causé dans le but d'en éviter un plus grave, p. ex. une personne détruit un bien matériel pour sauver une vie humaine.

• **Attitude de la victime :**

– **Légitime défense**, mais elle suppose que la défense soit proportionnée à l'attaque. Si la riposte est excessive, elle n'est plus légitime ou du moins peut conduire à un partage de responsabilité entre l'agresseur et celui qui s'est défendu.

– **Consentement de la victime**, c.-à-d. qu'elle a accepté le dommage. Toutefois son consentement ne justifie pas les atteintes à son intégrité physique, sauf dans un but thérapeutique.

– **Acceptation des risques**, c.-à-d. que la victime ne consent pas au dommage, mais accepte de prendre des risques, p. ex. en pratiquant un sport violent. L'acceptation du risque ne constitue toutefois un fait justificatif pour l'auteur du dommage que s'il a respecté les règles du jeu.
Parfois l'acceptation d'un risque constitue une faute de la victime, ce qui peut entraîner une diminution de son indemnisation (v. *infra*, p. 137).

3. Élément moral : l'imputabilité

En principe, la faute suppose la **faculté de discernement**, mais le droit positif l'écarte parfois, dans le souci de faciliter l'indemnisation des victimes. Cela est particulièrement net à propos des actes accomplis par des déments ou de très jeunes enfants.

a) Faute des personnes morales

La jurisprudence a toujours admis qu'une personne morale répond des **fautes commises par ses organes** : c'est une véritable **responsabilité personnelle** fondée sur l'art. 1382, et non une responsabilité du fait d'autrui (à distinguer de la responsabilité du fait des préposés, qui pèse sur les personnes morales comme sur tous les commettants et qui est une responsabilité du fait d'autrui, v. *infra*, p. 124).
La responsabilité personnelle des personnes morales est une conséquence de l'idée qu'elles ont une existence réelle (ce qui explique aussi qu'elles peuvent conclure des contrats).

b) Faute de la personne sous l'empire d'un trouble mental.

D'après l'art. 489-2 C. civ. (L. 3 janv. 1968), « Celui qui a causé un dommage à autrui alors qu'il était sous l'empire d'un trouble mental, n'en est pas moins obligé à réparation ».

Sens : l'art. 489-2 ne crée pas un nouveau cas de responsabilité, mais signifie simplement qu'une personne en état de trouble mental doit réparer le dommage **dans les mêmes conditions que si elle était sensée, et en application des règles ordinaires**. Elle ne peut pas prétendre que son état constituait une cause exonératoire.
En conséquence, dès lors que l'acte serait considéré comme fautif s'il avait été commis par une personne raisonnable, le dément est obligé à réparer le dommage par application combinée des art. 489-2 et 1382 : on dit que l'acte est **objectivement** fautif. C'est là une différence très nette avec le droit pénal qui considère l'absence de discernement comme une cause d'irresponsabilité pénale.

Domaine :

• Quant au **type de responsabilité** : le sens de l'art. 489-2 implique que ce texte ait une portée générale.
La règle s'applique donc à tous les cas de responsabilité **contractuelle** ou **délictuelle**, du **fait personnel** ou du **fait d'autrui** (p. ex., responsabilité de l'employeur pour les actes de son préposé en état de démence), fondée sur la **faute** (1382) ou **non** (1384, al. 1er).

• Quant à la **personne en état de trouble mental** : peu importe qu'elle soit **majeure** ou **mineure** (un doute était apparu du fait que l'art. 489-2 est inséré dans un titre du Code civil concernant les incapables majeurs, mais la Cour de cassation a décidé qu'il n'y avait pas lieu de distinguer selon que l'auteur du dommage était majeur ou mineur).

• Quant au **trouble mental** dont parle l'art. 489-2 : il a été jugé qu'une **brève perte de connaissance** due à un malaise cardiaque n'en est pas un et qu'en conséquence l'art. 489-2 n'est pas applicable dans ce cas (Civ. 2e, 4 févr. 1981, *D.* 1983, 1, note Gaudrat).

c) Faute du très jeune enfant (*infans*)

Traditionnellement, le très jeune enfant était considéré comme incapable de commettre une faute (la victime peut en général se prévaloir de la responsabilité de ses parents, v. *infra*, p. 130).

Mais, dans les arrêts *Derguini* et *Lemaire* du 9 mai 1984 (*D.* 1984, 525, concl. Cabannes, note Chabas ; *Grands arrêts de la jurisprudence civile*, t. 2, nº 186), l'Assemblée plénière de la Cour de cassation a jugé qu'**il n'est pas nécessaire de vérifier si le mineur était capable de discerner les conséquences de son acte pour décider qu'il a commis une faute** (dans l'une des affaires, l'enfant avait 5 ans).

La « faute » de *l'infans*, comme celle du dément, ne suppose donc plus l'imputabilité : seule subsiste la condition d'illicéité, appréciée objectivement, c.-à-d. un **acte socialement défectueux et dangereux pour autrui**. La faute est expurgée de son aspect moral, ceci dans le but de permettre à la victime du dommage causé par une personne qui n'est pas raisonnable d'obtenir une indemnisation.

B. La responsabilité du fait des choses (art. 1384, al. 1er et 1386) et du fait des animaux (art. 1385)

La jurisprudence a étendu à la responsabilité du fait des **animaux** (art. 1385) les règles qu'elle a dégagées à propos de la responsabilité du fait des **choses** (art. 1384, al. 1er).

Les art. 1384, al. 1er et 1385 instituent ce que l'on appelle une **présomption de responsabilité** ou une **responsabilité de plein droit**, et non une simple présomption de faute, c.-à-d. que le gardien de la chose ou de l'animal ne peut pas s'exonérer de sa responsabilité en prouvant qu'il n'a pas commis de faute.

• Une présomption du même type pèse sur le propriétaire dont le **bâtiment en ruine** est à l'origine d'un dommage (art. 1386).

• La responsabilité découlant d'un **accident de la circulation** a été profondément remaniée par une loi du 5 juillet 1985 (v. *infra*, p. 139).

• La responsabilité du fait des **produits défectueux** fait également l'objet d'une loi propre, datant du 19 mai 1998, et qui transpose en droit français une directive communautaire du 25 juillet 1985 (v. *infra*, p. 147).

1. La chose ou l'animal à l'origine du dommage

Sauf exceptions régies par des lois spéciales (téléphériques, aéronefs, véhicules terrestres à moteur), l'art. 1384, al. 1er, s'applique à **toute chose**.

a) Peu importe que la chose ait été **dirigée ou non par la main de l'homme** (arrêt *Jand'heur* des Chambres réunies de la Cour de cassation du 13 février 1930, *D.P.* 1930, 1, 57 ; *Grands arrêts*, nº 186). De même, pour les animaux, l'art. 1385 précise : « **soit que l'animal fût sous sa garde** (du propriétaire ou de celui qui s'en sert), **soit qu'il fût égaré ou échappé** ».

b) Peu importe qu'elle soit **dangereuse ou non** (distinction également écartée par l'arrêt *Jand'heur*).

c) L'art. 1384, al. 1er, s'applique aux **meubles** comme aux **immeubles** (arbre, falaise, ascenseur, etc., sous réserve des accidents provoqués par la ruine d'un bâtiment, régis par l'art. 1386).

d) Choses sans maître ou abandonnées

L'application de l'art. 1384, al. 1er aux choses sans maître ou *res nullius* (gibier qui cause des dégâts à des cultures, neige qui tombe d'un toit) et aux choses abandonnées ou *res derelictae* est plus discutée.

• Parfois la **chose abandonnée** est le prolongement normal d'une autre chose, dont le gardien est connu : sa responsabilité est alors engagée pour les dommages causés par cette chose abandonnée. P. ex., la SNCF est gardienne de la fumée des locomotives, mais non d'une bouteille jetée par un passager inconnu.

• Dans le cas des ***res nullius***, la jurisprudence écarte fréquemment l'application de l'art. 1384, al. 1er, au motif que la chose, n'appartenant à personne, n'a pas de gardien : la victime doit alors démontrer une faute (p. ex., laisser la neige s'accumuler sur le toit, laisser pulluler des animaux sauvages qui occasionnent des dégâts aux cultures du voisin) et agir sur le fondement de l'art. 1382.

• Si un pouvoir de garde sur la chose est établi, l'art. 1384, al. 1er, est applicable (personne donnant un coup de pied sur un objet abandonné).

e) Corps humain

• En principe, le corps humain n'est pas considéré comme une chose. Par conséquent, le dommage dont il est à l'origine ne devrait donner lieu qu'à la responsabilité pour faute (art. 1382).

• Cependant les tribunaux l'assimilent parfois à une chose au sens de l'art. 1384, al. 1er. P. ex., lorsque la victime a été touchée par le corps d'un skieur ou d'un cycliste, des décisions lui ont reconnu le droit de se prévaloir de l'art. 1384, al. 1er en estimant notamment que le corps de cette personne forme un ensemble avec les skis ou la bicyclette qui sont l'instrument du dommage.

2. Le fait de la chose ou de l'animal

a) Rôle actif de la chose ou de l'animal

Pour la jurisprudence, le gardien est responsable si sa chose a joué un **rôle actif** dans la réalisation du dommage, c.-à-d. si elle en a été la **cause génératrice**.

Deux situations sont à distinguer quant à la preuve que la victime doit fournir :

– la chose était **en mouvement** et a eu un **contact matériel** avec la victime ou le bien endommagé : cette participation matérielle de la chose entraîne une **présomption de rôle actif** ;

– la chose était **en mouvement mais n'a pas eu de contact matériel** ou **n'était pas en mouvement** : la victime **doit démontrer** le rôle actif de la chose, c.-à-d. soit **un vice interne**, soit **une position ou un comportement anormal, dangereux pour les tiers**. P. ex., la victime fait une chute dans un escalier glissant ou mal éclairé, heurte une vitre mal placée ou mal signalée et d'un verre fragile.

Le caractère anormal du comportement ou de la position est apprécié de manière **objective**, sans qu'il y ait lieu de rechercher une faute du gardien (la position ou le comportement anormal n'est pas nécessairement dû à sa faute).

Toutefois, dans certains cas de heurt avec une **chose inerte**, des décisions récentes de la Cour de cassation n'ont pas fait état d'un vice ou d'un caractère anormal de la chose. Peut-être est-il alors sous-entendu : ainsi le fait qu'une vitre se brise lorsqu'une personne la heurte en marchant normalement suffirait à révéler la fragilité du verre, c.-à-d. son vice.

b) Cas particulier des dommages résultant d'un incendie

La présomption de l'art. 1384, al. 1er ne s'applique pas en cas de dommage provoqué par un incendie né dans un bien du défendeur (art. 1384, al. 2 introduit par L. 7 nov. 1922) : la victime doit prouver que l'incendie est dû à la **faute du gardien** de la chose (meuble ou immeuble), dans laquelle il a pris naissance : on revient donc à la responsabilité pour faute.

La jurisprudence interprète **restrictivement** l'art. 1384, al. 2. Elle exige trois conditions pour qu'il s'applique :

– la Cour de cassation entend par incendie une **combustion anormale et accidentelle**, non un feu allumé volontairement, par exemple pour brûler des brindilles ;

– il faut que **l'incendie ait pris naissance dans le bien (meuble ou immeuble) du défendeur**. Si l'incendie n'est pas né dans le bien du défendeur, l'art. 1384, al. 2, ne s'applique pas. Il en est par exemple ainsi quand l'incendie a pris naissance dans un local de la victime, même si c'est à cause d'une explosion survenue dans le bien du défendeur ou d'une projection d'étincelles venant de chez lui ;

– il faut aussi que **l'incendie né chez le défendeur soit la cause d'un dommage à la victime**. Une véritable communication de l'incendie n'est toutefois pas nécessaire : il suffit que l'incendie qui a pris naissance dans le bien du défendeur ait causé des dommages chez le voisin, p. ex. le noircissement d'un mur par la fumée ou la mort de plantes à cause de la chaleur.

Si ces conditions ne sont pas réunies, il faut revenir à la responsabilité sans faute de l'al. 1er de l'art. 1384. Si l'incendie est provoqué par un véhicule terrestre à moteur, ce sont les règles de loi du 5 juillet 1985 qui sont applicables.

3. La garde de la chose ou de l'animal

a) Éléments constitutifs

La garde suppose des **pouvoirs d'usage, de direction et de contrôle** de la chose (arrêt des Chambres réunies de la Cour de cassation : *Connot c. Franck* du 2 déc. 1941, *DC* 1942, 25, note Ripert ; *Grands arrêts*, n° 194).

• Le gardien est souvent le **propriétaire** de la chose ou de l'animal, mais ce n'est pas toujours le cas (p. ex., l'art. 1385 dit : « le propriétaire d'un animal, ou **celui qui s'en sert**... »).

• Comme la garde est liée à un pouvoir de direction, **les qualités de gardien et de préposé sont en principe incompatibles** : seul le commettant (p. ex., l'employeur) est gardien (v. *infra*, p. 127).

• Mais **la garde ne suppose pas la faculté de discernement** : peuvent être gardiens un dément (art. 489-2, v. *supra*, p. 119), un très jeune enfant (arrêt *Gabillet*, Ass. plén., 9 mai 1984, *D.* 1984, 525 : un enfant de trois ans a pu être considéré comme le gardien d'un bâton), une personne endormie (Civ. 2e, 8 nov. 1989, *RTD civ.* 1990, 92).

b) Transfert de la garde

Le transfert de la garde a lieu en **cas de transfert des pouvoirs d'usage, de direction et de contrôle**.

• Transfert volontaire

Il résulte d'un **contrat par lequel le propriétaire d'une chose s'en dessaisit temporairement**, p. ex., la prête, la loue ou la confie à une personne qui souvent agit dans l'exercice de sa profession ; dès lors que la détention de la chose a été volontairement et effectivement transférée, celui qui la détient actuellement — l'emprunteur, le locataire, le garagiste, le vétérinaire, etc. — en devient gardien.

• Transfert involontaire

Il en est ainsi lorsqu'une personne s'empare de la chose à l'insu de celui qui en avait la garde, notamment :

– en cas de **vol, le propriétaire perd la garde**, qui est transférée au voleur (arrêt *Connot c. Franck*, 1941, préc.) ;

– en cas de **détournement de la chose par un préposé, le commettant en perd la garde**, qui est acquise par le préposé.

Mais celui qui avait la garde semble rester gardien de la chose, s'il l'a **perdue** (solution du moins clairement énoncée par l'art. 1385, qui admet la responsabilité du gardien ou de celui qui se sert de l'animal, même quand ce dernier s'est « **égaré ou échappé** »).

c) Caractère alternatif

On dit que la garde est **alternative** et **non cumulative**, ce qui signifie que, en principe, une seule personne exerce, à un moment donné, les pouvoirs de gardien, p. ex., le propriétaire du véhicule **ou** le garagiste auquel il est confié. Mais la formule est équivoque, car plusieurs personnes qui ont les mêmes pouvoirs sur la chose en sont les co-gardiens (**garde collective**). À une époque, la Cour de cassation avait aussi admis que deux personnes puissent simultanément exercer les pouvoirs de gardien sur des éléments différents (**distinction garde de la structure et garde du comportement**).

• Garde collective ou en commun

Hypothèse concernée : une victime est atteinte par une chose sur laquelle, au moment de l'accident, **plusieurs personnes exerçaient en commun les pouvoirs d'usage, de direction et de contrôle**, p. ex., des copropriétaires d'un animal ou d'un objet quelconque, des joueurs dont le ballon a blessé un spectateur. S'il est impossible d'identifier l'auteur du dommage, la victime peut engager la responsabilité de chaque gardien : chacun est alors tenu de réparer l'intégralité du dommage et on dit que les gardiens sont obligés *in solidum* (v. *infra*, p. 180). La solution a été étendue à certains accidents de chasse lorsque l'auteur du dommage n'est pas identifié : tous les chasseurs sont responsables et tenus d'une obligation *in solidum* lorsqu'ils ont tiré ensemble (la Cour de cassation a parlé de garde collective de la gerbe de plomb). Tous les membres du groupe sont ainsi présumés être co-auteurs, mais il est possible à chacun de se dégager de sa responsabilité en démontrant qu'il n'a pas pu causer le dommage (tel chasseur n'avait pas tiré).

En cas d'utilisation d'un engin de transport à des fins de compétition sportive (p. ex., un voilier), il faut rechercher si tous les équipiers sont gardiens (garde en commun) ou si l'un d'eux exerce seul les pouvoirs d'un gardien (p. ex., le « skipper »).

• Distinction de la garde de la structure et de la garde du comportement

Pour certaines choses, une distinction a été opérée entre :

– la **garde de la structure**, c.-à-d. des **vices internes de la chose** : le gardien de la structure est généralement le **fabricant** ;

– et la **garde du comportement**, c.-à-d. de **la manipulation et de l'utilisation de la chose** : le gardien du comportement en est l'**utilisateur**.

Selon que l'accident est dû à un vice interne ou à une manipulation, la victime devra assigner l'un ou l'autre des gardiens.

Cette distinction — délicate à mettre en œuvre — a seulement été utilisée pour les choses dotées d'un **dynamisme propre et dangereux**, c.-à-d. susceptibles d'explosion ou inflammables (arrêt de l'*Oxygène liquide*, Civ. 2e, 5 janv. 1956, *D.* 1957, 261, note Rodière). Elle semble maintenant abandonnée.

d) Cas de la victime qui a des pouvoirs de garde

Trois situations sont à distinguer.

• **La victime est le seul gardien de la chose qui a causé le dommage.**
Elle est en même temps **responsable** et ne peut donc pas obtenir réparation (en s'adressant à son assureur).

• **La victime est l'un des gardiens de la chose qui a causé le dommage**, p. ex., un joueur de football blessé par le ballon : le gardien victime ne peut pas invoquer l'art. 1384, al. 1er contre les autres gardiens, mais il lui est possible d'engager la responsabilité de l'un d'eux sur le fondement de l'art. 1382, c.-à-d. à condition de démontrer sa **faute**.

• **Le gardien d'une chose est victime d'un dommage causé par le heurt de sa chose et celle d'une autre personne :** on fait alors une **application réciproque de l'art. 1384, al. 1er**, c.-à-d. que chaque gardien **doit réparer l'entier dommage subi par l'autre** (à ne pas confondre avec un **partage de responsabilité**, dont il résulte que la victime ne reçoit qu'une indemnisation partielle, v. *infra*, p. 136).

4. La responsabilité du fait des bâtiments en ruine (art. 1386)

Art. 1386 : « Le propriétaire d'un bâtiment est responsable du dommage causé par sa ruine, lorsqu'elle est arrivée par suite du défaut d'entretien ou par le vice de sa construction ».

a) Conditions de la responsabilité

Il faut réunir trois conditions :

– un **bâtiment**, c.-à-d. toute construction immobilière incorporée au sol, quel que soit son usage ;
– en **ruine** : état de dégradation de la construction ou d'un élément mobilier qui y est incorporé de manière indissoluble, entraînant une chute de matériaux ou un écroulement total ;
– **origine** de la ruine : **défaut d'entretien** ou **vice de construction**.

Si l'une des conditions fait défaut, la victime doit recourir à la responsabilité du fait des choses en général (art. 1384, al. 1er).

b) Régime de responsabilité

• Elle incombe au **propriétaire** : qu'il soit gardien ou non, sa responsabilité est engagée **de plein droit**.

• Il peut **s'exonérer** en prouvant un cas de **force majeure** ou la **faute de la victime** (régime analogue à celui de l'art. 1384, al 1er).

• Il peut exercer un **recours** contre le vendeur ou le constructeur (en cas de vice) ou contre le locataire ou un utilisateur du bâtiment (si les réparations incombaient à celui-ci).

• **Si le gardien n'est pas le propriétaire**, la victime peut agir contre ce gardien (locataire, usufruitier, titulaire d'un droit d'usage) sur le fondement de l'art. 1384, al. 1er : elle n'a alors pas à prouver l'état de ruine du bâtiment pour vice de construction ou défaut d'entretien.

C. La responsabilité du fait d'autrui

• Plusieurs alinéas de l'art. 1384 réglementent des **responsabilités spéciales du fait d'autrui**. Pendant longtemps, et contrairement à ce qu'elle avait admis à propos de la responsabilité du fait des choses, la jurisprudence se refusait à toute généralisation. Certes, une personne pouvait être, en dehors des cas visés dans l'art. 1384, déclarée responsable d'un dommage causé par autrui, lorsqu'elle avait commis elle-même une **faute**, p. ex. de surveillance, mais ce n'était qu'une simple application de la responsabilité édictée par l'art. 1382, et il n'y avait pas de principe de responsabilité présumée du fait d'autrui.

• Puis, par l'arrêt *Blieck* du 29 mars 1991 (*D.* 1991. 324, note Larroumet), l'Assemblée plénière de la Cour de cassation a admis l'existence d'une **responsabilité présumée du fait d'autrui** en dehors des cas visés dans les alinéas 4 et s. de l'art. 1384. Elle semble avoir consacré un principe de **responsabilité présumée du fait d'autrui** mais sans le dire explicitement, aussi les contours de cette nouvelle jurisprudence restent encore imprécis.

1. Responsabilité présumée du fait d'autrui sur le fondement de l'art. 1384, al. 1er

a) Fondement de texte

Pour admettre l'existence de nouveaux cas de responsabilité du fait d'autrui, l'Assemblée plénière s'est fondée sur la généralité des termes de l'art. 1384, al. 1er (« **On est responsable... du dommage... causé par les personnes dont on doit répondre**... » — formule qui est toutefois pléonasmique).

b) Domaine

Arrêt *Blieck*. Dans l'arrêt *Blieck*, l'Assemblée plénière a retenu la responsabilité d'une association gérant un centre d'accueil de personnes handicapées mentales, dont l'une avait causé un dommage à un tiers, en relevant que cette institution « **avait accepté la charge d'organiser et de contrôler, à titre permanent, le mode de vie de ce handicapé... et devait répondre de celui-ci, au sens de l'art. 1384, al. 1er** ».

Extension : cette responsabilité du fait d'autrui fondée sur l'art. 1384, al. 1er, a ensuite été retenue dans d'autres hypothèses, par exemple à l'encontre d'un établissement de rééducation ou d'une clinique psychiatrique, qui doivent répondre des dommages provoqués par leurs pensionnaires, ou d'un tuteur, qui est présumé responsable des actes de l'incapable. Des associations sportives (p. ex., un club de rugby) ont également été déclarées responsables des dommages causés par le fait de leurs joueurs, au motif qu'elles ont pour mission « **d'organiser, de diriger et de contrôler l'activité de leurs membres au cours des compétitions sportives auxquelles ils participent** ». Le caractère permanent de la mission de contrôle (relevé dans l'arrêt *Blieck*) n'est donc pas nécessaire puisque, dans ce dernier cas, ce contrôle n'est exercé que pendant les compétitions.

Mise en œuvre : ces nouveaux cas de responsabilité du fait d'autrui reposent sur une présomption, mais leurs conditions de mise en œuvre (not. la nature des relations entre le responsable et l'auteur du dommage) sont encore à déterminer. Les pouvoirs de **contrôle**, de **direction** et d'**autorité** paraissent en tout cas indispensables. Dans l'hypothèse d'une association sportive, l'Assemblée plénière de la Cour de cassation a précisé que sa responsabilité sur le fondement de l'art. 1384, al. 1er n'est engagée que si une faute caractérisée par une violation des règles du jeu a été commise par un ou plusieurs joueurs, même non identifié(s) (29 juin 2007, *D.* 2007, 2455). La question est alors de savoir si une exigence similaire va s'appliquer à d'autres situations.

c) Nature de la présomption

La chambre criminelle de la Cour de cassation a précisé le 26 mars 1997 (*D.* 1997, 496, note P. Jourdain) qu'il s'agissait d'une **responsabilité de plein droit**, c.-à-d. que celui dont la responsabilité est mise en jeu ne peut pas s'en affranchir en démontrant qu'il n'a pas commis de faute. Comme pour la responsabilité du fait des choses, les causes d'exonération sont donc la **force majeure** et la **faute de la victime**.

Plus précises sont en revanche les conditions de mise en jeu des responsabilités spécialement visées dans les alinéas 4 et s. de l'art. 1384.

2. Responsabilité des maîtres et des commettants pour les faits de leurs domestiques et préposés (art. 1384, al. 5)

Art. 1385, al. 5 : « Les maîtres et commettants sont responsables du dommage causé par leurs domestiques et préposés dans les fonctions auxquelles ils les ont employés ».

Avantage pour les victimes : généralement le maître ou le commettant est **plus solvable** que le domestique ou le préposé et sa responsabilité est couverte par une **assurance**.

Fondement : la responsabilité est liée à l'idée de **risque**, c.-à-d. que le maître et le commettant profitent de l'activité de leurs domestiques et préposés et doivent donc en supporter les risques.

L'art. 1384, al. 5, regroupe deux situations, celle du commettant et celle du maître, mais la seconde n'est en définitive qu'un cas particulier de la première. C'est donc surtout à travers la responsabilité du commettant que les règles seront présentées.

a) Conditions de la responsabilité

• Lien de subordination ou de préposition

Le rapport entre, d'un côté, le maître ou le commettant, et, de l'autre, le domestique ou le préposé est un lien de subordination.

Notion :

– Le maître ou le commettant exerce sur ses domestiques ou préposés **un pouvoir de direction, de surveillance et de contrôle** ; mais peu importe qu'il ne les ait pas choisis (p. ex., salariés d'une entreprise de travail temporaire, mis à la disposition d'un entrepreneur).

– Ordinairement le lien découle d'un **contrat de travail**, mais peu importe que le préposé ait une certaine autonomie dans l'organisation de son travail (directeur salarié, sage-femme employée par une clinique).

– Le lien peut résulter aussi d'un **autre contrat** (p. ex., le préposé peut être un artisan indépendant auquel un fournisseur d'appareils ménagers fait appel pour les installer), ou s'intégrer dans des **rapports de famille** ou **d'amitié** (p. ex., une personne aide un ami à effectuer des travaux quelconques).

Transfert : le lien de préposition peut être transféré (ouvrier mis à la disposition d'un autre entrepreneur) : il faut alors rechercher qui exerçait les pouvoirs de direction **au moment de la survenance du dommage**.

Pluralité de commettants : exceptionnellement le préposé peut avoir en même temps plusieurs commettants ; p. ex., un agent de sécurité a pu être considéré comme préposé à la fois de la société de gardiennage et de l'entreprise qu'il est chargé de protéger : les commettants sont alors responsables *in solidum*.

• Fait à reprocher au préposé

Il faut qu'il ait commis un **fait illicite.**

1. La jurisprudence a en général subordonné la responsabilité du commettant à la preuve d'une **faute du préposé**, mais certains auteurs pensent aujourd'hui qu'un **fait dommageable quelconque** devrait suffire.

– **Peu importe en tout cas le degré de gravité de la faute commise par le préposé** : le commettant doit même répondre des fautes graves, p. ex. intentionnelles, de ses préposés (sauf abus ou dépassement de leurs fonctions, v. *infra*).

– En application de l'art. 489-2 (v. *supra*, p. 119), il répond aussi des actes commis par un **préposé dément**.

2. La jurisprudence estime (selon l'interprétation générale qui en est donnée) que **la qualité de préposé** — qui implique une subordination — **est incompatible avec celle de gardien** — qui est caractérisée par un pouvoir de direction de la chose en toute indépendance. Le fait à reprocher au préposé ne peut donc pas être le fait d'une chose dont il serait le gardien.

Il en résulte que :

– lorsque le préposé fait un usage normal de la chose dans l'exercice de ses fonctions, il n'en a pas la garde, qui appartient au commettant ;

– et même lorsque le préposé utilise, **pour l'exercice de ses fonctions**, une chose dont il a habituellement la maîtrise (p. ex., il est le propriétaire du véhicule qu'il utilise pour exécuter son travail), les tribunaux considèrent qu'il en a **transféré la garde au commettant**.

• Fait commis dans l'exercice des fonctions

Le commettant ne peut pas être déclaré responsable de tous les actes commis par ses préposés : il faut un **lien entre l'acte et l'exercice des fonctions.**

1. Difficultés de cerner la notion

Dans certaines hypothèses, la distinction est facile à mettre en œuvre, p. ex. :

– d'un côté, le commettant est sans aucun doute responsable lorsque le préposé, par exemple un chauffeur-livreur, a provoqué un accident en conduisant, dans l'exercice de ses fonctions, un véhicule de l'entreprise, même s'il a commis une infraction pénale (violation du Code de la route, blessures involontaires) ;

– d'un autre côté, il ne l'est certainement pas lorsque ce même préposé, qui se rend de son domicile au lieu de son travail, cause un accident avec son véhicule personnel.

Toutefois existent de nombreuses situations intermédiaires, notamment lorsque le préposé commet un **abus ou dépassement de ses fonctions**, p. ex., utilise sans autorisation et à des fins personnelles, mais durant les heures de travail, un véhicule que l'entreprise a mis à sa disposition seulement pour l'exercice de ses fonctions.

2. Hésitations jurisprudentielles

Pendant longtemps il y a eu opposition entre :

– la **chambre criminelle de la Cour de cassation**, favorable à une **conception extensive** du lien avec la fonction : selon elle, il suffisait que la fonction ait fourni l'**instrument** du dommage ou en ait été l'**occasion** pour que le commettant fût responsable (p. ex., le préposé utilise à des fins personnelles un véhicule de l'entreprise) ;
– et la **2e chambre civile** (qui statue sur les questions de responsabilité extracontractuelle), adoptant une conception **plus restrictive** du lien : dès lors que l'acte est **étranger aux fonctions**, il y a abus et le commettant n'est donc pas responsable.

3. Position de l'Assemblée plénière

Après intervention des Chambres réunies en 1960 (qui rendit un arrêt considéré comme d'espèce), puis de l'Assemblée plénière une première fois en 1977, cette dernière a dû se prononcer à nouveau le 17 juin 1983 (*D.* 1984, 134, note Denis) dans le sens de la **conception restrictive**, mais en employant une formule à valeur générale (à cause de la résistance de la chambre criminelle qui interprétait étroitement la solution donnée en 1977 par l'Assemblée plénière, en la limitant à l'usage des véhicules).

Cette décision du 17 juin 1983 pose le principe suivant : « Les dispositions de l'art. 1384, al. 5 C. civ. ne s'appliquent pas au commettant en cas de dommages causés par le préposé qui, **agissant sans autorisation à des fins étrangères à ses attributions, s'est placé hors des fonctions auxquelles il était employé** » (commettant non-responsable lorsqu'un livreur de mazout l'a déversé dans une carrière, acte à l'origine de pollution d'eau potable).

La chambre criminelle a finalement adopté cette conception (non responsabilité d'un transitaire en douane dont le préposé a commis un délit de contrebande).

4. Conditions du dépassement ou de l'abus des fonctions

La formule de l'arrêt de 1983 avait toutefois provoqué une **hésitation** :
– énumérait-elle **trois conditions** pour que la responsabilité du commettant soit écartée (absence d'autorisation + finalité étrangère aux attributions + agissement en dehors des fonctions), ou
– n'en exigeait-elle que **deux**, le troisième élément (agissement hors des fonctions) n'apparaissant que comme leur résultante ?

Par arrêt du 19 mai 1988 (*D.* 1988, 513, note Larroumet) l'Assemblée plénière a précisé qu'il s'agissait de **trois conditions différentes** qui doivent être réunies : « le commettant ne s'exonère de sa responsabilité que si son préposé a agi hors des fonctions auxquelles il était employé, sans autorisation et à des fins étrangères à ses attributions ».

L'exigence de trois conditions pour justifier l'exonération du commettant permet d'assurer une indemnisation plus fréquente des victimes.

Ainsi, dans cet arrêt, une compagnie d'assurance a été déclarée responsable du détournement de fonds commis par un préposé, parce qu'il les avait reçus en exerçant ses fonctions. Une solution identique a été adoptée lorsqu'un clerc de notaire ou un employé de banque détourne des fonds en effectuant un acte qui entre dans ses attributions (opération de prêt, p. ex.) ou même lorsqu'un préposé d'une société de nettoyage commet un vol pendant l'accomplissement de son travail.

5. Rôle de l'apparence

Un rôle important est donné à l'apparence dans les cas où la victime a été en rapport avec un préposé afin de conclure ou d'exécuter un contrat qui la lie au commettant. Celui-ci est responsable des actes de son préposé chaque fois que **les circonstances et les usages laissaient croire à la victime que le préposé agissait dans l'exercice de ses fonctions** : le commettant ne peut pas échapper à sa responsabilité au seul motif que celui auquel il a confié une tâche a agi à des fins personnelles. En revanche, la responsabilité du commettant est écartée lorsque la victime a fait preuve d'une imprudence incontestable en se livrant à une opération sortant des attributions habituelles du préposé et quelque peu suspecte : **elle ne pouvait alors légitimement croire que le préposé avait agi pour le compte de son employeur**.

6. Conséquences du dépassement ou de l'abus

Lorsque le préposé a agi en dehors de ses fonctions, sans autorisation et à des fins étrangères à ses attributions, **la responsabilité du commettant est écartée et seul le préposé répond de ses actes**. Si, dans les mêmes conditions, il a utilisé une chose du commettant, il en est devenu le gardien, et sa responsabilité peut être engagée sur le fondement de l'art. 1384, al. 1er.

b) Régime de la responsabilité

1. Contre qui la victime peut-elle agir ?

• **Ancienne jurisprudence.** Traditionnellement il était admis que la victime pouvait agir contre le **commettant seul**, sur le fondement de l'art. 1384, al. 5, ou contre le **préposé seul**, sur le fondement de l'art. 1382, à condition d'établir à son encontre une faute personnelle, ou encore contre **les deux à la fois**, en se prévalant des règles propres à la responsabilité de chacun. La responsabilité du commettant était en quelque sorte une responsabilité qui s'ajoutait à celle du préposé, dont elle servait à garantir la solvabilité. Mais la possibilité d'agir contre le préposé fut critiquée, notamment au motif que la mise en jeu de sa responsabilité revient à lui faire supporter d'éventuels défauts dans l'organisation de l'entreprise qui ne lui sont pas imputables.

• **Revirement.** Cela explique le revirement opéré par l'arrêt *Costedoat*, rendu par l'Assemblée plénière de la Cour de cassation le 25 février 2000 (*D.* 2000, note Brun ; *Grands arrêts*, n° 217), qui déclare que « **n'engage pas sa responsabilité à l'égard des tiers le préposé qui agit sans excéder les limites de la mission qui lui a été impartie par son commettant** ». La victime ne peut donc plus, dans l'hypothèse visée, agir contre le préposé. Ce revirement est évidemment à contre-courant de l'évolution du droit de la responsabilité qui est caractérisé par une amélioration du sort des victimes. Toutefois la Cour de cassation a récemment précisé que cette règle était plus exactement une **immunité** du préposé, sans effacer sa responsabilité (Civ. 1re, 12 juill. 2007, *D.* 2007, 2908, note Porchy-Simon). Cela permet à la victime d'agir contre l'assureur personnel de responsabilité (s'il en a un) du préposé pour demander réparation de ses dommages.

• **Situation actuelle.** En l'état actuel de la jurisprudence, il semble donc que l'on doive distinguer les situations suivantes :

1er cas : le plus souvent, c.-à-d. lorsque **le préposé n'a pas excédé les limites de sa mission**, la victime ne peut pas agir contre lui, mais elle peut, le cas échéant, agir contre son assureur de responsabilité.

2e cas : *a contrario*, quand **le préposé a excédé les limites de sa mission** (mais sans commettre d'abus de fonction), il est responsable, mais le commettant l'est aussi. Il en va de même depuis l'arrêt *Cousin* (Ass. plén., 14 déc. 2001, *D.* 2002, 1230, note Julien), lorsque le préposé a été **condamné pénalement pour une infraction intentionnelle**. Selon cet arrêt, « le préposé condamné pénalement pour avoir intentionnellement commis, fût-ce sur l'ordre du commettant, une infraction ayant porté préjudice à un tiers, engage sa responsabilité civile à l'égard de celui-ci ».

3e cas : il ne faut pas oublier une troisième hypothèse, celle découlant de l'arrêt du 19 mai 1988 : lorsque le préposé a agi « **hors des fonctions auxquelles il était employé, sans autorisation et à des fins étrangères à ses attributions** », il a commis un **abus de fonction** qui exonère le commettant, et par conséquent **le préposé est seul responsable**.

2. Recours du commettant contre le préposé

Quand le commettant est responsable, il a la faculté d'exercer un recours contre le préposé, mais seulement dans les cas où la responsabilité de celui-ci peut être engagée, c.-à-d. s'il a excédé les limites de sa mission ou a été condamné pénalement pour une infraction intentionnelle.

En pratique, ce recours est souvent impossible, car le commettant est fréquemment assuré, et, en vertu d'une règle du droit des assurances (art. L. 121-12 C. assur.), l'assureur qui a payé l'indemnité n'a le droit de se retourner contre le préposé que si une **malveillance** de sa part est établie.

Le commettant peut aussi exercer un recours contre l'assureur du préposé.

3. Causes d'exonération du commettant

Le commettant ne peut pas s'exonérer en démontrant qu'il n'a pas lui-même commis de faute ou que, à son égard, le comportement du préposé était imprévisible et irrésistible.

Il peut seulement s'exonérer en prouvant :

– l'**abus de fonction** par le préposé ;

– un cas de **force majeure à l'égard du préposé** : l'exonération du commettant, comme du préposé, est alors totale ;

– une **faute de la victime**, ce qui entraîne un partage ou une exclusion de responsabilité dans les conditions du droit commun (v. *infra*, p. 136).

3. Responsabilité des père et mère du fait de leurs enfants mineurs (art. 1384, al. 4 et 7)

Art. 1384, al. 4 : « le père et la mère, en tant qu'ils exercent le droit de garde, sont solidairement responsables du dommage causé par leurs enfants mineurs habitant avec eux ».

a) Conditions de la responsabilité

• **Quant à l'enfant : il doit être mineur.**

Cette responsabilité cesse donc à la majorité ou avec l'émancipation (art. 482, al. 2 C. civ.).

• **Quant aux personnes responsables : les père et mère, et peu importe la nature de la filiation** (par le sang ou adoptive). Cette responsabilité ne s'étend pas à d'autres personnes, notamment aux grands-parents.

• **La responsabilité est liée au droit de garde, c.-à-d. aujourd'hui à l'autorité parentale.**

L'autorité parentale est en principe exercée en commun par les **deux parents** (art. 372 C. civ.).
Si l'enfant est confié à un **tiers** (grand-parent, organe de tutelle), l'art. 1384, al. 4, est inapplicable, et la victime devra engager la responsabilité de ce tiers en prouvant sa **faute** (généralement de surveillance) sur le fondement de l'art. 1382, à moins d'être en mesure de se prévaloir de la présomption de responsabilité du fait d'autrui sur le fondement de l'art. 1384, al. 1er (jurisprudence *Blieck*, *supra*, p. 125), ce qui est le cas lorsque l'enfant est placé en tutelle.

• **Cohabitation**

La présomption de l'art. 1384, al. 4, ne pèse pas sur les parents lorsque l'enfant n'habite pas avec eux.
Mais la jurisprudence entend la notion de cohabitation assez largement et l'art. 1384, al. 4, est encore applicable lorsque :
– l'enfant **réside assez près de ses parents** pour qu'ils puissent exercer une surveillance ;
– le défaut de cohabitation a pour origine une **cause illégitime**, notamment une faute de surveillance ou d'éducation, p. ex., dans certains cas de fugue de l'enfant. Il en va pareillement quand l'un des parents a abandonné le domicile familial : même si la cohabitation n'existe plus en fait, il serait paradoxal que ce parent soit dégagé de sa responsabilité ;
– l'enfant cause un dommage alors qu'il est en visite chez le parent qui n'est pas titulaire de l'autorité parentale ou est temporairement hébergé par lui : **l'exercice du droit de visite ou d'hébergement ne fait pas cesser la cohabitation avec le parent qui est le titulaire de cette autorité**.
– l'enfant est dans un établissement scolaire, même en régime d'internat.
– l'enfant vit, même depuis très longtemps, chez ses grands-parents.
Cette condition de cohabitation, liée à l'idée que la responsabilité des père et mère repose sur une présomption de faute de surveillance ou d'éducation, est ainsi en train de perdre de l'importance et paraît même condamnée à disparaître, puisque maintenant leur responsabilité s'est détachée de ce fondement (v. *infra*, le régime).

• **Fait de l'enfant**

La Cour de cassation exige seulement que l'enfant « **ait commis un acte qui soit la cause directe du dommage invoqué par la victime** » (arrêt *Fullenwarth*, Ass. plén., 9 mai 1984, *D.* 1984, 525, note F. Chabas).
Il peut s'agir :
– d'une **faute** de l'enfant ;
– du **fait de la chose** dont il avait la garde ;
– plus généralement, d'un **acte quelconque** à l'origine du dommage.
Peu importe que l'enfant n'ait pas la faculté de discernement (v. *supra*, p. 119, à propos de sa responsabilité personnelle).

b) Régime de la responsabilité

• **Responsabilité de plein droit**

L'al. 7 de l'art. 1384 permet aux père et mère d'écarter la présomption en démontrant « **qu'ils n'ont pu empêcher le fait qui donne lieu à cette responsabilité** ».
La jurisprudence en avait déduit que les parents pouvaient faire tomber la présomption

en prouvant qu'ils n'avaient pas commis de faute de surveillance ni de faute d'éducation : la responsabilité était donc considérée comme fondée sur une **présomption de faute**.

Puis, dans l'arrêt *Bertrand* du 19 février 1997 (*D.* 1997. 265, note Jourdain), la deuxième chambre civile de la Cour de cassation a donné un autre fondement à la responsabilité des père et mère : c'est une responsabilité **de plein droit**, c.-à-d. qu'ils ne peuvent s'en affranchir qu'en démontrant une **force majeure** ou une **faute de la victime**.

• **Responsabilité solidaire**

Les père et mère sont solidairement responsables. Sur la solidarité, v. *infra*, p. 177.

• **Option pour la victime**

La victime peut engager la **responsabilité des père et mère** ou la **responsabilité personnelle de l'enfant**, si une faute lui est reprochée (art. 1382) ou s'il était le gardien de la chose qui a été l'instrument du dommage (art. 1384, al. 1er).

Ordinairement les parents sont plus solvables, mais la victime peut exceptionnellement avoir intérêt à engager la responsabilité personnelle de l'enfant, lorsqu'il est titulaire d'un patrimoine important et que ses parents sont insolvables et non assurés, ou encore lorsque leur responsabilité ne peut pas être mise en jeu.

4. Responsabilité des artisans du fait de leurs apprentis (art. 1384, al. 6 et 7)

a) Conditions de la responsabilité (art. 1384, al. 6)

• **Artisan** : tout employeur qui s'engage à fournir une formation professionnelle à l'apprenti.

• **Acte dommageable** de l'apprenti lorsqu'il est sous la surveillance du patron.

Pas de condition d'âge ni de cohabitation.

b) Régime de la responsabilité

• Traditionnellement, à l'image de la responsabilité des père et mère, la jurisprudence fondait celle des artisans sur une **présomption de faute** - plutôt de surveillance que d'éducation (l'artisan n'étant pas, en principe, chargé de l'éducation morale) : ils pouvaient donc se libérer en démontrant qu'ils n'avaient pas commis de faute (par interprétation de l'al. 7 de l'art. 1384, texte commun à la responsabilité des père et mère et à celle des artisans).

• La solution instaurée en 1997 à propos de la responsabilité des père et mère, reposant sur la nouvelle interprétation de l'al. 7, devrait logiquement s'étendre à celle de l'artisan : il serait tenu d'une **responsabilité de plein droit**, dont il ne pourrait se dégager qu'en prouvant une force majeure ou une faute de la victime. Le régime de la responsabilité de l'artisan s'alignerait alors aussi sur celui de la responsabilité du commettant.

• La victime dispose d'une **option** et peut agir contre l'apprenti, sur le fondement de sa responsabilité personnelle.

5. Responsabilité en cas d'accident scolaire (art. 1384, al. 6 et 8)

Évolution :

1. Dans le **Code civil de 1804**, les instituteurs étaient soumis à une présomption de faute analogue à celle qui s'appliquait à l'époque aux parents et aux artisans, puis :

2. une **loi du 20 juillet 1899** a substitué la responsabilité de l'État à celle des membres de l'enseignement ;
3. une **loi du 5 avril 1937** a supprimé la présomption : il faut **prouver la faute de l'instituteur pour engager la responsabilité de l'État.**
Cette hypothèse est la seule responsabilité du fait d'autrui que l'art. 1384 subordonne à la preuve d'une faute.

a) Conditions de la responsabilité

Domaine :

• **Tout accident scolaire**, c.-à-d. en cas de dommage causé par un élève ou subi par lui.

• L'élève était au moment de l'accident sous la **surveillance du maître** (art. 1384, al. 6) soit à l'école, soit lors d'une sortie accompagnée.

• L'art. 1384, al. 6, parle des **instituteurs**, terme qui, à l'époque de la rédaction du Code civil, désignait **toute personne chargée de donner une instruction** : ce texte a donc été appliqué non seulement aux membres de l'enseignement primaire, mais aussi à ceux des enseignements secondaire et, plus exceptionnellement, supérieur (lorsqu'une obligation particulière de surveillance leur incombe, liée à l'accomplissement d'actes pouvant être source de dangers, p. ex. des travaux pratiques de chimie).

• L'art. 1384, al. 6 s'applique aux **membres de l'enseignement public** et aux enseignants d'un **établissement privé qui a conclu avec l'État un contrat d'association** (décret 22 avril 1960). Pour les enseignants d'un établissement privé qui n'a pas conclu un contrat d'association, seules les règles de droit commun s'appliquent, c.-à-d. qu'ils peuvent être déclarés personnellement responsables, à condition que leur faute soit prouvée (art. 1382).

Condition : une faute de l'enseignant doit être prouvée.

Depuis la loi de 1937 le poids de la responsabilité est supportée par l'État (act. art. 911-4 C. éduc.), mais sa mise en œuvre est subordonnée à la preuve d'une faute de l'enseignant (art. 1384, al. 8).
À défaut de faute prouvée, la responsabilité de l'art. 1384, al. 6, ne peut pas être engagée, même si l'enseignant était gardien de la chose qui a causé le dommage.
Lorsque le dommage résulte d'une **carence de l'établissement d'enseignement**, en l'absence de faute prouvée d'un enseignant, la loi du 5 avril 1937 est inapplicable, et il faut recourir aux règles ordinaires de la responsabilité administrative et agir devant les juridictions administratives.

b) Mise en œuvre de la responsabilité

Règles spéciales de procédure, car il s'agit d'engager la responsabilité de l'État :
– action dirigée **contre l'État, représenté par le préfet**, mais devant les **tribunaux civils ;**
– dans un **délai de 3 ans** ;
– l'enseignant ne peut pas être mis en cause, mais l'État dispose d'un **recours** contre lui sur le fondement du droit administratif.

§ 3 - LE LIEN DE CAUSALITÉ

La responsabilité suppose un lien de causalité entre un fait, fautif ou non selon le type de responsabilité, et le dommage.

A. Notion de causalité

1. Théories principales

a) Théorie de l'équivalence des conditions

Tout événement qui est une **condition du dommage**, c.-à-d. **sans lequel il n'aurait pas pu se produire, est considéré comme une cause** et oblige son auteur à une réparation intégrale.

Exemple : le propriétaire d'un véhicule a omis de le fermer à clef ou a laissé la clef sur le contact ; cette imprudence a permis à quelqu'un de voler le véhicule, puis ce voleur provoque un accident : on peut estimer que la négligence du propriétaire a été l'une des causes de l'accident.

Critique : cette conception est trop extensive, car un nombre infini de causes peut apparaître.

b) Théorie de la causalité adéquate

La cause adéquate est l'**événement qui, suivant le cours naturel des choses, devait entraîner le dommage**, par opposition aux autres antécédents qui n'entraînent ce dommage que par suite de circonstances extraordinaires (idée de prévisibilité). Dans l'exemple précédent, la négligence du propriétaire de l'automobile n'est pas la cause adéquate de l'accident provoqué par le voleur (c'est la solution retenue, dans cette hypothèse, par les tribunaux).

La jurisprudence oscille entre ces deux théories, mais manifeste une nette préférence pour la causalité adéquate, surtout à propos de la responsabilité sans faute.

Parfois elle retient la théorie de l'équivalence des conditions. P. ex., la victime d'un accident de la circulation reçoit, lors de transfusions, du sang contaminé par le virus du SIDA et en décède ; l'auteur de l'accident a été déclaré responsable du décès (Civ. 1re, 17 févr. 1993, *JCP* 1994, II, 27226, note Dorsner-Dolivet).

2. Preuve

a) Principe

Conformément au droit commun, le lien de causalité **doit en principe être prouvé par la victime**.

b) Présomptions

Assez souvent le lien **se déduit** de certaines circonstances ; p. ex., dans le domaine de l'art. 1384, al. 1er, si la victime prouve qu'elle a été heurtée par une chose en mouvement, le **rôle actif,** c.-à-d. causal, de cette chose est **présumé**. De même, il suffit aux personnes, victimes du SIDA à la suite d'une transfusion sanguine et qui demandent une indemnisation au fonds créé par la loi du 31 déc. 1991, de prouver la transfusion et la contamination : une présomption simple de causalité en découle.

c) Dommage causé par un membre non identifié d'un groupe

En cas de dommage provoqué par une **personne non identifiée, mais faisant partie d'un groupe**, la victime ne devrait pas être indemnisée, à défaut de prouver le lien de causalité entre son dommage et le fait de tel individu ; mais, dans un souci d'équité, la

Cour de cassation lui permet d'engager la responsabilité *in solidum* d'un membre quelconque du groupe, en considérant :
– soit que chacun a commis une faute : on parle alors de **faute collective**, p. ex. des chasseurs tirent sans prendre de précaution ;
– soit, en l'absence de faute, que chacun est gardien de la chose, p. ex. chaque chasseur « a participé à une action et exécuté des actes connexes et inséparables ayant causé le dommage » (**garde collective**).
Dans les deux cas, il faut que le dommage ait été causé par un membre du groupe, sans qu'on puisse déterminer lequel ; il n'est toutefois pas nécessaire que tous les participants soient connus (actuellement, en cas d'accident de chasse, le fonds de garantie prend en charge la réparation des dommages résultant des atteintes causées à la personne, lorsqu'elles sont le fait d'un auteur inconnu ou non assuré).

B. Causes d'exonération

Définition : événements **extérieurs au défendeur** (celui dont la responsabilité est invoquée dans le cadre d'un procès), qui ont joué un **rôle causal** dans la réalisation de l'accident et qui ont pour effet de l'exonérer **totalement** ou **partiellement** de sa responsabilité.
Certains sont **extérieurs à la victime** (force majeure), d'autres résultent de son **comportement** (faute).
Celui qui se prévaut d'une cause d'exonération doit **prouver** les circonstances qui la caractérisent.

1. Causes étrangères au défendeur et à la victime

Il s'agit des événements constitutifs d'une force majeure.

a) Force majeure

Caractères : elle présente les mêmes caractères qu'à propos de la responsabilité contractuelle. Traditionnellement trois sont exigés.

• **Extériorité**

La force majeure peut découler d'un **événement de la nature** ou du **fait d'un tiers**. En revanche, un vice de la chose, instrument du dommage, même inconnu de son gardien, ne peut constituer une cause étrangère. Il en va de même de l'acte du préposé ou de toute personne dont on doit répondre.

• **Imprévisibilité**

Elle est appréciée *in abstracto*, par référence à un homme raisonnable. Il suffit que, pour cette personne raisonnable, l'événement ait été **normalement** imprévisible.

• **Irrésistibilité :** la même méthode d'appréciation s'applique.

Toutefois certaines décisions récentes de la Cour de cassation n'exigent pas l'imprévisibilité : dès lors que toutes les précautions ont été prises pour éviter un événement pourtant prévisible mais qu'il n'était pas possible d'empêcher, les conditions d'extériorité et d'irrésistibilité peuvent paraître suffisantes pour constituer la force majeure.

Effets : le défendeur est, selon l'opinion dominante, **totalement** exonéré de sa responsabilité.
Toutefois la Cour de cassation avait, dans quelques décisions, admis qu'un accident pouvait être causé **à la fois** par un événement de force majeure et une faute du défendeur ou le fait actif de sa chose : p. ex., le naufrage du navire « *Lamoricière* » a

été attribué pour partie à une violente tempête et pour partie au fait du navire (charbon défectueux), d'où l'**exonération partielle** du gardien (arrêt de la Cour de cassation du 19 juin 1951). De même, l'exonération partielle du défendeur a été admise par la Cour de cassation à propos d'un événement provoqué en partie par la faute de celui-ci et en partie par un violent orage constituant une force majeure (arrêt *Houillères du Bassin du Nord* du 13 mars 1957).

Mais cette analyse est critiquée : en vertu de la théorie de la causalité adéquate, si la force majeure est établie, elle doit totalement exonérer le défendeur.

Remarque : la force majeure n'est plus une cause d'exonération pour le conducteur ou le gardien d'un véhicule terrestre à moteur (v. *infra*, p. 142).

b) Fait du tiers

En réalité, le fait du tiers, **fautif ou non**, n'est pas **en lui-même** une cause d'exonération.

Deux situations sont en effet à distinguer :

– **soit le fait du tiers présente les caractères de la force majeure :** le défendeur est totalement exonéré, tout simplement parce que ce fait du tiers n'est qu'**un cas particulier de force majeure**.

– **soit le fait du tiers n'a pas les caractères de la force majeure :** le défendeur doit alors intégralement indemniser la victime, sans que le fait du tiers, qui était prévisible ou surmontable, puisse entraîner une atténuation de sa responsabilité.

Mais celui qui a été condamné dispose d'un recours contre le tiers, si la responsabilité de ce dernier peut être engagée (faute de sa part ou fait de sa chose) : v. *infra*, p. 138.

c) Rôle exceptionnel de la preuve d'absence de faute du défendeur

La preuve de l'absence de faute du défendeur n'est pas, en général, une cause d'exonération.

• Si la responsabilité est fondée sur l'**art. 1382**, il appartient à la victime de **prouver la faute du défendeur**. Celui-ci n'a donc pas à démontrer qu'il n'a pas commis de faute, mais il est souvent conduit à contester la faute qui lui est reprochée. Ainsi, lorsque la victime établit une apparence de faute, le défendeur peut, p. ex., prouver l'existence d'un fait justificatif (v. *supra*, p. 118).

• Si la responsabilité est fondée sur l'**art. 1384, al. 1er**, la preuve de l'absence de faute est inopérante : le gardien est tenu de réparer le dommage, **même en l'absence de faute de sa part**. Il en va pareillement aujourd'hui à propos des présomptions de responsabilité du fait d'autrui.

• L'exonération du défendeur par la preuve d'absence de faute n'est donc efficace que dans les cas exceptionnels de responsabilité fondée sur une **présomption de faute** (p. ex., responsabilité des père et mère jusqu'au revirement de 1997 : v. *supra*, p. 131).

2. Causes étrangères au défendeur, mais provenant de la victime

Deux types se distinguent selon que le dommage est causé, en totalité ou en partie, soit par le **comportement**, généralement la faute, de la victime, soit par son **état**.

a) Comportement de la victime

Le comportement de la victime a pu être la **cause exclusive** de son dommage ou seulement y contribuer **pour partie**.

La faute de la victime peut, dans certains cas, résulter de l'**acceptation de risques**.

• **Cause exclusive du dommage**
Lorsque le comportement, **fautif ou non**, de la victime a été la cause exclusive de son dommage, elle est privée d'indemnisation, car cela signifie que :
– si l'on raisonne en termes de responsabilité du fait personnel (art. 1382), le défendeur n'a pas commis une faute qui aurait contribué à la réalisation du dommage ;
– dans un cas de responsabilité présumée (fait des choses ou fait d'autrui), le comportement de la victime présente les caractères de la force majeure à l'égard du gardien ou de celui qui répond du fait d'autrui : il est donc exonéré.
• **Cause partielle du dommage**
Lorsque la **faute** de la victime (mais non un fait qui n'est pas fautif) a contribué pour partie à la réalisation de son dommage, les tribunaux opèrent un **partage de responsabilité**, ce qui signifie que la victime ne pourra pas exiger du défendeur une réparation intégrale et gardera à sa charge une part de son dommage.
Domaine :
– **quant au type de responsabilité :** le partage est admis, qu'il s'agisse de la responsabilité du fait personnel (art. 1382), du fait des choses ou des animaux (art. 1384, al. 1er ; 1385) ou du fait d'autrui (art. 1384, al. 4 et s.). Il en va de même en matière contractuelle. En 1982, la Cour de cassation l'avait exclu dans le domaine de la responsabilité du fait des choses (arrêt *Desmares*), mais cette solution a été ultérieurement abandonnée (arrêt *Mettetal* du 6 avril 1987, *D.* 1988, 32, note C. Mouly), après que la loi du 5 juillet 1985 eut amélioré le sort des victimes d'accidents de la circulation (v. *infra*, p. 139 et s.).
– **quant au fait de la victime :** à une certaine époque, la jurisprudence admettait un partage de responsabilité, exonérant partiellement le gardien d'une chose, **même lorsque le fait de la victime n'était pas fautif**, mais aujourd'hui cette position semble abandonnée : **seul le fait fautif** de la victime est de nature à exonérer partiellement le responsable lui-même fautif (art. 1382) ou gardien de la chose (art. 1384, al. 1er. Formule de l'arrêt *Mettetal* rendu par la Cour de cassation le 6 avr. 1987 : « le gardien de la chose instrument du dommage est partiellement exonéré de sa responsabilité s'il prouve que la **faute** de la victime a contribué au dommage »). La même règle doit se retrouver à propos des responsabilités du fait d'autrui.
3. Modalités du partage
Principes : les juges du fond l'**évaluent souverainement** en tenant compte :
– soit de la **gravité de la faute** de la victime (c'est la démarche qui semble la plus courante) ;
– soit de l'**importance de son rôle causal.**
Le choix de l'une ou l'autre approche peut conduire à des résultats différents. P. ex., un conducteur d'automobile qui n'a pas bouclé sa ceinture de sécurité – c'est une faute – est, lors d'un choc, blessé à la tête en heurtant violemment le pare-brise :
– si l'on adopte une **analyse morale**, la faute de la victime ne paraît pas très grave, et une faible part de responsabilité pourra être laissée à sa charge ;
– si l'on retient une **analyse causale**, l'omission de boucler la ceinture a joué un rôle important dans la réalisation de ce dommage : une part plus importante de responsabilité sera alors laissée à la charge de la victime.

Remarque : la situation du passager est différente, car seule une faute inexcusable de sa part est de nature à le priver d'indemnisation, v. *infra*, p. 144.

Applications :

– si la responsabilité du défendeur est mise en jeu en raison de sa faute, c.-à-d. sur le fondement de l'**art. 1382**, les tribunaux comparent la gravité respective ou le rôle causal de chacune des fautes en présence, celle du défendeur et celle de la victime.

– s'il s'agit d'une responsabilité de plein droit (**art. 1384**), par hypothèse seule la faute de la victime est établie, et le tribunal évalue le partage en tenant compte de sa gravité ou de son rôle causal.

Sur les effets de la faute de la victime en cas d'**accident de la circulation** depuis la loi du 5 juillet 1985, v. *infra*, p. 142 et s.

Dans tous les cas, lorsque la victime a commis une faute qui lui est opposable, le défendeur peut aussi l'**opposer** aux **victimes par ricochet.**

• **Acceptation des risques**

L'incidence de l'acceptation des risques par la victime varie, et deux situations principales sont à distinguer.

1. L'acceptation présente un caractère fautif.

En matière de **responsabilité du fait personnel** (art. 1382), l'acceptation fautive d'un risque par la victime ne fait pas disparaître la faute du défendeur, mais elle est de nature à justifier un **partage de responsabilité**.

En cas de **responsabilité de plein droit**, la jurisprudence décide souvent que l'acceptation fautive des risques a pour effet d'exclure la responsabilité du défendeur. Cela a surtout été jugé à propos de la pratique de sports.

2. L'acceptation porte sur un risque sportif.

Les participants à une compétition sportive ont accepté les risques inhérents à son exercice. Si l'un d'eux est victime d'un dommage, il ne peut se prévaloir de la présomption de responsabilité fondée sur les art. 1384, al. 1er, ou 1385. Mais cette incidence ne concerne que les risques qui étaient **normaux et prévisibles**. Lorsque, en revanche, le défendeur a fait courir à la victime un risque anormal qu'elle n'a pas accepté, il est entièrement responsable.

b) Prédispositions de la victime au dommage

Lorsque les prédispositions de la victime, notamment son **état de santé**, la rendent plus fragile et favorisent la survenance du dommage ou l'aggravent, faut-il en tenir compte dans l'appréciation de la causalité ?

• En ce qui concerne le **principe même de la responsabilité**, cet état n'a pas à être pris en considération. En effet, dès lors que les conditions de sa responsabilité sont établies (faute ou présomption), le défendeur doit réparer l'entier préjudice qu'il a causé. La victime, déjà affaiblie avant le dommage par l'âge ou un handicap quelconque, a droit comme toute autre victime à être indemnisée.

• En ce qui concerne le **montant de la réparation**, il convient d'appliquer le principe selon lequel le responsable ne doit réparer que le dommage qu'il a causé. Par conséquent, si les aptitudes de la victime étaient déjà amoindries, le dommage causé ou aggravé par l'accident est réparé **en tenant compte de cette incapacité antérieure**. P. ex., si l'accident réduit l'usage d'un bras, il est tenu compte du fait que les mouvements de ce membre étaient déjà limités en raison d'une malformation ou d'une précédente blessure.

C. Pluralité d'auteurs

1. Obligation de chaque coauteur à réparer l'entier dommage : obligation *in solidum*

Lorsque le dommage a été causé par plusieurs auteurs, la victime a la faculté de demander réparation de son entier préjudice à l'un d'eux, qui ne peut pas, pour atténuer ou écarter sa responsabilité, se prévaloir du fait des autres (sauf si les caractères de la force majeure sont réunis) : chaque coauteur est donc tenu *in solidum* (v. *infra*, p. 180).

Fondements :

- idée d'**indivisibilité des causes :** chacun a contribué à réaliser l'entier préjudice car, sans son fait ou sa faute, le dommage ne se serait pas produit ;
- **garantie de paiement** pour la victime qui s'adresse au plus solvable (chaque coauteur est un peu comme une caution solidaire des autres).

2. Recours du *solvens* contre les autres

Celui qui a payé (*solvens*) la victime peut exercer un recours contre les autres coauteurs : se pose alors un problème de **contribution**.

Il se règle en fonction du fondement des responsabilités en cause.

a) Les fondements sont les mêmes

- **Lorsque les coauteurs ont chacun commis une faute et sont responsables en vertu de l'art. 1382**, un partage est opéré en fonction de la gravité respective des fautes ou de leur rôle causal (comme en cas de partage entre le responsable fautif et la victime dont la faute a contribué au dommage, v. *supra*, p. 136).
- **Lorsque les coauteurs sont responsables sans qu'une faute leur soit reprochée (art. 1384)**, le partage s'effectue à égalité (on l'appelle partage par **parts viriles**).

b) Les fondements sont différents

Principe qui se dégage de la jurisprudence : la totalité de l'indemnité doit finalement être supportée par le responsable qui a commis une faute.

Conséquences :

- Lorsque le *solvens* n'a pas commis de faute (art. 1384), il peut exercer un recours contre l'auteur d'une faute (art. 1382) en lui réclamant le remboursement de l'intégralité.
- Lorsque le *solvens* a commis une faute, il est privé de tout recours contre celui dont la responsabilité résulte seulement d'une présomption.

§ 4 - LES RÈGLES PARTICULIÈRES DE LA RESPONSABILITÉ RÉSULTANT D'UN ACCIDENT DE LA CIRCULATION (LOI DU 5 JUILLET 1985)

Divers textes instituent des règles particulières de responsabilité, généralement plus favorables pour les victimes, en cas de dommages causés par certaines choses. P. ex., l'exploitant d'un aéronef est de plein droit responsable, même en cas de force majeure, des dommages causés aux tiers à la surface (art. L. 141-2 C. aviat. civ.). Autres ex. de

responsabilités réglées par des lois spéciales : exploitant d'un téléphérique (L. 8 juill. 1941), d'un navire transportant des matières nucléaires (L. 12 déc. 1965), d'un navire en cas de pollution par hydrocarbures (L. 26 mai 1977).
Le texte le plus fréquemment appliqué est la loi du 5 juillet 1985 relative aux accidents de la circulation et dont les art. 1 et 6 énoncent les conditions du **droit à indemnisation** des victimes.

A. Conditions du droit à indemnisation de la victime

D'après l'art. 1er, il faut un **accident** de la **circulation** dans lequel un **véhicule terrestre à moteur** est **impliqué**.

1. Accident

Événement soudain, fortuit (latin : *accidens* = ce qui arrive fortuitement), imprévu, dont la réalisation n'a pas été recherchée par le conducteur du véhicule et qui a provoqué un dommage.
La Cour de cassation en a déduit que le dommage provoqué par la violence volontaire d'un conducteur n'est pas le résultat d'un accident (automobiliste qui dirige intentionnellement son véhicule contre un piéton et le blesse).
En cas de collisions successives ou de carambolages, la Cour de cassation analyse la situation comme un « accident complexe unique ».

2. Circulation

a) Un véhicule est en circulation lorsque :

• il est en **mouvement** en un lieu quelconque, **public** ou même **privé** (p. ex., un tracteur dans un champ ; un appareil de damage sur une piste de ski) ;

• il est en **stationnement** en un lieu public ou privé, dès lors que ce lieu est **destiné à la circulation** (p. ex. un parking, mais non le hall d'un immeuble).
La loi s'applique donc en cas d'incendie d'un véhicule en stationnement.

b) N'est pas en circulation :

• non seulement le véhicule **immobilisé dans un lieu privé, non destiné à la circulation**,

• mais encore le véhicule qui, **immobilisé sur la voie publique**, est employé à une **fonction utilitaire propre, étrangère à la circulation** (machine-outil) : la loi du 5 juillet 1985 ne s'applique donc pas si, au moment de l'accident, l'engin fonctionnait seulement comme machine-outil (p. ex., dommage provoqué par un engin de terrassement immobilisé).

c) Lorsque l'accident se produit au cours d'une compétition sportive, la Cour de cassation a opéré la distinction suivante :

• la loi du 5 juillet 1985 est applicable si la victime est un **spectateur** ;

• elle ne l'est pas si la victime est un **concurrent** (application en ce cas des règles de droit commun).

3. Véhicule terrestre à moteur

Il s'agit de tout **engin** destiné au transport ou à un travail quelconque, doté d'un moteur et qui se meut uniquement sur le sol : automobile, cyclomoteur, balayeuse, tracteur, moissonneuse-batteuse, véhicule sur chenilles, etc. La loi étend les mêmes

règles aux dommages causés par une **remorque** ou **semi-remorque**, si elle était, au moment de l'accident, attelée à un véhicule terrestre à moteur.
Mais la loi ne s'applique pas lorsque seul est impliqué un **chemin de fer** ou un **tramway** circulant sur des **voies qui lui sont « propres »**, c.-à-d. lorsqu'il n'est pas mêlé au reste de la circulation.

4. Implication

Notion délicate à cerner.

a) Notion

Dans un premier temps, la Cour de cassation avait utilisé des critères différents selon que le véhicule était en mouvement ou en stationnement (dans ce dernier cas, le véhicule n'était impliqué que s'il avait perturbé la circulation de la victime).
Aujourd'hui, la cour distingue surtout selon qu'**il y a eu ou non heurt** avec le véhicule.

1re situation : en cas de contact avec le véhicule, celui-ci est nécessairement impliqué. Donc :
– dès lors que la preuve du heurt est établie, l'implication est indiscutable ;
– il n'y a pas à distinguer entre le véhicule en mouvement et celui qui est à l'arrêt ou en stationnement.

2e situation : en l'absence de contact, la victime doit prouver que le véhicule est intervenu à quelque titre que ce soit dans la survenance de l'accident (solution très proche de la théorie de l'équivalence des conditions). Un véhicule est donc impliqué lorsqu'il ralentit brusquement et gêne la circulation des autres ou lorsque sa position à l'arrêt obstrue la visibilité.

b) Preuve de l'implication

Elle incombe à la victime. Plus exactement, la victime doit établir certains faits (p. ex., choc avec un véhicule), et le juge opère une qualification, c.-à-d. en déduit s'il y a implication.

c) Distinction entre l'implication dans l'accident et l'implication dans le dommage

Récemment la Cour de cassation a introduit cette distinction, surtout à propos d'accidents complexes (ou successifs). Elle se traduit par deux règles :
– quand la **preuve de l'implication du véhicule dans l'accident est établie, une présomption d'implication dans le dommage en découle** ;
– mais la **preuve contraire**, c.-à-d. de l'**absence d'implication dans le dommage**, peut être rapportée. P. ex., un piéton est renversé par un véhicule A, non identifié, puis un véhicule B passe sur le corps de la victime ; ce véhicule B est impliqué dans l'accident, mais l'est-il dans le dommage (décès) ? En vertu de la présomption oui, mais elle peut être écartée ; par conséquent le conducteur du second véhicule et son assureur ne devront pas indemniser les héritiers de la victime s'ils démontrent que celle-ci était déjà morte après le premier choc, c.-à-d. que B n'est pas impliqué dans le dommage.

5. La loi s'applique aussi aux victimes transportées en vertu d'un contrat

La loi instaure, à propos des accidents de la circulation, un régime uniforme, que la responsabilité soit d'**origine délictuelle** ou **contractuelle**.

B. Fondement du droit à indemnisation des victimes

• **La loi du 5 juillet 1985 reste fondée sur la responsabilité** qu'elle modifie, en ce sens que **le conducteur ou le gardien du véhicule impliqué engage de plein droit sa responsabilité** envers la victime. Si plusieurs véhicules sont impliqués, la victime peut réclamer réparation intégrale à l'un quelconque des conducteurs ou gardiens.

• **La loi est autonome.** L'indemnisation des victimes est fondée exclusivement sur les dispositions de la loi, et non sur les art. 1382 et s. du Code civil.

• **Mais la loi n'entraîne pas l'irresponsabilité des personnes qui ne sont pas des conducteurs de véhicules à moteur.** La responsabilité d'un cycliste ou d'un piéton reste inchangée et peut être engagée sur le fondement du **droit commun** (piéton qui a commis une faute : art. 1382 ; cycliste, gardien de son vélo : art. 1384, al. 1er), mais non sur celui de la loi de 1985. Donc, p. ex., en cas de collision entre une automobile et une bicyclette :
– l'automobiliste est responsable envers le cycliste sur le fondement de la loi ;
– le cycliste engage éventuellement sa responsabilité envers l'automobiliste en application des art. 1382 ou 1384, al. 1er.

• **Le conducteur, victime** d'un accident dans lequel **seul son véhicule est impliqué**, ne peut pas demander une indemnisation à son propre assureur sur le fondement de la loi de 1985 ; il lui faut, pour être indemnisé, établir la responsabilité d'un tiers selon les **règles de droit commun**. P. ex., un automobiliste heurte un arbre pour éviter un piéton qui surgit ou une tranchée mal signalée : il peut alors, selon l'hypothèse, se prévaloir de la responsabilité du piéton (art. 1382) ou de celle de l'entrepreneur (art. 1382 ou 1384, al. 1er).

C. Causes d'exonération

1. Éviction de la force majeure

a) Principe

Contrairement au droit commun, **la force majeure ne peut pas être invoquée contre la victime par le conducteur ou le gardien d'un véhicule à moteur** (art. 2). Modification capitale car :

• sur le plan de la **théorie**, la responsabilité est normalement écartée en cas de force majeure ;

• sur le plan **pratique**, tout le contentieux sur l'appréciation des cas de force majeure est éliminé, lorsque la loi de 1985 est applicable.

b) Domaine de l'éviction

• **Quant aux victimes :** l'art. 2 ne fait aucune distinction, donc la force majeure est inopposable **à toute victime**, p. ex. un piéton, un automobiliste, que ses dommages soient corporels ou matériels.

• **Quant aux personnes privées du droit d'invoquer la force majeure :** l'art. 2 ne cite que le **gardien** et le **conducteur d'un véhicule à moteur impliqué**, donc toute autre personne dont la responsabilité serait mise en jeu (cycliste, piéton, etc.) peut se prévaloir de la force majeure.

• L'art. 2 parle de la **force majeure** et du **fait du tiers :**
– **La force majeure :** la Cour de cassation a précisé que l'art. 2 visait la **force**

majeure extérieure aux parties : cela signifie que si c'est la **faute de la victime** qui présente les caractères de la force majeure, la question de l'exonération du gardien ou du conducteur doit se résoudre par application, non de cet art. 2 (réservé à la force majeure extérieure aux parties), mais des dispositions qui envisagent les effets de la faute de la victime (art. 3 et 4).

– **Le fait du tiers :** soit il présente pour le gardien ou le conducteur les caractères de la force majeure : il n'est alors qu'une application du cas précédent ; soit il n'a pas ces caractères : dans ce cas, même en droit commun, il n'est pas une cause d'exonération (v. *supra*, p. 135), et l'art. 2 ne fait que reprendre cette règle.

2. Faute de la victime

La seule cause d'exonération maintenue par la loi est la **faute de la victime**, mais le régime est **diversifié** en fonction du **type de dommage** et des **catégories de victimes**.

a) Distinction entre les dommages aux biens et les atteintes à la personne

• Dommages causés aux biens

À leur propos, la faute — quelconque — qu'a pu commettre la victime a un effet sur son droit à indemnisation.

Principe : la faute de la victime « **a pour effet de limiter ou d'exclure l'indemnisation des dommages aux biens qu'elle a subis** » (art. 5, al. 1er).

Remarque : aucune distinction n'est faite quant aux victimes.

Effets :

– soit un **partage de responsabilité** dans les conditions du droit commun (v. *supra*, p. 136) ;

– soit l'**absence d'indemnisation**, lorsque la faute a été la cause exclusive du dommage.

Cas particulier des dommages causés au véhicule dont le conducteur n'était pas propriétaire (art. 5, al 2).

Le **propriétaire** dont le véhicule a été endommagé peut demander réparation à l'auteur du dommage. Mais celui-ci est en droit de lui opposer la **faute du conducteur**, susceptible d'entraîner un partage ou une exclusion d'indemnisation : seul cas dans lequel la loi permet d'**opposer à la victime (ici le propriétaire) le fait (en l'espèce, fautif) d'un tiers (le conducteur)**. Le propriétaire incomplètement indemnisé peut exercer un recours contre le conducteur (art. 5, al. 2).

• Atteintes à la personne

À leur sujet, l'incidence de la faute commise par la personne lésée varie grandement selon la catégorie de victimes à laquelle elle appartient.

b) Distinctions entre les victimes de dommages corporels

Pour les dommages résultant des atteintes à la personne (ce qui englobe les fournitures et appareils délivrés sur prescription médicale, art. 5, al. 1er), la loi opère deux séries de distinctions :

– d'abord, entre les conducteurs de véhicules terrestres à moteur et les autres victimes ;

– ensuite, parmi les victimes de cette deuxième catégorie.

• Conducteur de véhicule à moteur

1. Incidence de sa faute

La faute quelconque qu'il a pu commettre a pour effet de **limiter** ou d'**exclure** l'indemnisation des dommages qu'il a subis (art. 4). Cette incidence se produit dès lors que la faute du conducteur a contribué à la réalisation de son préjudice : à son égard, les règles d'indemnisation sont donc identiques, que le dommage soit **matériel** ou **corporel**.

La Cour de cassation a précisé que :

– le conducteur d'un véhicule impliqué qui est l'auteur d'une faute n'a pas d'action contre un autre conducteur qui n'a pas commis de faute ;

– lorsqu'un seul véhicule est impliqué dans l'accident, le conducteur qui n'en est pas le gardien, peut réclamer au gardien réparation de ses dommages sur le fondement de la loi. Le gardien pourra se défendre en opposant au conducteur la faute qu'il a pu commettre.

2. Caractère causal de la faute

La Cour de cassation a décidé que la faute de la victime ne peut limiter ou exclure son droit à indemnisation que si elle a joué un rôle causal dans l'accident (ou le dommage). Ainsi :

– le défaut de permis de conduire n'est pas en lui-même une faute causale ;

– si le conducteur avait un taux d'alcoolémie excédant ce qui est légalement autorisé, il a certes commis une faute, mais pour qu'elle ait une incidence sur son droit à réparation, il faut démontrer qu'elle a joué un rôle causal dans la réalisation de son dommage.

3. Notion de conducteur

La jurisprudence considère comme **conducteur** la personne qui **conserve une certaine maîtrise de son véhicule, même quand le moteur était arrêté au moment de l'accident**, p. ex. celui qui, assis sur la selle d'un cyclomoteur dont le moteur est en panne, le fait avancer à l'aide de ses jambes, celui qui tient à la main un cyclomoteur dont le moteur est en marche ou la personne au volant de son véhicule remorqué.

En revanche, **n'a pas la qualité de conducteur** la personne qui est à l'extérieur de son véhicule, p. ex. celui qui en est sorti pour quelque raison que ce soit : il change une roue, dirige une manœuvre de remorquage, etc. ; celui qui, après avoir été éjecté de son véhicule, est heurté par un autre ; celui qui est en train de descendre de son véhicule ou s'apprête à y monter ; dans le cas d'un véhicule à deux roues, celui qui le tient à la main, moteur arrêté.

La qualité de conducteur doit être **prouvée par le défendeur qui l'invoque**.

• Victimes autres que les conducteurs de véhicules à moteur

Il s'agit de toute autre personne : piéton, cycliste, passager, cavalier, etc.

Principe : la **faute** (légère ou même d'une certaine gravité) qu'elles ont pu commettre **est sans effet sur leur droit à indemnisation**, mais la loi distingue encore.

1re situation : si la victime était, au moment de l'accident, **âgée de 16 à 70 ans et n'était pas atteinte d'une incapacité égale au moins à 80 %**, le défendeur peut lui opposer :

– soit le fait qu'elle a **recherché volontairement son dommage** (p. ex., suicide) (art. 3, al. 3) ;

– soit une **faute inexcusable**, à condition d'avoir été la **cause exclusive de l'accident** (art. 3, al. 1er).

Deux conditions sont alors nécessaires dans le deuxième cas :

1re condition : le **caractère inexcusable de la faute. « Seule est inexcusable la faute volontaire d'une exceptionnelle gravité exposant sans raison valable son**

auteur à un danger dont il aurait dû avoir conscience » (définition donnée par la 2e ch. civ. de la Cour de cass. le 20 juill. 1987 et reprise par l'Ass. plén. le 10 nov. 1995, *D.* 1995, 633, rapport Chartier). Il ne peut s'agir que de **fautes très graves,** non de simples inadvertances ou imprudences.

P. ex., **constituent des fautes inexcusables** : la traversée de nuit, dans une zone mal éclairée, d'une autoroute ou d'une route à très grande circulation et à plusieurs voies, après avoir franchi un obstacle (muret ou rambarde) matérialisant l'interdiction de traverser ; ou le fait pour un passager de sauter d'un véhicule en marche.

La faute inexcusable est appréciée *in abstracto* (référence au danger dont la victime **aurait dû avoir conscience**), donc elle peut être reprochée à une personne atteinte d'un certain handicap mental (p. ex., en curatelle) ou en état d'ébriété, mais la Cour de cassation a précisé que le fait d'être en état d'ivresse ne constitue pas en lui-même, quel que soit le taux d'alcoolémie, une faute inexcusable.

2e condition : si elle est établie, la faute inexcusable doit avoir été la **cause exclusive de l'accident**. En conséquence, si l'automobiliste a lui-même commis une faute quelconque qui a contribué à la réalisation de l'accident (p. ex., il roulait trop vite), la faute inexcusable de la victime n'est pas la cause exclusive de l'accident, et son indemnisation doit être intégrale.

Charge de la preuve : la **preuve** de la recherche volontaire du dommage ou de la faute inexcusable qui est la cause exclusive incombe à celui qui s'en prévaut pour se dégager de sa responsabilité. Donc, si les circonstances de l'accident restent **indéterminées**, cette preuve n'est pas rapportée et la victime bénéficie d'une indemnisation totale.

Effets : si la preuve est rapportée, la victime n'a droit à aucune indemnisation ; c'est un système du tout ou rien, aucun partage n'est possible.

2e situation : si la victime était, au moment de l'accident, **âgée de moins de 16 ans ou de plus de 70 ans** ou, quel que soit son âge, titulaire d'un titre lui reconnaissant un **taux d'incapacité ou d'invalidité au moins égal à 80 %, seule la recherche volontaire du dommage** lui est opposable.

c) La faute commise par la victime directe et qui lui serait opposable l'est aussi à la victime par ricochet (art. 6).

C'est une application de la règle de droit commun (v. *supra*, p. 137).

La loi n'envisage que l'**opposabilité à la victime par ricochet de la faute commise par la victime directe**. Elle ne dit rien, en revanche, de l'**incidence de la faute qu'a pu commettre la victime par ricochet elle-même sur son indemnisation**. La jurisprudence reste encore incertaine. L'une des solutions proposées consiste à ne pas prendre en considération la faute personnelle de la victime par ricochet. Selon un autre point de vue, il faudrait transposer aux victimes par ricochet les règles édictées dans les art. 1 à 5, et donc les traiter comme si elles étaient des victimes directes, en distinguant entre les dommages aux biens et les atteintes à la personne, les conducteurs et les autres personnes lésées. Cette seconde solution a pour l'instant été clairement adoptée uniquement lorsque la victime par ricochet est un conducteur.

Tableau récapitulatif des fautes opposables à la victime
(art. 3 à 5 L. 5 juill. 1985)

			nature du dommage	
			atteintes à la personne	dommages aux biens
catégories de victimes	conducteurs de véhicules à moteur		*faute quelconque*	*faute quelconque*
	autres victimes	entre 16 et 70 ans	*– recherche volontaire du dommage* *– faute inexcusable à condition d'être la cause exclusive de l'accident*	
		– 16 ans + 70 ans ou incapacité au moins égale à 80 %	*recherche volontaire du dommage*	

D. Problème des recours

La loi du 5 juillet 1985 ne parle pas des recours entre coauteurs du même accident et la position de la Cour de cassation a varié sur ce point.

1. Hésitations de la jurisprudence

a) Dans un premier temps, la Cour de cassation avait décidé que les règles du droit à indemnisation, énoncées dans la loi de 1985, ne s'appliquaient qu'aux rapports entre la victime et la partie assignée en réparation et que, en conséquence, les rapports entre coauteurs devaient se régler conformément au **droit commun** (art. 1382 et s. ; v. *supra*, p. 138).

Inconvénient : celui qui a payé (*solvens*) la victime est privé de recours contre un coauteur (autre automobiliste dont le véhicule est aussi impliqué), s'il ne peut pas démontrer soit une faute de celui-ci (recours sur le fondement de l'art. 1382), soit le fait actif de la chose dont il a la garde (recours sur le fondement de l'art. 1384, al. 1er).

b) Aussi, dans un second temps (arrêt *Coiffard* du 6 mars 1991, *D.* 1991, 257, note Groutel), la Cour de cassation avait accordé une **alternative** au *solvens* qui pouvait exercer :

• soit un **recours sur le fondement du droit commun** (art. 1382 ou 1384, al. 1er) : c'est l'action dite **personnelle ;**

• soit un **recours sur le fondement de la subrogation** (v. *infra*, p. 191 et s.) : c'est l'action dite **subrogatoire**. Par cette technique le *solvens* se prévaut des droits de la

victime, dans lesquels il est subrogé et invoque donc, comme elle, les **dispositions de la loi de 1985**. Dans ce cas, en l'absence de faute prouvée des coauteurs, la contribution de chacun à la dette ne peut s'effectuer que par **parts viriles**, c.-à-d. à égalité.
c) Puis, dans un arrêt du 14 janvier 1998 (*D.* 1998, 174, note Groutel), la deuxième chambre civile de la Cour de cassation a jugé que le *solvens* ne pouvait exercer un recours **que sur le fondement du droit commun par la technique de la subrogation**. Comme dans le premier état de sa jurisprudence, le recours se fonde uniquement sur le droit commun (ici l'art. 1382) et non pas sur la loi de 1985, mais avec cette différence qu'il s'opère par subrogation et non plus au moyen d'une action personnelle. Cette dernière position a été critiquée : si le recours se fonde sur la subrogation, le *solvens* exerce les droits de la victime, or ces droits ont pour fondement la loi de 1985 et non le droit commun.
La question n'est donc pas encore nettement tranchée.

2. Obstacle à l'exercice d'un recours

Quel que soit le fondement utilisé, la Cour de cassation déclare irrecevable le recours du *solvens* contre le **conjoint** ou les **parents de la victime mineure** et qui seraient coauteurs de l'accident, au motif que l'admission de cette action récursoire aboutirait, en raison de la **communauté de vie** entre ces personnes et la victime, à priver celle-ci d'une réparation intégrale (le responsable et son assureur reprendraient d'une main ce qu'ils ont donné de l'autre). Toutefois, comme ce risque disparaît lorsque ces coauteurs sont assurés, la Cour de cassation a décidé que le recours était possible dans ce cas.

E. Garanties accordées à la victime

Elles existaient avant la loi du 5 juillet 1985, mais ce texte a étendu leur domaine.

1. Obligation d'assurance

Toute personne (autre que l'État), dont la responsabilité civile peut être engagée en raison de **dommages subis par des tiers** et résultant d'**atteintes aux personnes ou aux biens**, dans la réalisation desquels **un véhicule terrestre à moteur est impliqué**, doit, pour faire circuler ce véhicule, être couverte par une assurance garantissant cette responsabilité.
Le contrat d'assurance couvre également la responsabilité civile de toute personne ayant la **garde** ou la **conduite, même non autorisée**, du véhicule (art. L. 211-1 C. assur.).

2. Fonds de garantie (art. L. 421-1 et s. C. assur.)

a) Il est chargé d'indemniser les victimes des dommages résultant d'une **atteinte à leur personne**, à la suite d'un **accident dans lequel est impliqué un véhicule terrestre à moteur**, lorsque :
– le responsable est inconnu ;
– ou n'est pas assuré ;
– ou l'assureur est totalement ou partiellement insolvable.
b) Le fonds de garantie peut également prendre en charge, dans des conditions et limites fixées par décret, les **dommages causés aux biens**, nés d'un accident du même type, lorsque :
– l'auteur du dommage est identifié mais n'est pas assuré ;

– ou l'auteur est inconnu, mais à condition que l'accident ait aussi entraîné des dommages corporels (pour éviter l'éventuelle fraude de la victime qui prétendrait mensongèrement que ses dommages matériels seraient imputables à un inconnu).

§ 5 - LA RESPONSABILITÉ DU FAIT DES PRODUITS DÉFECTUEUX

Transposant en droit français une directive communautaire du 25 juillet 1985, la loi du 19 mai 1998 a inséré dans le Code civil les art. 1386-1 à 18 qui édictent des règles spécifiques pour la responsabilité du fait de produits défectueux. Ces nouvelles dispositions ne font toutefois pas obstacle à l'application d'autres règles plus favorables que la victime pourrait invoquer au titre du droit de la responsabilité contractuelle ou extracontractuelle (art. 1386-18).

A. Conditions de la responsabilité

La loi du 19 mai 1998 instaure une **responsabilité de plein droit du producteur** dès lors que la victime prouve que son dommage a été causé par un **défaut du produit**.

1. Le produit

• Le produit est tout **bien meuble**, même s'il est incorporé dans un immeuble (art. 1386-3). Le texte précise qu'il peut s'agir non seulement d'un bien fabriqué, mais encore d'un produit du sol, de l'élevage, de la chasse ou de la pêche, et que l'électricité est aussi un produit.

• Il faut que le produit ait été **mis en circulation**, c.-à-d. que le producteur s'en soit dessaisi volontairement (art. 1386-5).

2. Le défaut

Le produit est défectueux lorsqu'**il n'offre pas la sécurité à laquelle on peut légitimement s'attendre, compte tenu des circonstances** (art. 1386-4).

3. Le responsable

• Le responsable est le **producteur**, c.-à-d. celui qui, **à titre professionnel, fabrique un produit fini, une partie composante ou produit une matière première**. D'autres personnes sont soumises aux mêmes règles de responsabilité : celui qui se présente comme un producteur, p. ex. en apposant sa marque, et l'importateur dans l'Union européenne (art. 1386-6).

• Si le producteur ne peut être identifié, le vendeur, le loueur ou tout autre fournisseur professionnel est en principe responsable dans les mêmes conditions (art. 1386-7).

• En cas de dommage causé par le défaut d'un produit incorporé dans un autre, le producteur du composant et celui qui a réalisé l'incorporation sont solidairement responsables (art. 1386-8).

4. Le dommage

Le dommage réparable selon les règles des art. 1386-1 et s. est **toute atteinte à la personne ou à un bien** (dans ce dernier cas, si le dommage est supérieur à 500 €), à l'exclusion du produit défectueux lui-même (art. 1386-2). Pour le dommage occasionné à ce produit, il convient de se référer aux règles de responsabilité propres au contrat concerné.

5. La victime

La victime peut être un **contractant** ou un **tiers**. Les règles sont donc uniformes, sans qu'il y ait à distinguer entre responsabilité contractuelle et responsabilité délictuelle (art. 1386-1).

B. Régime

La responsabilité est de plein droit et il suffit à la victime de démontrer **le lien de causalité entre son dommage et le défaut du produit** (art. 1386-9). La responsabilité peut jouer même si le produit a été fabriqué dans les règles de l'art, conformément aux normes existantes ou a fait l'objet d'une autorisation administrative (art. 1386-10).

1. Causes d'exonération

Le producteur peut s'exonérer en démontrant notamment :

a) qu'**il n'avait pas mis le produit en circulation** ou que **le produit n'était pas destiné à la vente ou à la distribution** (art. 1386-11) ;

b) que **le défaut n'existait pas au moment de la mise en circulation du produit**, ou que le défaut existait, mais que **l'état des connaissances ne permettait pas de le déceler** (cette dernière cause est écartée lorsque le dommage a été causé par un élément du corps humain ou un produit qui en est issu ; art. 1386-12) ;

c) la faute de la victime ou d'une personne dont elle est responsable : selon le cas, la responsabilité du producteur est alors réduite ou supprimée (art. 1386-13). En revanche, le fait du tiers n'est pas une cause exonératoire.

2. Nullité des clauses écartant ou limitant la responsabilité

a) Ces clauses sont réputées **non écrites** (art. 1386-15).

b) Elles sont toutefois **valables** si deux conditions sont réunies :

– elles sont conclues entre professionnels ;

– elles ne concernent que les dommages causés aux biens qui ne sont pas utilisés principalement pour la consommation privée.

3. Prescription

La loi instaure une double limite temporelle.

a) La responsabilité du producteur s'éteint **dix ans après la mise en circulation du produit** (sauf en cas de faute ; art. 1386-16).

b) À l'intérieur de ce délai, la victime doit agir dons les **trois ans à dater du jour où elle a eu ou aurait dû avoir connaissance du dommage, du défaut et de l'identité du producteur** (art. 1386-17).

Section 2 › LA MISE EN ŒUVRE DU DROIT DE LA VICTIME

§ 1 – L'EXERCICE DU DROIT DE LA VICTIME

La victime a un **droit à indemnisation**, qui peut être mis en œuvre de deux manières :

• soit elle conclut avec l'auteur du dommage, ou fréquemment son assureur, un contrat qui détermine la responsabilité et fixe le montant de la réparation : c'est une **transaction** ;

• soit, à défaut d'accord sur la responsabilité ou sur le montant de la réparation, elle doit engager une **action en justice**.

Dans tous les cas l'objectif de la victime est l'**indemnisation de son dommage**.

A. Transaction

Définition : l'art. 2044 du Code civil définit la transaction comme « **un contrat par lequel les parties terminent une contestation née, ou préviennent une contestation à naître** ».

Utilité : elle est fréquemment utilisée en matière délictuelle : une partie reconnaît au moins partiellement sa responsabilité et les contractants fixent le montant de la réparation.

Régime :

• Les règles générales sur la formation et les effets des contrats lui sont applicables.

• Toutefois la **loi du 5 juillet 1985** relative à **l'indemnisation des victimes d'accidents de la circulation** contient, à son sujet, un certain nombre de règles précises et impératives (art. L. 211-8 et s. C. assur.)

1. Obligation pour l'assureur de faire une offre de transaction

Lorsque l'accident a causé des **dommages corporels**, l'assureur du véhicule impliqué (ou l'un d'eux mandaté par les autres, s'il y en a plusieurs) doit adresser une offre de transaction à la victime ou, en cas de décès, à ses héritiers et son conjoint.

a) Mentions obligatoires

L'offre doit comprendre tous les éléments du préjudice et donner certaines **informations** à la victime (droit de se faire assister par un avocat, un médecin), sous peine de la **nullité relative** de la transaction à venir.

b) Délai impératif

En cas d'atteinte à la personne, elle doit être faite dans les 8 mois à dater de l'accident.

c) Sanctions

L'assureur s'expose à des sanctions pécuniaires en cas d'**offre tardive** (il devra de plein droit à la victime des intérêts au double du taux légal) ou **manifestement insuffisante** (il devra verser au fonds de garantie une somme proportionnelle à l'indemnité allouée à la victime).

2. Faculté pour la victime de dénoncer la transaction

Elle peut la dénoncer dans les quinze jours de sa conclusion, par lettre recommandée avec avis de réception.

3. Délai de paiement et sanction

Lorsque le montant de l'indemnité a été convenu, l'assureur doit le payer dans le mois qui suit le jour où la transaction est devenue définitive, sous peine d'une majoration du taux légal des intérêts : de moitié durant les deux premiers mois et du double au delà.

B. Action en responsabilité

1. Parties

a) Demandeur

Ce peut être :

– la **victime directe** ;

– les **héritiers de la victime** directe qui exercent **ses droits, recueillis par succession**, et demandent réparation du dommage matériel ou moral qu'elle a subi ;
– les **héritiers** ou **des personnes très proches** (parents non héritiers, concubin), qui ont le droit de demander réparation du **préjudice personnel** — matériel (privation de subsides) ou moral (perte d'un être cher) — que leur cause le décès de la victime directe ;
– les **créanciers** de toutes ces personnes, agissant par voie oblique (v. *infra*, p. 203) ;
– l'**assureur** subrogé dans les droits de la victime (sur la subrogation, v. *infra*, p. 191 et s.) ;
– les associations agréées de consommateurs — représentatives sur le plan national — peuvent agir au nom de plusieurs consommateurs (personnes physiques et identifiées) qui ont subi des préjudices dont l'origine est commune et causés par le même professionnel : c'est **l'action en représentation conjointe** (art. L. 422-1 C. consom.). Pour avoir le droit de l'engager, l'association doit être mandatée par au moins deux des consommateurs concernés.

Sur le droit de certaines personnes morales d'agir en réparation du préjudice causé à l'intérêt collectif qu'elles ont pour objectif de défendre, v. *supra*, p. 115.

b) Défendeur

Il peut s'agir :
– de l'**auteur du dommage** ou ses **héritiers** ;
– de son **assureur** ;
– du **fonds de garantie** dans certains types d'accidents (de circulation, de chasse), notamment lorsque le responsable est **inconnu** ou **non assuré**.

2. Compétence du tribunal

a) Compétence matérielle : application du droit commun

Sont compétents selon le cas : le tribunal d'instance, le tribunal de grande instance (en fonction du montant de la demande), le tribunal de commerce (si l'obligation a un caractère commercial, p. ex., en cas de concurrence déloyale), et les juridictions répressives (si le dommage résulte d'une infraction pénale, v. *infra*, p. 152).

b) Compétence territoriale (art. 46, al. 3 C. pr. civ.)

La victime a le **choix** d'agir devant l'un ou l'autre des tribunaux suivants :
– celui du lieu **où réside le défendeur** ;
– celui dans le ressort duquel le **dommage a été subi** (donc, en cas d'accident, le tribunal du lieu où il s'est produit).

3. Prescription

Art. 2270-1 : **dix ans** à dater de la **manifestation du dommage** ou de son **aggravation**. En cas de blessures, la Cour de cassation a jugé que le délai de prescription court du jour de leur consolidation.

4. Autorité de chose jugée

Les règles du **droit commun** sont applicables.

• L'autorité de chose jugée suppose l'identité de cause, donc si la victime a échoué sur un fondement, p. ex. l'art. 1382, elle peut engager un nouveau procès sur une autre base, p. ex. l'art. 1384, al. 1er.

• L'évaluation du préjudice est **définitive**, mais seulement dans la mesure où le responsable (ou son assureur) ne peut pas en demander la diminution lorsque, contrairement aux prévisions, l'état de la victime **s'est amélioré**. En revanche, la victime peut demander une indemnité supplémentaire si le préjudice **s'est aggravé**, car la jurisprudence estime qu'il y a alors un nouveau préjudice qui doit être réparé.

C. Réparation du dommage

1. Caractère intégral de la réparation

Principe : lorsque le défendeur est déclaré responsable, il est condamné à réparer **l'entier préjudice** de la victime (sauf hypothèse d'un partage).

En cas de **dommage matériel**,

– si la destruction du bien est totale, l'indemnité est en principe égale à la **valeur de remplacement de la chose**, sans abattement pour vétusté ;

– si la chose a été simplement **détériorée**, l'indemnité doit être égale aux frais de remise en état. Mais une difficulté surgit lorsque ces frais sont supérieurs à la valeur de remplacement de la chose. Selon la jurisprudence dominante, la réparation est plafonnée à la **valeur de remplacement**, sauf dans le cas où il n'est pas possible de se procurer un bien équivalent, p. ex. un objet rare, un véhicule de collection : la victime peut alors exiger une indemnité équivalente au coût des réparations.

2. Modalités de la réparation

La réparation s'effectue si possible en **nature** (suppression d'un écrit injurieux, démolition d'un mur), mais plus fréquemment par l'allocation de **dommages et intérêts**.

En cas de **dommage corporel**, l'indemnité est allouée sous forme de **capital** ou de **rente** (cette dernière modalité s'impose en cas d'accident du travail).

3. Date d'évaluation du dommage

Le dommage doit être **évalué au jour du jugement définitif**, non à la date de sa réalisation (avantage pour la victime qui évite les effets de l'érosion monétaire).

4. Point de départ des intérêts

La condamnation à une indemnité emporte, en principe **de plein droit**, intérêts au taux légal **dès le prononcé du jugement** (art. 1153-1) : cette règle est applicable en toute matière.

En cas de condamnation à une indemnité au profit de la **victime d'un accident de la circulation** (L. 5 juill. 1985), le taux légal est majoré de 50 % au bout de deux mois, puis est doublé après quatre mois (à compter du jour de la décision de justice, si elle est contradictoire, sinon du jour de sa notification) (art. L. 211-17 C. assur.).

§ 2 - RAPPORTS ENTRE LES DIFFÉRENTS TYPES DE RESPONSABILITÉ

A. Responsabilité civile et responsabilité pénale

1. Option accordée à la victime

Lorsque la faute civile est aussi une **infraction pénale**, la victime peut agir devant :

- soit le **tribunal civil** ;
- soit le **tribunal pénal** : on dit alors qu'elle se constitue **partie civile** ; mais cela est possible seulement si la prescription de l'action publique (1, 3 ou 10 ans selon le type d'infraction) n'est pas encore écoulée (art. 10 C. pr. pén.).

Avantage de la voie pénale : la victime profite des preuves rassemblées par le ministère public ou le juge d'instruction.

2. Prééminence du criminel sur le civil

a) « Le criminel tient le civil en état » (art. 4 C. pr. pén.)

Même en cas de mise en mouvement de l'action publique, la victime peut engager son action civile devant une juridiction civile, mais celle-ci doit **surseoir à statuer** tant que la juridiction pénale n'a pas définitivement statué sur la culpabilité pénale. L'exercice d'une procédure pénale suspend ainsi le cours de la procédure civile.

b) Autorité sur le civil de la chose jugée au criminel

Le juge civil qui statue sur la faute civile ne doit pas rendre une décision qui serait en contradiction avec ce que le juge pénal a décidé à propos de la faute pénale.

Conséquences :

• **En cas de condamnation par le juge pénal : la faute pénale constitue en même temps une faute civile** (art. 1382) : le juge civil ne peut donc pas refuser d'allouer à la victime des dommages et intérêts, lorsqu'elle prouve son dommage et le lien de causalité avec la faute.

• **En cas de relaxe par un tribunal correctionnel ou de police** la relaxe ne fait pas obstacle à une **condamnation civile sur le fondement d'une responsabilité qui ne suppose pas la preuve d'une faute** (p. ex, art. 1384, al. 1er) ou **sur le fondement d'une faute d'imprudence** (art. 1383). Depuis une loi du 10 juillet 2000, l'application de l'art. 1383 est possible en cas de relaxe concernant un délit intentionnel ou pas. Mais, pour que le juge condamne, sur le fondement de l'art. 1383, la personne relaxée à indemniser la victime, il est nécessaire qu'il déduise des faits une faute civile d'imprudence (art. 4-1 C. pr. pén.).

• **En cas d'acquittement par une cour d'assises** le juge civil ou la cour d'assises elle-même (art. 372 C. pr. pén.) peut condamner l'accusé acquitté à des dommages et intérêts à condition de constater **l'existence d'une faute civile distincte du crime écarté** (faute d'imprudence, p. ex.).

B. Responsabilité délictuelle et responsabilité contractuelle

1. Intérêts de la distinction

Plusieurs différences, qui concernent notamment :

• le **fait générateur :** la responsabilité contractuelle suppose l'inexécution d'un contrat ;

• le **dommage** : en matière contractuelle, seul le dommage prévisible est réparable (du moins en principe : v. *supra*, p. 91) ;

• la **mise en demeure** : elle n'est pas exigée, car elle n'a pas lieu d'être, dans le cas d'un délit ;

• la **prescription** : pour la responsabilité délictuelle, elle est de dix ans (art. 2270-1) ; pour la responsabilité contractuelle, trente ans en principe, mais existent de nombreux cas de prescriptions plus courtes ;

• les **conventions supprimant ou limitant la responsabilité** : en matière délictuelle, elles sont en règle générale nulles, lorsqu'elles ont été convenues avant la réalisation du dommage (sur leur validité en matière contractuelle, v. *supra*, p. 96) ;

• la **juridiction territorialement compétente** (art. 46 C. pr. civ.) : si le litige concerne un contrat, le demandeur peut saisir le tribunal du lieu où réside le défendeur, celui du lieu de la livraison effective de la chose ou du lieu d'exécution de la prestation de service ; sur le choix en matière délictuelle, v. *supra*, p. 151.

2. Domaines respectifs

Principe : tout ce qui n'est pas contractuel est délictuel. Lorsque les conditions de la responsabilité contractuelle sont réunies, seules les règles relatives à cette responsabilité sont applicables ; la responsabilité extracontractuelle régit les autres situations.

a) Domaine de la responsabilité contractuelle

La responsabilité contractuelle suppose la réunion de trois conditions : un contrat valablement conclu, l'inexécution d'une obligation de ce contrat et un litige opposant les contractants.

• Un contrat valablement conclu

La responsabilité est donc **extracontractuelle :**

– **en l'absence d'accord de volontés**. Toutefois, selon des décisions de justice, celui qui subit un dommage en aidant bénévolement quelqu'un peut se prévaloir de la responsabilité contractuelle de cette personne en invoquant une **convention d'assistance** ;

– si le contrat est **nul** ;

– si le fait à l'origine de la responsabilité est **précontractuel** (rupture abusive de pourparlers, v. *supra*, p. 35) ou **postcontractuel**.

• L'inexécution d'une obligation née du contrat

Il peut évidemment s'agir d'une obligation clairement convenue par les parties ou d'une obligation que la jurisprudence a déduite du contrat, telle l'obligation de sécurité pesant sur le transporteur. Par ex., la responsabilité du transporteur à l'égard du voyageur est contractuelle quand un accident se produit au cours du transport ; en revanche, elle est soumise aux règles de la responsabilité délictuelle, lorsque le dommage survient en dehors de l'exécution du contrat de transport (p. ex. l'accident dans une gare). De même, est délictuelle la responsabilité d'un commerçant pour les dommages que subissent les clients à cause d'une déficience dans l'organisation ou le fonctionnement de son magasin ouvert au public (p. ex., le préjudice moral subi par d'un client qu'interpellent des surveillants après le déclenchement intempestif d'une sonnerie de contrôle).

• Les effets de l'inexécution d'une obligation contractuelle dans les rapports entre les contractants

Principes : pour que la responsabilité soit contractuelle, il faut aussi que l'inexécution soit envisagée uniquement dans le cadre des rapports entre les contractants.

En conséquence, la responsabilité des contractants à l'égard des tiers et la responsabilité des tiers à leur égard (cas du tiers qui aide un contractant à violer ses obligations et se fait ainsi son complice) est délictuelle (principe de l'effet relatif, v. *supra*, p. 77), sauf mécanisme particulier (stipulation pour autrui, p. 81).

La nature de la responsabilité a soulevé des difficultés particulières à propos des **actions directes**.

Difficultés concernant les actions directes :

– **Définition de l'action directe :** l'action directe, que la loi ou la jurisprudence accorde dans certains cas à un créancier (ici la victime), lui permet d'agir directement contre un débiteur de son débiteur, c.-à-d. une personne avec laquelle il n'a pas conclu de contrat. L'action directe peut, selon le cas, permettre à celui qui l'exerce d'obtenir un paiement, de bénéficier d'une garantie ou de se prévaloir d'une responsabilité.

– **Action directe en cas de chaîne ou de groupe de contrats :** dès la fin du XIXe siècle, la Cour de cassation avait admis que le sous-acquéreur pouvait exercer une **action directe** en **garantie**, notamment des vices cachés de la chose vendue, contre un vendeur antérieur, avec lequel il n'avait donc pas contracté. Mais la cour n'avait pas précisé quelle était la nature — contractuelle ou délictuelle — de l'action, l'intérêt de cette première jurisprudence étant de reconnaître au profit du sous-acquéreur une action directe pour éviter les inconvénients de l'action oblique (v. *infra*, p. 203). Par la suite, la technique de l'action directe s'est étendue aux **actions en responsabilité**, et le problème de la nature de la responsabilité s'est posé dans diverses hypothèses concernant deux personnes qui ont conclu des contrats formant une chaîne ou un groupe, mais qui ne sont pas parties au même acte.

– **Nature de l'action directe en cas de chaîne ou de groupe de contrats :** l'évolution de la jurisprudence peut se diviser entre quatre étapes principales.

1re étape : en 1979, la première chambre civile de la Cour de cassation a précisé que l'action directe du sous-acquéreur contre un vendeur antérieur était de « **nature nécessairement contractuelle** » (ce qui exclut tout cumul ou option) : la nature contractuelle a ainsi été retenue d'abord à propos d'une **chaîne homogène de contrats**, c.-à-d. d'une suite de contrats du même type (ici succession de **ventes du même objet**).

1re vente (p. ex. de tuiles) — **2e vente** (des mêmes tuiles)

A ———————— **B** **B** ———————— **C**

(vendeur) (acquéreur-revendeur) (sous-acquéreur)

L'action de **C** contre **A** est contractuelle.

2e étape : puis, en 1986, l'Assemblée plénière de la Cour de cassation a étendu la même solution à une **chaîne hétérogène de contrats** : elle attribue une nature contractuelle à l'action qu'exerce le maître d'ouvrage (celui envers lequel un entrepreneur s'engage à fournir un ouvrage) contre le fabricant ou le fournisseur de produits (ici, à la vente entre fournisseur et entrepreneur succède un contrat d'entreprise entre celui-ci et le maître d'ouvrage).

Vente (de tuiles) — **Contrat d'entreprise** (en exécution duquel les tuiles sont incorporées à un bâtiment)

A ———————— **B** **B** ———————— **C**

(vendeur) (acquéreur-constructeur) (maître d'ouvrage)

L'action de **C** contre **A** est contractuelle.

Dans ces deux cas, la solution peut s'expliquer par l'idée d'**accessoire**, puisque tous les contrats concernés emportaient transfert du même bien : **la créance de garantie est un accessoire attaché à ce bien et se transmet donc avec lui** (l'Ass. plén. affirme que « le maître de l'ouvrage, comme le sous-acquéreur, jouit de tous les droits et actions **attachés à la chose** qui appartenait à son auteur »).

3e étape : la première chambre civile de la Cour de cassation était allée plus loin en 1988 en décidant que, « dans un groupe de contrats, la responsabilité contractuelle régit nécessairement la demande en réparation de tous ceux qui n'ont souffert du dommage que parce qu'ils avaient un lien avec le contrat initial ». En l'espèce, fut déclarée contractuelle l'action engagée par une compagnie aérienne contre le fabricant d'une pièce de tracteur appartenant à une société d'assistance aéroportuaire et dont la rupture avait endommagé un aéronef.

À la différence des précédentes hypothèses, le dernier contrat (convention d'assistance aéroportuaire) n'emportait pas transmission du bien, puisqu'il avait seulement pour objet une prestation de services.

Dans cette conception extensive de la responsabilité contractuelle, il suffisait que le demandeur et le défendeur aient conclu des conventions qui s'intégraient dans un **groupe de contrats**, et peu importait que l'objet du dernier contrat soit seulement une prestation de services et n'emporte pas transmission du bien.

Cette extension, qui a donné lieu à des interrogations (que faut-il entendre par « groupe de contrats » ? Quel est le régime de l'action directe contractuelle ?), n'avait pas été acceptée par la troisième chambre civile de la Cour de cassation.

4e étape : en raison de ce conflit entre les deux chambres, l'Assemblée plénière a été saisie à nouveau. Son arrêt du 12 juillet 1991 (*Besse*, *D.* 1991, 549, note Ghestin) consacre, à propos d'une sous-traitance, la position de la troisième chambre. L'opération de sous-traitance suppose que le maître de l'ouvrage contracte avec un entrepreneur (contrat d'entreprise), puis que ce dernier charge un autre entrepreneur d'effectuer une partie du travail (c'est la sous-traitance elle-même). L'Assemblée plénière juge que **l'action directe du maître de l'ouvrage contre un sous-traitant qui a effectué des travaux défectueux n'est pas contractuelle**. La décision se fonde sur l'art. 1165 C. civ., qui affirme le principe de l'**effet relatif des contrats**. Dans cette affaire, l'obligation invoquée contre le défendeur avait pour source l'**inexécution défectueuse des travaux** et non la garantie attachée à une chose.

Contrat d'entreprise		**Sous-traitance**	
A ————————	**B**	**B** ————————	**C**
(maître d'ouvrage)	(entrepreneur principal)		(sous-traitant)

L'action de **A** contre **C** est extracontractuelle

Portée de l'arrêt de 1991 :

– Il brise la jurisprudence de 1988, fondée sur la notion de groupe de contrats. En particulier, l'action du maître d'ouvrage contre un sous-traitant auquel on reproche des travaux défectueux est maintenant considérée comme délictuelle.

– En revanche, il ne remet pas en cause la solution retenue en 1986 par la même juridiction. L'action du sous-acquéreur contre un précédent vendeur ou le fabricant reste donc contractuelle. **L'Assemblée plénière cantonne la nature contractuelle de l'action directe aux seuls cas dans lesquels cette action se transmet à titre d'accessoire d'une chose**, c.-à-d. dans les chaînes de contrats qui entraînent un **transfert de propriété**.

La **Cour de justice des Communautés européennes** a adopté, à propos de l'art. 5-1° de la Convention de Bruxelles du 27 sept. 1968 (qui a été transformée en règlement communautaire le 22 déc. 2000), relative à la compétence judiciaire, une **position différente** : en interprétant cet article, qui prévoit une règle particulière de compétence pour la « matière contractuelle », la cour considère que l'action d'un sous-acquéreur contre le fabricant est extracontractuelle, puisqu'« **il n'existe entre eux aucun lien contractuel…, le fabricant n'ayant assumé aucune obligation de nature contractuelle envers le sous-acquéreur** ». Cette position est celle qu'adoptent la plupart des pays européens.

b) Principe du non-cumul

- **Énoncé.** Le créancier qui se plaint de l'inexécution d'un contrat n'a pas de choix : il doit se prévaloir uniquement des règles de la **responsabilité contractuelle**, et les art. 1382 et s. sont dans ce cas inapplicables. Ni le cumul ni l'option ne sont possibles.

- **Lorsque l'inexécution du contrat constitue en même temps une infraction pénale**, la victime peut demander réparation de son dommage en s'adressant aux juridictions répressives ; mais celles-ci estiment que la faute pénale constitue une faute délictuelle (art. 1382) et, par conséquent, elles appliquent toujours les règles de la responsabilité délictuelle et non celles de la responsabilité contractuelle.

C. Relations entre les différentes responsabilités civiles délictuelles

1. Responsabilité pour faute et responsabilité sans faute

La jurisprudence décide que l'**action fondée sur l'art. 1382** (responsabilité pour faute) et **celle qui s'appuie sur l'art. 1384, al. 1er** (présomption de responsabilité) ont des **causes différentes** ; en conséquence, la décision qui statue sur l'une **n'a pas l'autorité de chose jugée** à l'égard de l'autre. La solution peut être étendue à toute hypothèse dans laquelle est concernée une action fondée sur une quelconque présomption de responsabilité.

2. Responsabilités différentes, fondées sur une présomption

a) Rapports entre différentes responsabilités du fait des choses

Si les conditions d'une **responsabilité spéciale**, propre au fait de certaines choses (téléphérique, aéronef, p. ex.) sont réunies, seules les règles de cette responsabilité sont applicables : p. ex., en cas d'**accident de la circulation**, la responsabilité du conducteur ou du gardien d'un véhicule terrestre à moteur est régie par les seules dispositions de la loi du 5 juillet 1985.

b) Rapports entre différentes responsabilités du fait d'autrui

La Cour de cassation a posé en 1981 le principe selon lequel « **les différentes responsabilités du fait d'autrui ne sont pas cumulatives, mais alternatives** ». Cela signifie que la victime n'a pas de choix. P. ex., selon la personne sous l'autorité de laquelle se trouvait l'enfant au moment des faits, il y a lieu de retenir la responsabilité de ses parents (art. 1384, al. 4), de l'État (accident scolaire, art. 1384, al. 6) ou de l'artisan (art. 1384, al. 6), **qui ne peuvent pas être déclarés responsables en même temps**. Cette solution est toutefois critiquée.

c) Rapports entre responsabilité du fait des choses et responsabilité du fait d'autrui

• En principe, **une personne ne peut pas être à la fois un préposé et le gardien d'une chose** : si donc un préposé agit dans l'exercice de ses fonctions, **seul son commettant est gardien** et responsable sur le fondement de l'art. 1384, al. 1er (la responsabilité du préposé peut aussi être engagée, mais seulement pour faute personnelle : art. 1382).

• En revanche, la Cour de cassation a jugé qu'**un enfant peut être gardien de la chose** qui a causé le dommage, même lorsque les conditions de la responsabilité de ses père et mère sont réunies. Donc la responsabilité personnelle de l'enfant gardien (art. 1384, al. 1er) peut se cumuler avec celle de ses parents (art. 1384, al. 4).

POUR ALLER PLUS LOIN

BIBLIOGRAPHIE :

› F. Terré, Ph. Simler et Y. Lequette, *Droit civil. Les obligations*, Dalloz, coll. « Précis », 9e éd., 2005, nos 673 à 1025.

› H. Capitant, F. Terré et Y. Lequette, *Grands arrêts de la jurisprudence civile*, t. 2, *Obligations, Contrats spéciaux, Sûretés*, Dalloz, coll. « Grands arrêts », 11e éd., 2000 (12e éd. à paraître en 2008), en particulier nos 186 (la faute), 193 et 194 (le fait de la chose), 211-215 (la responsabilité du commettant), 218-219 (la responsabilité du fait d'autrui).

› G. Viney, *Introduction à la responsabilité*, LGDJ, 3e éd., 2008.

› J. Ghestin, P. Jourdain et G. Viney, *Les conditions de la responsabilité ; Les effets de la responsabilité*, LGDJ, 3e éd., 2006.

Chapitre 2 › LES QUASI-CONTRATS

Définition donnée dans l'article 1371 : « **Les quasi-contrats sont les faits purement volontaires de l'homme, dont il résulte un engagement quelconque envers un tiers, et quelquefois un engagement réciproque des deux parties** ».
- à la **différence des contrats**, il n'y a pas d'accord de volontés ;
- à la **différence des délits et quasi-délits**, ce sont des faits licites.

Cas : le droit français distingue trois quasi-contrats principaux : la **gestion d'affaires**, le **paiement de l'indu** et l'**enrichissement sans cause**. Les deux premiers sont réglementés dans le Code civil. En revanche, le Code n'a fait du troisième que des applications particulières, et c'est la jurisprudence qui a opéré une généralisation en affirmant l'existence du principe selon lequel nul ne doit s'enrichir sans cause aux dépens d'autrui.
À côté de ces trois cas principaux, on rencontre parfois des obligations quasi-contractuelles plus spéciales : ainsi, par arrêt du 6 septembre 2002 (*D.* 2002, 2963, note Mazeaud), une chambre mixte de la Cour de cassation a jugé que l'organisateur d'une loterie qui annonce à une personne un gain sans mettre en évidence l'existence d'un aléa s'oblige, par ce fait purement volontaire, à le délivrer.

Section 1 › LA GESTION D'AFFAIRES

On est en présence d'une gestion d'affaires, lorsqu'une personne — le **gérant** — qui n'est pas tenue d'agir en vertu d'un mandat, de la loi ou d'une décision de justice, accomplit néanmoins **un acte** dans **l'intérêt** et **pour le compte d'un tiers** — le **maître de l'affaire**. P. ex., une personne fait des réparations urgentes à l'immeuble d'un voisin qui n'est pas sur les lieux, paie les obsèques d'un ami qui décède sans héritier connu.
La gestion d'affaires, régie par les art. 1372 et s. du Code civil, est une **source d'obligations** pour le maître de l'affaire qui devra indemniser le gérant mais aussi pour celui-ci, qui en particulier est tenu d'accomplir la gestion en bon père de famille. Les obligations qui résultent de ce quasi-contrat se rapprochent de celles qui découlent d'un mandat (aussi parle-t-on parfois de **quasi-mandat**).
Deux idées fondamentales caractérisent la gestion d'affaires :
- **ne pas défavoriser les actes d'altruisme** : en conséquence, le gérant doit au moins être indemnisé ;
- **ne pas favoriser l'immixtion dans les affaires d'autrui** : c'est ce qui explique que le gérant peut se prévaloir des règles de la gestion d'affaires seulement si l'acte de gestion a été utile pour le maître.

§ 1 - LES CONDITIONS DE LA GESTION D'AFFAIRES

A. Conditions relatives aux parties

1. Le gérant d'affaires

a) Son intervention doit être volontaire et spontanée, c.-à-d. qu'il agit sans être tenu d'une obligation préexistante, découlant d'un contrat (mandat), de la loi (p. ex., dans le cadre d'une tutelle) ou d'une décision de justice (p. ex., en vertu d'une habilitation judiciaire d'un époux à représenter son conjoint : art. 219).

b) Il doit avoir l'intention de gérer les affaires d'autrui : s'il croit agir pour son propre compte, alors qu'en réalité il rend involontairement service à un tiers (p. ex., une personne répare un immeuble en croyant qu'elle en a hérité), ce n'est pas une gestion d'affaires, mais il peut y avoir enrichissement sans cause.

La gestion d'affaires suppose donc de la part du gérant un acte d'**altruisme**.

c) Selon un point de vue, il doit être capable de s'engager par contrat, mais cette exigence est discutée.

2. Le maître

a) Aucune condition de capacité n'est exigée.

b) Il ne faut pas qu'il ait donné son accord, sinon on serait en présence d'un véritable mandat. Il ne doit pas non plus avoir exprimé son opposition au gérant : en effet, celui qui gère les affaires d'une autre personne, en dépit de l'opposition de celle-ci, commet un délit engageant sa responsabilité (art. 1382) et ne peut pas se prévaloir des règles de la gestion d'affaires.

B. Conditions relatives à l'acte de gestion

1. Types d'actes de gestion

L'acte de gestion peut être :

a) un **acte matériel** (le gérant répare lui-même l'immeuble de son voisin) ou **juridique** (le gérant conclut un contrat avec un entrepreneur qui se charge de réparer cet immeuble) ;

b) un **acte conservatoire, d'administration** ou même de **disposition** (vente de denrées périssables) ;

c) un acte **isolé** ou un **ensemble** d'actes.

2. Caractère utile

La condition essentielle est l'**utilité** de l'acte pour le maître ; cela s'explique par le souci d'éviter les immixtions intempestives dans les affaires d'autrui.

§ 2 - LES EFFETS DE LA GESTION D'AFFAIRES

A. Obligations du gérant envers le maître

En principe, ce sont celles du **mandataire** (art. 1372, al. 2).

a) Il doit agir en **bon père de famille** (art. 1374, al. 1er) et engage sa **responsabilité** s'il a commis une **faute quelconque**.

b) Il doit continuer la gestion **jusqu'à son terme**, c.-à-d. jusqu'à ce que le maître ou ses héritiers soient en état d'y pourvoir (art. 1373).

c) Il doit **rendre compte de sa gestion** au maître.

B. Obligations du maître de l'affaire envers le gérant

a) Il doit **rembourser** au gérant **toutes les dépenses** qui étaient **utiles** ou **nécessaires** au moment où elles ont été engagées (peu importe que l'utilité ait ultérieurement disparu ; p. ex., après avoir été réparé, un toit est détruit par une violente tempête : le maître devra quand même indemniser le gérant qui s'était chargé des travaux).

b) Il doit **payer les intérêts légaux** à compter du jour des avances (art. 2001).

C. Obligations de l'un et de l'autre à l'égard des tiers

a) Si le **gérant** a traité envers les tiers en **son nom personnel**, il est seul engagé envers eux.

b) S'il a déclaré agir **pour le compte du maître**, il n'est pas obligé envers les tiers, et seul le maître l'est (du moins si la gestion a été utile ou si le maître l'a ratifiée).

Section 2 › LE PAIEMENT DE L'INDU

Le principe de la restitution de l'indu est énoncé dans l'art. 1235, al. 1er : « **Tout paiement suppose une dette : ce qui a été payé sans être dû est sujet à répétition** », c.-à-d. à remboursement.

Le régime du paiement de l'indu est précisé dans les art. 1376 et s. : celui qui a reçu le paiement (***accipiens***) est tenu à rembourser celui qui a payé à tort (***solvens***). On l'a parfois appelé un **quasi-prêt**.

Fondement :

– dans la **théorie de la cause** : le paiement indu n'a pas de cause et doit être annulé ;

– d'après l'opinion dominante aujourd'hui, plutôt dans la théorie de l'**enrichissement sans cause**, dont le paiement de l'indu serait une application soumise à des règles particulières.

§ 1 - LES CONDITIONS DU PAIEMENT DE L'INDU

Le *solvens* doit prouver que son **paiement** était **indu**.

A. Un paiement indu

Le **paiement**, au sens juridique, est le plus souvent la remise d'une somme d'argent, mais il peut s'agir exceptionnellement de l'exécution d'une prestation quelconque.

Caractère indu : différents cas se présentent.

a) L'indu objectif : la dette n'existe pas ou n'existe plus (**indu absolu**) ou, plus souvent, le *solvens* a trop payé (**indu relatif**).

b) L'indu subjectif : la dette existe, mais non dans les rapports entre le *solvens* et l'*accipiens* ; il y a erreur sur la personne du créancier ou du débiteur.

Il n'y a pas d'indu si le *solvens* s'acquitte volontairement d'une obligation naturelle (*supra*, p. 8), d'une dette non encore échue (puisqu'elle existe bien) ou lorsque le paiement avait été fait en vue d'une libéralité ou d'une transaction (p. ex., parce que la dette était douteuse).

B. La question de l'erreur du *solvens*

Le ***solvens*** doit-il avoir payé par **erreur ?**

Pendant longtemps la jurisprudence exigeait en principe que le *solvens* prouve son erreur. Actuellement elle distingue deux situations, dont la première a une portée générale.

1. Dans tous les cas où celui qui a reçu le paiement n'était pas créancier - parce que la dette n'existait pas ou parce que le *solvens* était bien débiteur, mais d'une autre personne - les art. 1235 et 1376 n'exigent pas d'autre condition que le paiement indu.

Pourquoi ? parce que le droit au remboursement découle uniquement du caractère indu du paiement : le fondement de l'obligation de restituer réside dans l'absence de cause du paiement et non dans un vice du consentement (erreur) du *solvens*. L'Assemblée plénière de la Cour de cassation en a conclu que **le *solvens* n'a pas à prouver son erreur** : dès lors que le paiement était indu, le *solvens* « est en droit, sans être tenu à aucune autre preuve, d'en obtenir la restitution » (2 avr. 1993 : *D*. 1993, 373, concl. Jéol ; *Grands arrêts*, n° 226).

2. Dans l'hypothèse où l'accipiens était bien créancier, celui qui a payé sans être le débiteur doit prouver son erreur. Cette condition est requise dans ce cas particulier par l'art. 1377 (« Lorsqu'une personne qui, **par erreur**, se croyait débitrice »...).

Justification : si quelqu'un règle une dette en sachant qu'il n'en est pas le débiteur, son acte peut s'expliquer par l'intention d'accorder un prêt au véritable débiteur ou de lui faire indirectement une donation en payant à sa place ; de plus, comme de son côté le créancier attendait le paiement, on comprend qu'il ait pu l'accepter d'une autre personne que son débiteur en pensant que le règlement était effectué pour le compte de celui-ci. Par conséquent, pour exiger la restitution, le *solvens* doit démontrer qu'il a payé sans être animé par le souci de gérer l'affaire d'autrui ni par une intention libérale, c.-à-d. que, en définitive, c'est bien par erreur qu'il a effectué ce paiement.

C. L'incidence d'une faute du *solvens*

Lorsque le *solvens* a commis une **faute**, notamment parce qu'il a payé, sans prendre de précautions élémentaires, un *accipiens* qui n'a fait que recevoir ce qu'un tiers lui devait (indu subjectif), la Cour de cassation lui refuse en principe l'exercice de l'action en répétition. Toutefois, dans certains cas, elle a admis cette action, mais en permettant à l'*accipiens* de faire une **demande reconventionnelle** sur le fondement de l'art. 1382 (la faute du *solvens* cause un dommage à l'*accipiens* en l'obligeant à restituer) : une compensation s'opère alors entre les deux créances.

§ 2 – LES EFFETS DU PAIEMENT DE L'INDU : LA RÉPÉTITION

- L'*accipiens* doit **restituer** ce qu'il a reçu ou son équivalent si la chose a disparu ; c'est la **répétition de l'indu.**
- S'il est de **mauvaise foi**, c.-à-d. savait qu'il n'était pas créancier, il doit en outre restituer **tous les fruits ou intérêts** qu'il a perçus. En revanche, l'*accipiens* de bonne foi n'est tenu des intérêts qu'à compter du jour de la demande de remboursement.

• L'*accipiens*, de bonne ou mauvaise foi, a droit au **remboursement des dépenses utiles** ou **nécessaires** qu'il a pu faire.

Section 3 › L'ENRICHISSEMENT SANS CAUSE

Le Code civil n'a pas prévu de règle à portée générale concernant l'enrichissement sans cause, en vertu de laquelle celui qui s'est enrichi sans cause ou injustement au détriment d'autrui serait tenu d'une obligation d'indemnisation ; seules des applications particulières sont envisagées par le Code (p. ex., l'art. 555, en cas de construction sur le terrain d'autrui, ou les art. 1376 à 1381, relatifs au paiement de l'indu).

C'est la Cour de cassation qui a consacré, en 1892, dans l'arrêt *Patureau c. Boudier*, *Grands arrêts*, n° 227, le principe d'une obligation de restitution en cas d'enrichissement sans cause, en reconnaissant à l'appauvri le droit d'exercer une action *de in rem verso* (c.-à-d. en restitution), « dérivant d'un principe d'équité qui défend de s'enrichir au détriment d'autrui ». L'arrêt ajoutait que l'exercice de cette action « n'est soumis à aucune condition déterminée ». Ultérieurement la jurisprudence a assujetti cette action à des **conditions strictes** afin que l'équité ne soit pas trop facilement utilisée pour écarter les règles de droit et porter atteinte à la sécurité des contrats.

§ 1 - CONDITIONS DE L'ENRICHISSEMENT SANS CAUSE

A. Conditions matérielles

Il faut un **déplacement de valeur** entre deux patrimoines.

1. Enrichissement de l'un

L'enrichissement est un gain quelconque, c.-à-d. une acquisition, une plus-value, l'usage d'une chose ou même une diminution du passif (p. ex., l'extinction d'une dette).

2. Appauvrissement de l'autre

L'appauvrissement consiste en toute perte qui peut être appréciée en argent, p. ex., une dépense quelconque, un travail ou un service non rémunéré, etc.

3. Corrélation entre l'enrichissement et l'appauvrissement

a) La corrélation peut être directe ; p. ex., une concubine, par son travail non rémunéré, enrichit le patrimoine de son compagnon.

b) Elle peut être indirecte, c.-à-d. que le déplacement de valeur s'opère par l'intermédiaire du patrimoine d'un tiers.

Exemples :

• Un fermier achète des engrais sans les payer : le propriétaire des terres s'est enrichi au détriment du marchand par l'intermédiaire du fermier (aff. *Patureau*).

• Un homme et sa sœur vivent ensemble ; la sœur fait des achats pour la vie commune, mais ne les paie pas : le commerçant créancier peut agir contre le frère (aff. jugée par la Cour de cass. en 1901).

B. Conditions juridiques

1. Absence de cause

a) Notion

La cause est tout **titre juridique** qui justifie le déplacement de valeur : chaque fois qu'une personne s'est appauvrie en vertu de la **loi**, d'un **acte juridique** (vente à vil prix, donation) ou d'un **jugement**, elle ne peut pas exercer l'action *de in rem verso*. Toutefois, si elle s'est appauvrie en fournissant à l'enrichi des prestations qui excédent les exigences de la loi, d'un contrat, d'une décision de justice ou d'un devoir moral, elle a la possibilité d'exercer cette action (époux qui est allé au-delà de l'obligation de contribuer aux charges du ménage ; enfant qui a apporté à ses parents une aide et une assistance dépassant les exigences de la piété filiale).

b) Présomption de cause

La **cause se présume** : il appartient donc à l'appauvri de démontrer que l'enrichissement n'a pas de cause.

c) Déchéance

Selon la jurisprudence, l'appauvri ne peut pas se prévaloir des règles de l'enrichissement sans cause — même si son appauvrissement ne résulte pas d'un acte juridique, de la loi ou d'un jugement — dès lors qu'il a agi :

– à ses **risques et périls**, dans l'espoir d'obtenir un **avantage personnel**,

– ou a commis une **faute d'une certaine gravité** (garagiste qui fait d'importants travaux qu'on ne lui avait pas demandés). En revanche, une faute d'imprudence ou une simple négligence n'empêche pas l'exercice de l'action.

2. Caractère subsidiaire de l'action d'enrichissement sans cause

La subsidiarité de l'action *de in rem verso* signifie notamment que cette action ne peut pas être intentée pour suppléer une autre action née d'un contrat, d'un délit, d'un quasi-contrat ou de la loi, qu'un **obstacle de droit** (p. ex., la prescription) empêche d'exercer.

Plus précisément l'action *de in rem verso* est irrecevable dans trois situations.

a) Il en est d'abord ainsi lorsque **l'appauvri dispose d'une autre voie de droit contre l'enrichi** ; il lui appartient alors d'exercer cette voie.

b) Le recours à l'action *de in rem verso* est également exclu dans le cas où l'appauvri aurait pu utiliser une autre action, mais dont l'exercice **se heurte à une cause d'irrecevabilité ou à tout autre obstacle de droit**, p. ex. une prescription, une déchéance, l'effet de l'autorité de la chose jugée ou l'impossibilité de produire les modes de preuve exigés par la loi. L'action *de in rem verso* ne doit pas servir à tourner les règles normalement applicables à la situation concernée.

c) En cas de **corrélation indirecte**, l'appauvri doit d'abord s'adresser à la personne par l'intermédiaire de laquelle l'enrichissement s'est produit (action ordinairement de nature contractuelle), et ce n'est que s'il se heurte à l'**insolvabilité** de cette personne qu'il pourra engager une action contre l'enrichi.

§ 2 – LES EFFETS DE L'ACTION D'ENRICHISSEMENT SANS CAUSE

• **Principe :** rétablir l'équilibre faussé par le déplacement de valeur. Il ne faut pas que l'appauvri reçoive plus que ce dont il s'est appauvri (sinon il s'enrichirait à son tour),

ni que l'enrichi rembourse plus que le montant de son enrichissement (sinon il s'appauvrirait).
Donc, si le montant de l'enrichissement diffère de celui de l'appauvrissement, l'enrichi ne devra que **la plus faible des deux sommes.**
• **Date de l'évaluation** : l'enrichissement doit encore exister **au jour de la demande** : s'il a disparu, la demande est rejetée (différence avec la gestion d'affaires).

POUR ALLER PLUS LOIN

BIBLIOGRAPHIE :

› F. Terré, Ph. Simler et Y. Lequette, *Droit civil. Les obligations*, Dalloz, coll. « Précis », 9e éd., 2005, nos 1026 à 1074-1.
› H. Capitant, F. Terré et Y. Lequette, *Grands arrêts de la jurisprudence civile*, t. 2, *Obligations, Contrats spéciaux, Sûretés*, Dalloz, coll. « Grands arrêts », 11e éd., 2000 (12e éd. à paraître en 2008), en particulier nos 226 (répétition de l'indu) et 227 (enrichissement sans cause).

EXEMPLES DE SUJETS D'EXAMENS :

Dissertations :

› Le fait causal, Université Montesquieu-Bordeaux IV, 2005-2006 (*Annales Droit civil des obligations 2007*, Dalloz, p. 181)
› Le dommage incertain, Université Montesquieu-Bordeaux IV (Agen), 2002-2003 (*Annales Droit civil des obligations 2007*, Dalloz, p. 189)
› Les choses dangereuses, Université Montesquieu-Bordeaux IV (Agen), 2005 (*Annales Droit civil des obligations 2006*, Dalloz, p. 159)
› L'enfant dans la responsabilité civile délictuelle et quasi-délictuelle, Université Panthéon-Assas (Paris II), 2005 (*Annales Droit civil des obligations 2006*, Dalloz, p. 189)

Seconde partie

LES RÈGLES COMMUNES AUX OBLIGATIONS, INDÉPENDAMMENT DE LEUR SOURCE

Quelle que soit leur source (contrat, délit ou quasi-délit, quasi-contrat, loi), les obligations obéissent à un ensemble de règles qui leur sont communes.

Les unes concernent le **rapport d'obligation pris en lui-même**.

Il s'agit :

– d'une part, des **modalités particulières** qui peuvent concerner son exigibilité ou même son existence (terme, condition) ou encore qui résultent de la pluralité d'objets, de créanciers ou de débiteurs pour la même obligation (solidarité, p. ex.) ;

– d'autre part, des mécanismes par lesquels les obligations peuvent **se transmettre** (cession de créance) et **s'éteindre** (le paiement est le mode normal et attendu d'extinction).

Les autres sont relatives à la **protection du droit du créancier** : ce droit peut en effet faire l'objet de diverses mesures de protection, notamment sur le patrimoine du débiteur.

Titre 1

LE RAPPORT D'OBLIGATION

Indépendamment de sa source, le rapport d'obligation peut présenter certaines **modalités**.

Comme l'obligation a une valeur économique elle est en principe **cessible**.

Elle est destinée à **s'éteindre par la satisfaction du créancier**, mais d'autres circonstances peuvent y mettre fin.

Chapitre 1 > LES MODALITÉS DES OBLIGATIONS

L'obligation peut être **pure et simple** ou présenter une **modalité particulière**.

• Certaines modalités font intervenir le facteur **temps** en liant le sort de l'obligation à un **événement futur**, soit certain (c'est le cas du terme) soit incertain (c'est la condition).

• D'autres portent sur l'aspect **quantitatif** de l'obligation qui peut avoir plusieurs objets ou plusieurs sujets : en ce cas, on dit qu'elle est **plurale**.

Section 1 > LE TERME ET LA CONDITION

Le terme et la condition concernent soit l'**exigibilité** ou la **durée** de l'obligation (terme), soit son **existence** même (condition).

§ 1 - LE TERME

Définition : le terme est un événement **futur**, mais **certain**, et dont **dépend l'exigibilité** ou la **durée de l'obligation**.

Plusieurs types de terme se distinguent.

1. Différence quant à la date de l'événement

• Le terme peut avoir une **date certaine** : cela signifie qu'elle est connue à l'avance (on parle parfois de terme certain, mais l'expression est mal choisie puisque, par définition, le terme est toujours certain, et ce que l'on veut dire est plus exactement que sa date est certaine) ;

• le terme peut avoir une **date incertaine** : l'événement est bien certain, mais sa date est inconnue, p. ex. le décès d'une personne.

2. Différence quant à l'effet de l'événement

• **Terme suspensif** : c'est un événement dont la réalisation rendra l'obligation exigible. Avant l'arrivée du terme, l'obligation existe bien, mais son exécution ne peut pas être exigée. P. ex., l'acheteur promet de payer à la fin du mois.

• **Terme extinctif** : c'est un événement dont la réalisation mettra fin à l'obligation. P. ex., un contrat à exécution successive prendra fin à telle date. Ce terme est une cause d'extinction des obligations.

3. Différence quant à la source du terme

Le terme peut être d'origine **conventionnelle**, **judiciaire** ou **légale**.

A. Terme conventionnel

Il résulte de la convention des parties.

1. Modalités

a) Terme exprès ou tacite

• **Terme exprès** : c'est le terme stipulé dans un acte.

• **Terme tacite** : on est en présence d'un terme tacite lorsque, compte tenu des circonstances, l'obligation ne peut pas être exécutée immédiatement, p. ex. parce qu'elle suppose l'accomplissement d'un travail ou en raison de la distance.

b) Bénéficiaire du terme

En général, le terme est stipulé au **profit du débiteur**, et la loi (art. 1187) présume qu'il en est ainsi. Toutefois il peut en être autrement soit en vertu d'une stipulation du contrat soit en raison des circonstances.

Ainsi il est parfois présumé que le terme est stipulé :

• **en faveur du créancier** (p. ex., en cas de dépôt, le terme est présumé stipulé au profit du déposant, qui est le créancier de l'obligation de restitution : art. 1944),

• ou, plus souvent, **au bénéfice des deux parties** (p. ex., dans le prêt à intérêts, le terme est évidemment convenu au profit de l'emprunteur, mais il l'est aussi en faveur du prêteur qui, grâce à ce délai, touchera des intérêts ; en conséquence, le débiteur ne peut pas lui imposer un paiement anticipé).

2. Effets

a) Terme extinctif

Le terme extinctif est une **modalité d'extinction de l'obligation** : elle s'éteint, **sans rétroactivité**, à l'arrivée du terme (**échéance**).

b) Terme suspensif

Deux périodes sont à distinguer.

• **Avant l'arrivée du terme**

L'obligation existe bien, d'où :

– **si le débiteur paie**, son paiement n'est pas indu et il ne peut pas exiger le remboursement ;

– le créancier peut prendre des **mesures conservatoires** (hypothèque, p. ex.) pour protéger son droit ;

– s'il s'agit d'une obligation de livrer un **corps certain**, les risques de force majeure pèsent sur le créancier de cette obligation, car il est devenu propriétaire du bien dès le jour du contrat (art. 1138).

Mais l'exécution de l'obligation est différée, d'où :

– le créancier ne peut pas exiger le paiement avant l'échéance ;

– **il ne peut pas opposer sa créance en compensation** d'une autre dont il serait redevable envers son créancier (v. *infra*, p. 192), car cette compensation aboutirait à exiger un paiement immédiat ;

– la **prescription** contre le créancier ne court pas avant l'arrivée du terme (art. 2257, al. 4).

• **À l'arrivée du terme ou échéance**

La créance devient exigible et le créancier peut poursuivre le débiteur.

Il en va de même quand la créance est devenue exigible **par anticipation**, notamment en cas de **renonciation au terme** ou de **déchéance**.

3. Extinction

Il existe trois causes d'extinction du terme.

a) Échéance

C'est la cause normale d'extinction ; si le délai expire le 10 janvier, la créance est exigible le lendemain à 0 heure.

b) Renonciation au bénéfice du terme

Elle doit émaner de celui au profit duquel le terme a été stipulé, donc s'il a été convenu au profit du créancier et du débiteur, la renonciation doit provenir des deux.

c) Déchéance

C'est une **sanction** qui frappe le débiteur : il est tenu de payer immédiatement.

Deux circonstances de portée générale entraînent déchéance du terme (des cas particuliers se rencontrent aussi en certains domaines, p. ex. en matière d'actes portant sur un fonds de commerce ou d'effets de commerce).

• **La diminution des sûretés** (art. 1188) : « Le débiteur ne peut plus réclamer le bénéfice du terme lorsque par son fait il a diminué les sûretés qu'il avait données par le contrat à son créancier ». Dans cette hypothèse, le créancier avait accordé un terme à son débiteur et obtenu de celui-ci une sûreté en garantie du recouvrement de sa créance (hypothèque, gage, cautionnement). On présume alors que le créancier avait accordé le délai en contrepartie de la sûreté. Si cette garantie vient à être diminuée (en dehors d'un cas de force majeure), le débiteur ne mérite plus la confiance du créancier qui est alors en droit d'exiger un paiement immédiat. Il en est notamment ainsi en cas de **déconfiture** du débiteur, c.-à-d. lorsqu'une décision de justice constate son insolvabilité. La déchéance elle-même doit toutefois être prononcée par le juge, qui apprécie l'importance de la diminution des sûretés et les risques qui en résultent pour le recouvrement de la créance.

• Le jugement qui prononce la **liquidation judiciaire** entraîne de plein droit la déchéance (art. L. 622-22 C. com.). En revanche, le jugement qui ouvre une procédure de redressement judiciaire n'a pas cet effet (art. L. 621-49 C. com.). La loi du 8 février 1995 sur le traitement des situations de surendettement des particuliers ne prévoit pas non plus de déchéance du terme.

B. Terme de grâce et moratoire

1. Terme ou délai de grâce (art. 1244-1 et s.)

• Il est accordé par le **juge**, qui tient compte de la situation du débiteur et des besoins du créancier, mais ne peut accorder un délai supérieur à **deux ans**.

• Le pouvoir du juge est assez étendu : il peut **reporter le paiement** de la dette ou l'**échelonner**, ou encore décider que les sommes dues produiront **intérêt à un taux réduit**, qui toutefois ne doit pas être inférieur au taux légal. Dans le souci de protéger les droits du créancier, il a aussi la faculté de subordonner ces mesures à l'accomplissement par le débiteur d'**actes propres à faciliter ou à garantir le paiement**. Tout cela est décidé souverainement par les juges du fond.

• Pour certaines dettes, l'octroi d'un délai de grâce est impossible, p. ex. les dettes alimentaires (art. 1244-1, al. 4 C. civ.), les obligations découlant d'un effet de commerce (art. 182, al. 2 C. com.), l'obligation de restitution incombant au dépositaire (art. 1944 C. civ.).

Effets : le délai de grâce **suspend** seulement les mesures d'exécution, mais la dette est échue et **exigible**, donc :

– les **intérêts** continuent à courir de plein droit ;

– la **compensation** (v. *infra*, p. 192 et s.) peut se produire (art. 1292).

2. Moratoire

Le moratoire est un délai de grâce accordée par la **loi** dans des circonstances exceptionnelles (guerre, grève) et à titre temporaire. Les mesures prises sont très variables :

le moratoire peut avoir une portée générale et bénéficier en principe à tous les débiteurs (L. 5 août 1914), seulement à certaines catégories d'entre eux (mobilisés et prisonniers de guerre : décret-loi du 1er sept. 1939 ; rapatriés d'Algérie : L. 11 déc. 1963), ou à ceux qui sont tenus de certaines dettes (loyers, prix d'un fonds de commerce, en vertu de divers textes spéciaux).

§ 2 - LA CONDITION

Définition : la condition est un événement **futur** (comme le terme) mais **incertain** (à la différence du terme) et dont dépend l'**existence même de l'obligation**.

Modalités : deux modalités de condition se distinguent.

1re modalité : la condition concerne la **formation de l'obligation**. L'obligation envisagée n'existera vraiment que si la condition se réalise : cette condition est dite **suspensive**. P. ex. : 1°) une personne fait une donation à une autre, à condition que celle-ci se marie ; 2°) quelqu'un s'engage à acheter un bien, mais à condition d'obtenir un prêt.

2e modalité : la réalisation de la condition entraîne la **disparition de l'obligation**. Elle est alors appelée **résolutoire**, p. ex. une donation qui sera résolue si le donataire (le bénéficiaire) meurt avant le donateur. La condition résolutoire est plus rare, car moins avantageuse sur le plan fiscal (dans les actes translatifs soumis aux droits de mutation le droit fiscal considère la réalisation de la condition résolutoire comme une seconde mutation).

A. Validité de la condition

1. Possibilité

La condition est un événement incertain, mais encore faut-il que sa réalisation soit possible.

• Si la réalisation est **impossible dès l'origine** :

– la condition est nulle (art. 1172) ;

– la convention elle-même est nulle, mais seulement lorsque la condition était essentielle dans l'esprit des parties, c.-à-d. constituait pour elles une cause impulsive et déterminante (v. *supra*, p. 57).

• Si la réalisation, qui était **possible lors de la conclusion du contrat, ne l'est plus**, la condition devient caduque, et le contrat a le même sort, quand elle était la cause impulsive et déterminante de l'engagement.

2. Licéité

La condition ne doit pas être contraire à la loi, à l'ordre public ni aux bonnes mœurs (p. ex., une clause imposant le célibat).

L'illicéité ou l'immoralité entraîne la nullité soit du contrat en entier, soit seulement de la condition, selon qu'elle a été ou non une cause impulsive et déterminante pour les parties.

3. Extériorité par rapport à la volonté du débiteur

La réalisation de la condition ne doit pas dépendre exclusivement de la volonté du débiteur.

Le Code civil distingue trois types de condition.

a) La condition casuelle (art. 1169)
Elle dépend du hasard (*casus*), p. ex. le décès du donataire avant celui du donateur ; comme cette condition est extérieure à la volonté des parties, elle est **valable**.
b) La condition mixte (art. 1171)
Elle dépend à la fois de la volonté d'une partie et de celle d'un tiers ou d'un autre événement extérieur, p. ex. un don à quelqu'un s'il épouse telle personne ou l'achat d'un bien sous la condition de l'obtention d'un prêt.
Elle est **valable**.
c) La condition potestative (art. 1170)
Elle dépend de la volonté d'une partie ; l'art. 1174 déclare la condition nulle lorsqu'elle est potestative de la part du débiteur. En revanche, elle est valable lorsqu'elle dépend de la volonté du créancier.
• **La condition potestative de la part du créancier**
Sa **validité** ne pose pas de problème, car une obligation peut exister, même si le créancier n'a pas encore manifesté son intention d'en exiger l'exécution. Ainsi, la vente à l'essai, dont la validité est indiscutable, est considérée comme une vente sous condition suspensive de l'agrément de la chose par l'acheteur (art. 1588).
• **La condition potestative de la part du débiteur**
L'art. 1174 la déclare nulle. Cependant il est apparu que dans certaines situations cette sanction n'était pas justifiée : en effet, des événements qui ne répondent pas à la définition des conditions mixtes énoncée dans l'art. 1171 ne dépendent toutefois pas uniquement du bon vouloir du débiteur. C'est pourquoi doctrine et jurisprudence ont opéré une sous-distinction en fonction du degré de discrétion laissée à la volonté du débiteur.
– La **condition simplement potestative** dépend non seulement de la volonté du débiteur, mais aussi de faits extérieurs qui vont la déterminer, p. ex. je vous vends ma maison, si je vais habiter dans une autre ville ou si je me marie ; j'achète un appartement sous la condition suspensive que je vende celui dont je suis propriétaire : une telle condition est en principe **valable**.
– La **condition purement potestative** est laissée à l'entière discrétion du débiteur ; p. ex. une clause stipule que l'accord sera non avenu si, dans un délai déterminé, celui qui a promis d'acheter un bien ne veut plus payer le prix. De telles conditions sont **nulles**, tout simplement parce qu'il n'y a pas d'engagement sérieux.
Ces distinctions sont quelque peu subtiles, mais en définitive seules sont nulles les conditions qui dépendent de la volonté discrétionnaire du débiteur. Les tribunaux recherchent donc dans chaque cas concret si l'existence de l'obligation est subordonnée à un fait dont l'accomplissement est à la merci du débiteur.

B. Effets de la condition

La condition est réalisée lorsque l'événement est arrivé dans le délai prévu. Dans le cas où aucun délai n'avait été fixé, l'art. 1176 du Code civil dispose que la condition peut toujours s'accomplir et qu'elle n'est censée défaillie que lorsqu'il est devenu certain que l'événement n'arrivera pas (l'art. 1177 édicte une règle symétrique pour le cas où l'obligation est contractée sous la condition qu'un événement n'arrivera pas).
Les effets sont **automatiques** et en principe **rétroactifs**. Ils diffèrent selon que la condition est suspensive ou résolutoire.

1. Condition suspensive

Trois situations sont à distinguer.

a) On ne sait pas encore si la condition va se réaliser (situation *pendante conditione*)

Deux idées dominantes expliquent les règles applicables à cette situation.

• **L'obligation n'existe pas encore,** d'où :
– le créancier ne peut pas exiger le paiement ;
– si le débiteur paie, il a payé l'indu et peut donc réclamer le remboursement (à la différence du débiteur bénéficiant d'un terme).

• **Mais le droit du créancier est en germe**, ce qui lui permet de prendre des mesures conservatoires pour le protéger.

b) La condition se réalise

L'obligation conditionnelle **devient pure et simple**.

L'accomplissement de la condition produit un **effet rétroactif** : le droit du créancier est censé avoir existé dès le jour du contrat, p. ex., en cas de vente sous condition suspensive, l'acquéreur est réputé propriétaire dès le jour de la conclusion de la vente.

c) La condition ne se réalise pas

L'obligation est **réputée n'avoir jamais existé** et le créancier perd le droit conditionnel qu'il avait.

Toutefois, la condition est **réputée accomplie**, lorsque le débiteur en a empêché l'accomplissement (art. 1178) ; p. ex., l'acheteur sous condition suspensive de l'obtention d'un prêt refuse le prêt qui lui est proposé à un coût normal.

2. Condition résolutoire

a) Situation *pendante conditione*

À la différence de l'obligation sous condition suspensive, le **droit du créancier existe** pleinement et produit tous ses effets, donc :
– le créancier peut exiger l'exécution ;
– en cas de vente sous condition résolutoire, l'acquéreur devient immédiatement propriétaire, mais son droit est menacé d'anéantissement.

b) La condition se réalise

L'obligation est **censée n'avoir jamais existé** et le droit du créancier **disparaît rétroactivement**.

En conséquence, les droits qu'éventuellement il avait consentis à des tiers sont rétroactivement anéantis.

c) La condition ne se réalise pas

La menace qui pesait sur le droit du créancier disparaît, et l'obligation devient **pure et simple.**

3. Rétroactivité et droits des tiers

L'effet rétroactif de la réalisation de la condition peut remettre en cause des droits consentis à des tiers. La rétroactivité n'a cependant pas un caractère absolu.

• D'abord, elle ne s'impose pas aux parties, qui peuvent l'écarter.

• Ensuite, les **actes conservatoires et, en règle générale, les actes d'administration** accomplis *pendante conditione* sont maintenus malgré l'accomplissement de la condition (p. ex. les actes du vendeur sous condition suspensive ou de l'acheteur sous condition résolutoire).

• C'est en définitive surtout pour les **actes de disposition** que les droits des tiers risquent d'être menacés (p. ex., l'acquéreur de bonne foi qui achète un bien à un vendeur dont le droit est conditionnel). Néanmoins ils bénéficient de deux modes principaux de protection : en matière immobilière, ils sont informés de la condition par la publicité foncière et, en matière mobilière, le possesseur de bonne foi peut se prévaloir de l'art. 2279.

Section 2 › LES OBLIGATIONS PLURALES

Une obligation est dite plurale lorsqu'elle a **plusieurs objets** ou **plusieurs sujets**.

§ 1 - PLURALITÉ D'OBJETS

Trois hypothèses se distinguent.

1. **Obligations conjonctives :** le débiteur est tenu de fournir **cumulativement** plusieurs prestations, p. ex. telle somme d'argent **et** tel objet (ainsi, lorsque dans un contrat d'échange les biens échangés sont de valeur inégale, un coéchangiste fournira à l'autre partie un bien plus une somme d'argent, appelée soulte).
2. **Obligations alternatives** (leur régime est précisé par les art. 1189 à 1196 C. civ.) : l'obligation a également deux objets ou davantage, mais cette fois le débiteur se libère en fournissant **un seul** d'entre eux, p. ex. telle somme d'argent **ou** tel bien ; tel moyen de transport laissé à la discrétion du transporteur ; v. aussi, en matière de vente, art. 1584, al. 2. Le choix, discrétionnaire, appartient en principe au débiteur, mais une clause expresse du contrat peut le laisser au créancier.
3. **Obligations facultatives :** l'obligation a un objet unique, mais le débiteur peut se libérer en exécutant une autre prestation ; p. ex., en cas de lésion, la vente est rescindable, mais l'acheteur peut éviter la rescision en versant le supplément du juste prix (art. 1681). Un seul objet est dû et l'autre n'est qu'une **faculté de paiement**, donc : 1°) le créancier ne peut exiger que l'exécution de l'obligation principale ; 2°) si l'obligation principale est nulle ou ne peut plus être exécutée à cause d'une force majeure, le débiteur est libéré (à la différence de l'obligation alternative).

§ 2 - PLURALITÉ DE SUJETS

A. Obligations conjointes

Une obligation est dite conjointe, lorsqu'elle comporte **plusieurs débiteurs** ou **plusieurs créanciers** et **se divise entre eux**, activement (entre les créanciers) ou passivement (entre les débiteurs), d'où notamment :

• s'il y a **plusieurs créanciers**, chacun ne peut réclamer que sa part dans la créance (sauf disposition législative ou clause contraire, les parts sont viriles, c.-à-d. égales) ;

• corrélativement, s'il y a **plusieurs débiteurs**, chacun n'est tenu que pour sa part de la dette (en principe, ils sont tenus de parts égales) ;

• la **mise en demeure** adressée par un créancier à un débiteur ne produit d'effets qu'entre ces deux personnes ;

• l'**interruption de la prescription** ne profite qu'au créancier qui l'a faite et ne nuit qu'au débiteur à l'égard duquel elle a eu lieu.

Sauf disposition légale ou stipulation contractuelle contraire, les obligations plurales sont conjointes. L'obligation conjointe représente donc le **droit commun des obligations plurales**. Cependant elles sont assez rares en pratique et se rencontrent surtout en cas de **décès** du créancier ou du débiteur qui laisse plusieurs héritiers : la créance ou la dette **se divise de plein droit** entre eux (art. 1220).

Le caractère conjoint de l'obligation est écarté en cas d'indivisibilité, de solidarité ou en présence d'une obligation *in solidum*.

B. Obligations indivisibles

L'obligation est indivisible lorsqu'elle **ne peut être exécutée qu'en entier**. L'indivisibilité est donc un caractère de l'obligation découlant de son **objet**.

Le recours à cette notion n'a d'utilité qu'en présence de plusieurs créanciers ou de plusieurs débiteurs : chaque créancier peut exiger le tout ou chaque débiteur est tenu au tout.

1. Sources

a) Indivisibilité naturelle : en raison de la nature de son objet, l'exécution de l'obligation ne peut pas être fractionnée, p. ex. l'obligation de livrer un animal vivant (l'impossibilité de diviser est matérielle) ou l'obligation de ne pas faire (dans ce cas, la raison s'oppose à la division, puisqu'une abstention ne peut être partielle).

b) Indivisibilité conventionnelle ou **artificielle** : l'obligation pourrait être divisée (somme d'argent), mais elle est rendue indivisible de par la volonté des parties (art. 1218).

2. Régime (art. 1222 à 1225)

L'exécution de l'obligation **ne peut pas être divisée** activement ni passivement, d'où :

a) Si l'indivisibilité est active (plusieurs créanciers), chaque créancier peut réclamer l'exécution en totalité, et le débiteur qui a tout payé à ce créancier est libéré ; le créancier qui a reçu le paiement doit remettre à chacun des autres créanciers la part à laquelle il a droit. Sauf disposition contraire les droits des créanciers sont égaux.

b) Si l'indivisibilité est passive (plusieurs débiteurs), chaque débiteur est tenu de payer la totalité ; celui qui a payé le créancier a un recours contre ses codébiteurs. Sauf disposition contraire les parts des débiteurs dans la dette sont égales.

c) Puisque l'objet est indivisible (naturellement ou par la volonté des parties), **l'obligation ne se fractionne pas, en cas de décès d'une partie, entre ses différents héritiers ;** p. ex., si un débiteur décède, chacun de ses héritiers est aussi tenu à la totalité.

d) L'interruption de la prescription produit ses effets à l'égard de tous les créanciers ou de tous les débiteurs.

Le régime de l'obligation indivisible est très proche de celui de l'obligation solidaire.

C. Obligations solidaires

L'obligation est solidaire lorsque, en présence de plusieurs débiteurs ou créanciers, elle ne se divise pas, en vertu de la volonté des parties ou de la loi, tout en étant divisible par nature. À la différence de l'obligation indivisible, l'obligation solidaire **se fractionne en cas de décès d'un débiteur ou d'un créancier** (puisque la nature de son objet ne rend pas la division impossible).

Elle est **active** ou **passive**.

1. Solidarité active

La solidarité active est caractérisée par la présence de plusieurs créanciers. P. ex., les titulaires d'un compte bancaire joint sont créanciers solidaires de la banque.

Régime (art. 1197 à 1199) :

- **Chaque créancier peut réclamer le paiement de la totalité de la créance.**
- **Le débiteur qui a payé est libéré à l'égard de tous les créanciers.**
- **La mise en demeure, la demande d'intérêts** ou **l'interruption de la prescription** faite par un créancier profite aux autres.
- Le créancier qui a reçu le paiement doit remettre **à chacun des autres créanciers la part à laquelle il a droit**. Sauf convention contraire les parts sont égales.
- Si l'obligation **disparaît à l'égard d'un créancier**, p. ex. par l'effet d'une remise de dette qu'il a consentie, le débiteur n'est libéré que pour la part due à ce créancier.

2. Solidarité passive

La solidarité passive suppose plusieurs débiteurs ; c'est une technique très courante, destinée à éviter au créancier les inconvénients d'une division des poursuites et à le garantir contre le risque d'insolvabilité d'un débiteur.

a) Sources

- **La volonté des parties**

« La solidarité ne se présume point ; il faut qu'elle soit expressément stipulée » (art. 1202, al. 1er). La clause qui la stipule dans un contrat ou un testament n'est toutefois pas assujettie à un formalisme spécifique, et les termes de « solidarité » ou d'« obligation solidaire » ne sont donc pas indispensables : il suffit que la **volonté des parties soit clairement exprimée**.

En revanche, en vertu d'un usage consacré par la jurisprudence, elle **se présume en matière commerciale**.

- **La loi**

La loi prévoit de nombreux cas, que l'on justifie par trois idées principales.

1. En raison d'une communauté d'intérêts entre les débiteurs

– Lorsque plusieurs personnes ont **emprunté ensemble** la même chose, elles sont engagées solidairement envers le prêteur (art. 1887).

– Lorsqu'un **mandataire** « a été constitué par plusieurs personnes pour une **affaire commune** », chacune d'elles est tenue solidairement envers lui de tous les effets du mandat (art. 2002).

2. Dans le but de renforcer le crédit

– Les **époux** sont solidairement obligés pour les dépenses dont l'objet est l'entretien du ménage ou l'éducation des enfants (art. 220).

– Dans les **sociétés en nom collectif**, tous les associés sont solidairement responsables du passif social (art. L. 221-1 C. com.).

– En matière d'**effets de commerce :** tous les signataires d'une lettre de change (art. L. 511-44, al.1er C. com.), d'un billet à ordre (art. L. 512-3 C. com., renvoyant à l'art. L 511-44) ou d'un chèque (décret-loi 30 oct. 1935, art. 44) sont solidairement tenus du montant de l'effet.

3. Comme conséquence d'une responsabilité en commun

– **Responsabilité solidaire des père et mère** pour le dommage causé par leurs enfants mineurs (art. 1384, al. 4) (*supra*, p. 130).

– Lorsque **plusieurs personnes sont condamnées pénalement pour une même infraction**, elles sont solidairement tenues des restitutions, dommages et intérêts, amendes et frais (divers art. du C. pr. pén.).

– Hypothèses concernant la **tutelle** : si le conjoint du tuteur s'est « immiscé dans la gestion du patrimoine pupillaire », il est solidairement responsable avec lui de la gestion (art. 418, al. 2) ; de même, responsabilité solidaire du subrogé tuteur et du tuteur en cas de défaut d'inventaire et de condamnation au profit du pupille (art. 451, al. 3).

b) Régime (art. 1200 à 1216)

• Effets dans les rapports entre le créancier et les débiteurs solidaires

1. Effets principaux, que l'on explique par deux idées directrices : l'unité d'objet et la pluralité de liens.

Unité d'objet, c.-à-d. qu'il n'y a qu'une dette, d'où trois conséquences principales :

– Le créancier peut réclamer la totalité de la dette à l'un quelconque des débiteurs (art. 1203).

– Le paiement effectué par un seul débiteur libère les autres (art. 1200).

– Le débiteur poursuivi peut opposer au créancier toutes les exceptions tenant à la nature, à l'objet ou à la cause de l'obligation (l'illicéité, p. ex.), ainsi que les événements qui, telle la prescription, l'ont éteinte : c'est ce que l'on appelle les **exceptions communes** (art. 1208, al. 1er).

Pluralité de liens, c.-à-d. que chaque débiteur est tenu en vertu d'un lien distinct de celui des autres, d'où les conséquences suivantes :

– Le créancier peut **poursuivre tous les débiteurs** jusqu'à complet paiement (art. 1204).

– Les débiteurs peuvent être **tenus différemment**, soit quant à leur part dans la dette, soit quant aux modalités de leur obligation qui, p. ex., peut être conditionnelle pour l'un et assortie d'un terme pour un autre (art. 1201).

– Un codébiteur peut invoquer les **moyens de défense qui lui sont personnels** (art. 1208, al. 1er), tenant à un vice existant seulement à son égard (p. ex., l'incapacité ou un vice qui ne touche que son consentement), à une modalité insérée uniquement à son profit (p. ex., un terme) ou à une cause personnelle d'extinction (p. ex., une remise de dette que le créancier lui a accordée). En revanche, il ne peut pas opposer au créancier les exceptions qui sont purement personnelles aux autres débiteurs (art. 1208, al. 2).

– Les moyens de défense personnels du débiteur ont des effets d'intensité variable.

Certaines exceptions sont dites **purement personnelles** en ce sens qu'elles ne profitent qu'au débiteur concerné, ne modifient pas le montant de la dette totale et ne peuvent pas être invoquées par les autres (not. en cas d'incapacité ou de vice du consentement d'un débiteur).

D'autres sont **simplement personnelles** dans la mesure où **la libération d'un débiteur a pour effet de diminuer le montant de la dette totale de la part qui lui incombait** : les codébiteurs peuvent se prévaloir de l'exception pour cette part. Par exemple, lorsque le créancier a consenti une **remise de dette à l'un des débiteurs** sans vouloir libérer les autres, ceux-ci restent tenus de la dette, mais déduction faite de la part de celui qui a été libéré (art. 1285). De même, dans le cas où un débiteur est en même temps titulaire d'une créance contre le créancier commun, il a seul le droit de se prévaloir de la **compensation**, mais s'il la fait jouer, elle profite aux codébiteurs ; selon l'étendue de la compensation, il peut alors arriver que tous soient libérés.

2. Effets secondaires, rattachés à une idée de **représentation réciproque des débiteurs**

Les effets secondaires se ramènent donc au principe suivant : **l'acte fait par ou contre un débiteur produit aussi ses conséquences à l'égard des autres**. La loi et la jurisprudence ont en particulier précisé plusieurs effets secondaires :

– la **mise en demeure** de l'un des débiteurs produit effet à l'égard de tous (art. 1205) ;

– l'**interruption de la prescription** contre un débiteur vaut à l'égard de tous (art. 1206) ;

– la **demande d'intérêts** formée contre l'un des débiteurs fait courir les intérêts à l'égard de tous (art. 1207) ;

– le **jugement rendu contre un débiteur** est opposable à tous (solution jurisprudentielle) ;

– si un débiteur exerce une **voie de recours** dans le délai prescrit, les autres peuvent s'y joindre, même après l'expiration du délai (art. 552 C. pr. civ. pour l'appel).

• **Effets dans les rapports des codébiteurs entre eux**

1. Le codébiteur qui a payé (*solvens*) a un **recours contre les autres**

– La solidarité n'est instituée qu'au profit du créancier, donc elle n'a plus à jouer dans les rapports entre les débiteurs : l'**obligation solidaire se divise de plein droit entre eux et chacun n'est tenu que pour sa part et portion** (art. 1213) ;

– sauf disposition légale ou conventionnelle contraire, les parts sont égales : on dit que chaque débiteur solidaire est tenu pour une **part virile** ;

– si un codébiteur est **insolvable**, sa part sera répartie entre les codébiteurs solvables (art. 1214, al. 2).

2. Le recours est exercé au moyen de l'une ou l'autre des deux actions suivantes :

– une **action personnelle**, soit de **mandat** (s'il y a eu contrat entre les codébiteurs), soit de **gestion d'affaires** (en payant, l'un des débiteurs a géré spontanément l'affaire des autres) ;

– l'**action qui appartenait au créancier** lui-même, car le débiteur qui a payé bénéficie de la **subrogation de plein droit** accordée par l'art. 1251-3° à celui qui était tenu avec d'autres (v. *infra*, p. 191). Si cette action est utilisée : le débiteur ne peut réclamer **que ce qu'il a payé** (donc sans les intérêts qu'il aurait pu réclamer — à dater du jour du paiement — s'il avait engagé l'action personnelle : c'est l'**inconvénient** de l'action subrogatoire) ; mais, exerçant les droits du créancier, il bénéficie des

sûretés (hypothèque, gage ou autre) qui, éventuellement, protégeaient la créance originaire (c'est l'**avantage** de cette action). Toutefois, le débiteur *solvens* n'est pas subrogé dans la solidarité elle-même et doit **diviser son recours entre les codébiteurs**, chacun n'étant tenu que pour sa part (p. ex., dette de 3000 à l'encontre de 3 débiteurs A, B, et C ; si A paie les 3000, il doit demander 1000 à B et 1000 à C).

• **Différences avec l'indivisibilité**

1. Les **effets secondaires** de la solidarité ne s'appliquent pas **en principe** en cas d'indivisibilité, au motif que, étant liée à la nature de l'objet, l'indivisibilité ne repose pas, à la différence de la solidarité, sur une idée d'intérêts communs entre les débiteurs et de représentation réciproque (les effets secondaires constituent donc l'avantage de la solidarité). Cette différence n'est toutefois pas toujours très marquée (l'interruption de la prescription, p. ex., produit les mêmes effets dans les deux cas).

2. **La dette solidaire se divise entre les héritiers du débiteur**, ce que ne fait pas la dette indivisible (c'est l'avantage de l'indivisibilité). Donc, si un **débiteur solidaire décède**, chacun de ses héritiers n'est tenu que proportionnellement à sa part successorale et non pour le tout. P. ex., une dette solidaire de 3000 pèse sur trois débiteurs, dont l'un décède et laisse deux héritiers ; si le créancier décide d'agir contre les héritiers du défunt, il devra diviser sa poursuite et réclamer 1500 à chacun d'eux.

D'où l'intérêt pour le créancier de stipuler dans un acte à la fois la solidarité et l'indivisibilité.

D. Obligations in solidum

Source : c'est une création d'**origine jurisprudentielle**, concernant des dettes nées de sources différentes mais qui tendent à donner au créancier la même satisfaction. Les obligations *in solidum* se rencontrent notamment :

– en **matière de responsabilité délictuelle** ; p. ex., sont *in solidum* les obligations pesant sur les coauteurs d'un délit civil (chacun est tenu de réparer la totalité du dommage) ou sur l'auteur d'un délit civil et son assureur ;

– en **matière de responsabilité contractuelle** ; p. ex., à propos de certains codébiteurs qui ne sont pas liés par le même contrat au créancier, tels un architecte et un entrepreneur, mais qui sont responsables pour le même dommage (dans cet exemple, le dommage causé au maître de l'ouvrage) ;

– en **matière alimentaire** : chaque codébiteur d'une obligation alimentaire envers le même créancier est tenu de subvenir à la totalité des besoins de celui-ci.

Intérêt : éviter notamment au créancier de diviser les poursuites.

Effets : en principe, ceux de la **solidarité passive**, mais non les effets secondaires, car l'idée de représentation réciproque ne s'applique pas (d'où l'expression de **solidarité imparfaite**).

POUR ALLER PLUS LOIN

BIBLIOGRAPHIE :

› F. Terré, Ph. Simler et Y. Lequette, *Droit civil. Les obligations*, Dalloz, coll. « Précis », 9e éd., 2005, nos 1198 à 1269.

› H. Capitant, F. Terré et Y. Lequette, *Grands arrêts de la jurisprudence civile*, t. 2, *Obligations, Contrats spéciaux, Sûretés*, Dalloz, coll. « Grands arrêts », 11e éd., 2000 (12e éd. à paraître en 2008), no 243 (solidarité).

Chapitre 2 › LA TRANSMISSION ET L'EXTINCTION DES OBLIGATIONS

Principes : l'obligation est en principe **transmissible**, parce qu'elle est une valeur, et elle a vocation à **s'éteindre par le paiement**, c.-à-d. son exécution.
Caractère transmissible. Une obligation constitue une **valeur patrimoniale** ou un bien (caractérisé par un lien entre deux personnes). À ce titre, elle est transmissible, sauf lorsqu'elle est dotée d'un caractère personnel marqué (*intuitus personae*). Ainsi elle se transmet, en cas de décès de l'une des parties (créancier ou débiteur), à ses héritiers. Elle peut aussi être cédée de leur vivant, mais surtout sous sa forme active (cession de créance).
Vocation à s'éteindre. L'obligation est destinée à s'éteindre par la **satisfaction du créancier**. Le mode normal et espéré d'extinction est le paiement, qui apporte au créancier ce qu'il attendait et libère le débiteur de sa dette.
Mais d'autres circonstances peuvent éteindre une obligation. Certaines fournissent au créancier une **satisfaction indirecte ou différente** de celle qui avait été prévue à l'origine (p. ex. une obligation prend fin parce qu'elle est remplacée par une autre). D'autres événements mettent un terme à l'obligation **sans que le créancier ait obtenu de satisfaction** (p. ex., l'expiration du délai de prescription).

Section 1 › LA TRANSMISSION DES OBLIGATIONS

Les obligations peuvent se transmettre de deux manières.
• La transmission peut s'opérer **à titre universel**, c.-à-d. que l'obligation se transmet avec l'ensemble du patrimoine, notamment en cas de décès du créancier ou du débiteur (sauf si l'obligation est caractérisée par l'*intuitus personae*) : la créance (en cas de décès du créancier) ou la dette (en cas de décès du débiteur) est transmise aux héritiers et se divise entre eux selon leur part successorale (art. 1220), sauf si elle est indivisible (v. *supra*, p. 176).

• Une obligation peut aussi être cédée **à titre particulier** ; cependant, si la **cession d'une créance** est admise sans difficulté (art. 1689 et s.), la **cession d'une dette est plus difficile à concevoir**.

§ 1 - LA CESSION DE CRÉANCE

Une créance peut être cédée **entre vifs** et **à titre particulier :** la cession s'effectue alors au moyen d'une **convention** par laquelle le **cédant** transmet sa créance à l'encontre de son **débiteur** (dit cédé) à un **cessionnaire**.
Cette transmission s'opère **gratuitement** (c'est une donation) ou moyennant un **prix** (c'est une vente), qui ne correspond pas nécessairement à sa valeur nominale (p. ex., créance de 1000 vendue 800, parce qu'elle est à terme, conditionnelle, litigieuse, etc.).

A. Conditions

1. De validité

La cession de créance est une convention conclue entre le cédant et le cessionnaire, donc :

a) Elle est soumise aux **conditions de validité communes à tous les contrats** (consentement, capacité, cause) ; quelques particularités concernent son **objet** : si, **en principe**, toute créance est **cessible** (pure et simple, à terme, conditionnelle, future), la loi interdit toutefois la cession de certaines créances dans le but de protéger leurs titulaires (les pensions alimentaires et la fraction insaisissable des traitements et salaires).

b) Le **consentement du débiteur**, qui n'est pas partie à la cession, **n'est pas nécessaire**.

c) En vertu du principe du **consensualisme**, la cession n'est assujettie à aucune condition de forme pour sa validité, sauf, conformément au droit commun, s'il s'agit d'une donation.

2. D'opposabilité

L'art. 1690 exige une formalité, non pour la validité de la cession entre les parties, mais pour son **opposabilité aux tiers**.

a) Notion de tiers au sens de l'art. 1690

Il s'agit :

• du **débiteur cédé**, car il faut qu'il sache à qui il doit effectuer le paiement ;

• d'un **autre cessionnaire** (dans le cas où le cédant a cédé deux fois la même créance) ;

• d'un **créancier du cédant** qui voudrait saisir la créance et qui évidemment ne pourra plus le faire si la cession lui est opposable.

b) Formalité

L'art. 1690 envisage deux types d'actes qui ont date certaine à l'égard des tiers :

• soit la **signification de la cession au débiteur cédé**, c.-à-d. que le débiteur est informé solennellement de la cession, ordinairement par un acte d'huissier, qui lui est délivré à l'initiative du cédant ou du cessionnaire ;

• soit l'**« acceptation » de la cession par le débiteur cédé** dans un **acte authentique** : en réalité, le mot « acceptation » signifie ici, non pas l'accord du débiteur, mais simplement la reconnaissance qu'il est au courant de la cession.

c) Effets de la formalité de l'art. 1690

• À l'égard du débiteur cédé

– **Avant la formalité**, il devait payer le cédant.

– **Après**, il sait qu'il est devenu **débiteur du cessionnaire** : s'il paie le cédant, il ne se libère pas et s'expose à payer aussi le cessionnaire.

• À l'égard des autres tiers

– En cas de **conflit entre cessionnaires successifs** auxquels le cédant aurait transmis la créance, préférence est donnée à celui qui, le premier, a effectué la formalité d'opposabilité (sauf si le débiteur avait eu par un autre moyen connaissance de la première cession).

– **À l'égard des créanciers du cédant** : la formalité les informe de la cession et ils ne peuvent plus saisir la créance, puisqu'elle n'appartient plus au cédant.

B. Effets de la cession de créance

La cession de créance **transfère** au cessionnaire les droits du cédant et **crée des obligations** à la charge des parties.

1. Transmission d'un droit

La créance est cédée :

- pour son **montant nominal**, quel que soit le prix payé par l'acheteur ;
- avec les **garanties et accessoires** qui l'accompagnent ;
- avec les **vices** qui l'infectent : le débiteur cédé peut donc opposer son incapacité ou le vice de son consentement au cessionnaire, comme il aurait pu l'invoquer contre le cédant : c'est le **principe de l'opposabilité des exceptions**.

2. Création d'obligations

Si la cession est **à titre gratuit**, elle produit les effets d'une **donation** ; si elle est **à titre onéreux**, elle entraîne les obligations d'une **vente**, notamment :

- le cessionnaire doit **payer le prix convenu** ;
- le cédant doit lui remettre le titre de créance ;
- le cédant doit **garantie** au cessionnaire : il garantit l'existence de la créance au jour de la cession (art. 1693), mais non la solvabilité du débiteur (art. 1694).

La **garantie légale** peut être modifiée par une clause expresse de la convention :

– La garantie peut être **aggravée** : p. ex., le cédant garantit la solvabilité actuelle ou même future du débiteur ; dans cette hypothèse, la garantie n'est toutefois donnée qu'à concurrence du prix de la cession, et non du montant de la créance (art. 1694).

– En sens inverse, elle est parfois **atténuée** : p. ex., le cédant ne garantit pas l'existence de la créance : la cession est alors faite aux risques et périls du cessionnaire. Toutefois le cédant ne peut pas s'exonérer de son fait personnel (p. ex., il a cédé une créance, alors qu'il avait déjà reçu le paiement de la part du débiteur).

3. Cession d'une créance litigieuse

Dans le cas particulier de la cession d'une **créance litigieuse**, c.-à-d. faisant l'objet d'une contestation en justice (art. 1700), le débiteur peut exercer le **retrait litigieux**, c.-à-d. se substituer au cessionnaire en lui remboursant le prix réel de la cession (plus les frais du contrat et les intérêts, art. 1699). Cette faculté de retrait s'explique par la méfiance du législateur à l'égard des acquéreurs de créances litigieuses.

C. Formes simplifiées de cession de créance

La loi admet des modes simplifiées de cession de créance, caractérisés par la dispense des formalités de l'art. 1690. Ces techniques existent depuis longtemps en droit commercial et de nouveaux modes sont apparus plus récemment en droit civil.

1. Titres négociables

Les titres négociables sont des titres dont la circulation est facilitée et n'est pas assujettie aux formalités de l'art. 1690. Ils se caractérisent aussi par une **protection renforcée du cessionnaire** puisque, s'il est de bonne foi, le débiteur ne peut pas lui opposer les exceptions qu'il est en principe en droit d'opposer au cédant. En matière de titres négociables prévaut donc le principe inverse de celui du droit civil : c'est l'**inopposabilité des exceptions**. Ces titres sont surtout utilisés en matière **commerciale**. Trois types se distinguent.

a) Titres nominatifs : le droit de créance est constaté par une inscription sur un registre tenu par le débiteur, p. ex. une société, lorsque le titre est une action : la cession s'opère par une **inscription sur le registre**.
b) Titres au porteur : la créance est **incorporée** dans le titre et se transmet donc par la **simple remise matérielle du titre** de la main à la main (ou **tradition**).
c) Titres à ordre : écrit contenant la clause invitant le débiteur à payer « à l'ordre de X », c.-à-d. à X, ou telle autre personne désignée par X (lettre de change, chèque, billet à ordre). La cession s'effectue par une signature au dos du titre, apposée par le cédant, d'où le nom d'**endossement**.

2. Bordereau Dailly

La Loi Dailly du 2 janvier 1981 (act. art. L. 313-23 et s. C. mon. fin.) a institué un nouveau mode de cession réservé aux créances professionnelles des personnes physiques et à toutes les créances des personnes morales, qu'elles soient de droit privé ou de droit public. La cession s'opère par la **remise d'un bordereau énumérant les créances cédées** et le cessionnaire est obligatoirement un établissement de crédit. La remise entraîne de plein droit transfert des créances et le rend opposable aux tiers, mais à l'égard du débiteur, la cession est opposable à condition de lui avoir été notifiée par un moyen quelconque.
Cette technique permet aux entreprises de se procurer, en cédant leurs créances, du crédit auprès des banques.

3. Fonds commun de créances

Créé par une loi du 23 décembre 1988 (art. L. 214-1 et s. C. mon. fin.), un fonds commun de créances regroupe sous la forme d'une copropriété des créances appartenant aux établissements de crédit et à la Caisse des dépôts et consignations. Ces créances sont représentées par des parts qui constituent des titres négociables et qui sont cédées au fonds au moyen d'un **bordereau** semblable à celui qu'a institué la loi Dailly.

§ 2 - LA CESSION DE DETTE

• La cession de dette est en théorie l'opération symétrique par rapport à la cession de créance : le débiteur céderait sa dette à un cessionnaire, sans le consentement du créancier cédé. En conséquence, **le cédant serait libéré** et **le cessionnaire deviendrait le débiteur**.

• Mais un grave obstacle s'oppose à sa validité. Si on conçoit aisément le mécanisme de la cession de créance, car en général peu importe pour le débiteur la personne du créancier, **il est plus difficile d'admettre une cession de dette sans l'accord du créancier** : il a accordé du crédit à tel débiteur, en raison de sa moralité et de sa solvabilité, aussi paraît-il critiquable de lui en imposer un autre.

• C'est pourquoi le droit français ignore en principe la véritable cession de dette qui serait conçue sur le modèle de la cession de créance. Toutefois, certains procédés permettent indirectement et souvent imparfaitement d'aboutir à une cession de dette.

A. La cession de dette découlant de la cession d'un contrat

La cession de contrat synallagmatique est admise par la jurisprudence (cession d'un bail, p. ex.), mais la cession de dette qui en résulte est **imparfaite**, car en principe le cédant reste tenu envers le créancier, tant que ce dernier n'a pas **accepté** la substitution de débiteur.

Ce n'est que dans des cas particuliers que la loi prévoit la libération du cédant sans l'accord du créancier (p. ex., art. 1601-4 : l'acquéreur d'un immeuble à construire qui cède son contrat est libéré envers le vendeur).

B. La cession d'une dette accessoire à l'aliénation d'un bien

Il s'agit là encore de cessions de contrats, mais qui vont entraîner la transmission de la dette parce qu'elle constitue l'accessoire d'une chose aliénée. Ainsi la loi prévoit dans certains cas que l'**acquéreur d'un bien** est tenu des **obligations du cédant**, en raison du lien étroit entre la dette et ce bien (p. ex., art. 1743 : l'acquéreur d'un immeuble est tenu de respecter le bail conclu par le vendeur ; art. L. 121-10 C. assur. : le contrat d'assurance continue de plein droit en cas d'aliénation de la chose assurée ; art. L. 122-12, al. 2 C. trav. : en cas de cession d'une entreprise, le nouvel employeur doit respecter les contrats de travail conclus par l'ancien).

C. La cession de dette isolée

La cession de dette isolée et qui résulterait du seul accord entre le cédant et le cessionnaire n'est pas efficace à l'égard du créancier, puisqu'on ne peut pas lui imposer une substitution de débiteur.

Seules sont possibles ce que l'on appelle des cessions imparfaites, conclues entre le cédant et le cessionnaire, mais qui n'ont pas pour effet de libérer le cédant.

• Tel est le mécanisme de la **stipulation pour autrui**, par lequel le tiers bénéficiaire (le créancier) acquiert, avant même de l'avoir accepté, un droit direct contre le promettant (nouveau débiteur), tout en conservant un droit distinct contre le stipulant. En définitive, dans la stipulation pour autrui, il n'y a pas véritablement de cession de dette, puisque :

– le créancier a **deux débiteurs** ;

– les deux dettes sont **différentes**.

• De même, la **novation par changement de débiteur** (v. *infra*, p. 194) a un point commun avec la cession de dette en ce qu'elle entraîne la libération du premier débiteur, mais elle s'en distingue nettement parce que :

– d'une part, le nouveau débiteur est tenu d'une **dette différente** et il n'y a donc pas transmission de la dette originaire ;

– d'autre part, le changement de débiteur ne peut se faire sans **l'accord du créancier**.

Section 2 › L'EXTINCTION DES OBLIGATIONS

Deux catégories de causes d'extinction sont à distinguer :

• les unes apportent au créancier **satisfaction**, p. ex. le paiement ;

• les autres éteignent l'obligation **sans que le créancier reçoive satisfaction**, p. ex. la prescription.

§ 1 - CAUSES D'EXTINCTION APPORTANT UNE SATISFACTION AU CRÉANCIER

La principale est le **paiement** : c'est l'**effet normal de l'obligation**, celui que les parties avaient en vue.

A. Le paiement

Le paiement est l'**exécution d'une obligation quel qu'en soit l'objet** : remise d'une somme d'argent, d'une chose quelconque, exécution d'une prestation.
Il peut être pur et simple ou avec subrogation.

1. Le paiement pur et simple

a) Parties au paiement

• Qui peut payer ?

Celui qui paie s'appelle le *solvens*. C'est habituellement le **débiteur** (ou son mandataire).
Ce peut être aussi :

– « **toute personne intéressée au paiement** » (art. 1236, al. 1er), telle qu'une caution, un codébiteur ;

– même un **tiers quelconque** (art. 1236, al. 2) qui rend service au débiteur, p. ex. un gérant d'affaires ou celui qui fait une donation : le créancier ne peut refuser le paiement, sauf dans le cas d'une obligation de faire qui aurait un caractère personnel (exécution d'une œuvre d'art par tel artiste).

En toute hypothèse le *solvens* doit être (art. 1238, al 1er) :

– **propriétaire** de la chose donnée en paiement ;

– **capable** d'aliéner ;

sinon, le paiement est **nul** et le **remboursement** s'impose :

– si le *solvens* n'est pas propriétaire de la chose donnée en paiement, la nullité peut être invoquée par le créancier ou par le *solvens* ;

– si le *solvens* est incapable, la nullité ne peut être soulevée que par lui.

Exception : le paiement d'une somme d'argent ou d'une autre chose qui se consomme par l'usage ne donne pas lieu à remboursement lorsque le créancier l'a consommée de bonne foi (art. 1238, al. 2).

• À qui le paiement doit-il être fait ?

Celui qui reçoit le paiement est l'*accipiens*.

1. Le paiement doit être fait au créancier (ou à son représentant).

Lorsque l'*accipiens* n'avait pas droit au paiement :

– il est tenu de le restituer (répétition de l'indu) ;

– le débiteur n'est pas libéré.

Le paiement fait à un **tiers** qui n'avait pas pouvoir de le recevoir est néanmoins libératoire :

– si le paiement est **ratifié** par le créancier (art. 1239, al. 2) ;

– si le créancier a **profité** du paiement (même texte) ;

– si le paiement a été fait de **bonne foi** et par suite d'une **erreur légitime** à un tiers « en possession de la créance » (art. 1240), p. ex. l'héritier apparent du créancier.

2. Le créancier doit être capable de recevoir le paiement ; à défaut (p. ex., paiement effectué à un majeur en tutelle), le paiement n'est pas valable, sauf si le débiteur prouve que la chose payée a tourné au profit du créancier (art. 1241), c.-à-d. que l'incapable a employé utilement les fonds.

b) Objet du paiement

Deux règles ont une **portée générale** et d'autres sont propres au paiement d'une **somme d'argent**.

• **Le débiteur doit payer la chose même qui est l'objet de la dette** (art. 1243) : le créancier ne peut être contraint de recevoir une autre prestation.

1. S'il s'agit d'un **corps certain**, le « débiteur est libéré par la remise de la chose en l'état où elle se trouve lors de la livraison » (art. 1245).

Lorsque la chose a été **détériorée** dans l'intervalle séparant l'engagement et la livraison, le débiteur n'est libéré que si les détériorations ne proviennent pas de son fait (ou de celui des personnes dont il est responsable).

2. S'il s'agit d'une **chose de genre**, autre que de l'argent, « le débiteur ne sera pas tenu… de la donner de la meilleure espèce, mais il ne pourra l'offrir de la plus mauvaise » (art. 1246).

3. Si le créancier accepte en paiement autre chose que ce qui était dû, il y a **dation en paiement**, p. ex. le débiteur, au lieu de payer la somme due, fournit une prestation que le créancier accepte.

La nature juridique de la dation en paiement est discutée :

– certains y voient une **vente** : le créancier acquiert la chose remise en paiement, en renonçant à la somme qui lui était due et qui représente le prix ;

– d'autres l'analysent comme une **novation par changement d'objet** (v. *infra*, p. 195).

• **Le débiteur doit payer la totalité de la dette**, donc le créancier peut refuser un paiement partiel, sauf si le juge accorde un délai de grâce en autorisant des versements fractionnés (art. 1244-1).

• **Paiement d'une somme d'argent**

1. En principe, **le débiteur n'est tenu de payer que la somme même dont les parties sont convenues**. Ainsi, à propos du prêt d'argent, l'art. 1895 énonce que « l'obligation n'est toujours que de la somme numérique énoncée au contrat ». P. ex., en cas de prêt d'une somme d'argent, le remboursement qui s'effectuera quelques années plus tard portera sur le même montant : le créancier supporte donc les effets de l'érosion monétaire.

2. Aussi les parties ont souvent recours, dans les contrats qui s'échelonnent dans le temps, à diverses **clauses d'indexation** qui font varier le montant de l'obligation en fonction d'un élément de référence, appelé **indice**, p. ex. :

– le cours de l'or (clause valeur-or) ;

– le cours d'une monnaie étrangère (clause valeur-devise) : la monnaie étrangère est alors simplement une unité de compte, non une monnaie de paiement (à distinguer des clauses de paiement en monnaie étrangère) ;

– certaines valeurs économiques, comme le prix d'un produit ou d'un service (clause d'échelle mobile).

Ces clauses ne sont pas toujours valables, car elles révèlent une méfiance des parties envers la monnaie nationale. Une distinction est à opérer selon que le paiement a un caractère international ou interne.

Dans les **paiements internationaux**, c.-à-d. qui supposent un mouvement de marchandises ou de fonds d'un pays à un autre, les clauses d'indexation sont **en principe**

valables, notamment les clauses stipulant l'évaluation de l'obligation, ou même les clauses de paiement, en or ou en monnaie étrangère (sous réserve du respect de l'éventuelle réglementation des changes).

Dans les **paiements internes**, le recours aux **indices généraux** — p. ex. le niveau général des prix ou des salaires, le salaire minimum de croissance — est prohibé, sauf pour des dettes d'aliments ou les rentes viagères (art. L. 112-2 C. mon. et fin.).

La clause d'indexation n'est valable que si l'indice a un rapport direct :

– soit avec l'**objet du contrat** (p. ex., l'emprunt contracté pour acheter une maison, indexé sur le coût de la construction) ;

– soit avec l'**activité de l'une des parties** (p. ex., le prix de cession d'un fonds de commerce de garagiste, indexé sur le salaire d'un ouvrier mécanicien).

Sanction de la clause illicite :

– La **clause** est entachée de **nullité absolue**.

Cependant, dans le souci de préserver l'économie du contrat, les tribunaux ont aujourd'hui tendance à **substituer un indice valable** à celui qui a été convenu. Ils recherchent alors quel est l'indice dont le choix serait licite et qui traduit le mieux l'intention commune des parties. P. ex., dans un contrat de fourniture entre un producteur de cassis et un fabricant de sirops de fruits, les parties avaient choisi l'indice général des taux de salaire horaire des ouvriers toutes catégories. Cette clause d'indexation, illicite parce que générale, a été judiciairement remplacée par la référence à l'indice des prix agricoles à la production. Parfois c'est la **loi** qui prévoit une **substitution de plein droit** de la clause illicite par une indexation valable (p. ex., l'indice du coût de la construction pour les baux d'habitation).

– Si le choix de l'indexation a eu une incidence déterminante sur la conclusion du contrat, elle est analysée comme une **cause illicite** qui entraîne la **nullité du contrat**.

3. Le paiement doit être effectué en **monnaie ayant cours légal** (billets et pièces), donc le créancier est, en principe, en droit de refuser un paiement par chèque.

Toutefois, certains paiements doivent être faits par **chèque barré non endossable**, par **virement bancaire** ou **postal** ou par **carte de paiement** ou de **crédit**, notamment (art. L. 112-6 C. mon. et fin.) :

– divers règlements lorsqu'ils excèdent 1100 € ;

– le règlement d'un traitement ou salaire mensuel supérieur à un montant fixé par décret.

c) Date et lieu du paiement

Date :

- Si la créance est **pure et simple**, le paiement est immédiatement exigible ;
- Si elle est à **terme**, il doit s'effectuer au jour convenu.

En cas de **paiement par chèque**, le débiteur est réputé avoir acquitté sa dette à la date de réception du chèque par le créancier et sous réserve d'encaissement.

Lieu : le paiement doit être fait (art. 1247) :

- au **lieu convenu** ;
- à défaut de convention sur le lieu,

– s'il s'agit d'une **dette de corps certain**, au lieu où se trouvait la chose au moment de la conclusion du contrat ;

– s'il s'agit d'une **dette de somme d'argent**, au domicile du débiteur ; c'est le principe selon lequel **les dettes sont « quérables » et non « portables ».**

Mais, en cas d'« **aliments alloués en justice** », le paiement doit s'effectuer au domicile ou à la résidence de celui qui doit les recevoir - sauf décision contraire du juge (art. 1247, al. 2).

d) Incidents

Deux types principaux se distinguent selon que l'incident émane du créancier lui-même ou de l'un de ses créanciers.

• Le créancier refuse le paiement

Cas dans lesquels **le créancier refuse le paiement** au débiteur qui veut se libérer, p. ex. en raison d'une contestation sur la somme due ; le débiteur doit alors recourir à la procédure des **offres réelles et de la consignation**.

Trois étapes peuvent être distinguées dans cette procédure.

1. Le débiteur fait, par l'intermédiaire d'un officier public, des **offres réelles** au créancier, c.-à-d. avec présentation effective de la chose due ;

2. Si le créancier refuse, le débiteur se dessaisit de la somme (ou de la chose) offerte et la **consigne** (art. 1257) ;

à partir de cette consignation :

– le débiteur est à l'abri des poursuites ;

– les intérêts ne courent plus ;

– s'il s'agit d'un objet de corps certain, les risques de force majeure pèsent sur le créancier ;

– si le créancier accepte la consignation, le débiteur est libéré.

3. Si le créancier persiste dans son refus, le débiteur doit faire rendre un **jugement** qui déclare les offres et la consignation bonnes et valables : ce jugement le libère de sa dette.

• Un créancier du créancier fait opposition au paiement

L'incident peut aussi provenir d'un **créancier du créancier** qui fait opposition au paiement afin d'éviter la disparition de sa créance : il procède alors à une **saisie conservatoire**, qui peut se transformer en **saisie-attribution**, au terme de laquelle la somme lui sera directement versée.

e) Preuve du paiement

Charge : incombe au **débiteur** (art. 1315, al. 2).

Mais la loi prévoit aussi des **présomptions de paiement**, p. ex. lorsque le créancier a remis au débiteur le titre de créance (art. 1282).

Modes : en principe, un écrit est exigé dans les conditions de l'art. 1341 (*supra*, p. 60) : le procédé normal est la **quittance**, écrit signé du créancier et remis au débiteur.

Mais la jurisprudence admet la preuve par **tout moyen** (témoignage, présomption) en cas d'impossibilité morale de se procurer une quittance (relation de famille, d'amitié, usages).

f) Effets du paiement

Le paiement **éteint l'obligation et ses accessoires** (p. ex., une hypothèque, un gage) et libère donc le débiteur.

Un problème d'**imputation des paiements** se pose lorsque le débiteur, qui est tenu de plusieurs dettes de même nature (p. ex., de l'argent) envers le même créancier, effectue un paiement incomplet : à quelle dette faut-il l'imputer ?

À défaut d'accord des parties :

• **le débiteur choisit**, mais dans certaines limites, p. ex., s'il verse une somme d'un montant inférieur à l'une des dettes, il ne peut imputer son paiement sur celle-ci, car ce serait imposer au créancier un paiement partiel ;

• à défaut de choix par le débiteur, le **créancier décide de l'imputation ;**

• à défaut de choix par l'un ou l'autre, l'imputation est réglée par la **loi :**

– d'abord « sur la dette que le débiteur avait le plus d'intérêt d'acquitter » (art. 1256, al. 1er), p. ex. sur celle qui a le taux d'intérêt le plus élevé ;

– si les dettes sont de même nature, sur la plus ancienne ;

– « toutes choses égales, elle se fait proportionnellement » (art. 1256, al. 2).

2. Le paiement avec subrogation

Définition : modalité du paiement qui permet à celui qui a payé la dette (*solvens*) d'exercer à son profit les droits du créancier : on dit qu'il est **subrogé** dans les droits du créancier, appelé **subrogeant**. C'est une **subrogation personnelle**, à distinguer de la **subrogation réelle**, qui a pour effet de substituer un bien à un autre.

Le paiement avec subrogation a une grande importance pratique, p. ex., l'assureur qui a payé à la victime une indemnité est subrogé, jusqu'à concurrence de cette indemnité, dans les droits de la victime contre le responsable.

a) Sources

La subrogation peut être d'origine **conventionnelle** ou **légale**.

• **La subrogation conventionnelle**

La subrogation conventionnelle résulte d'un accord conclu entre, d'une part, le *solvens* et, d'autre part, soit le débiteur, soit le créancier.

1. Elle peut être **consentie par le débiteur** (art. 1250-2°). L'hypothèse est la suivante : le débiteur qui veut payer sa dette emprunte des fonds à un tiers et le subroge (c.-à-d. le place) dans les droits du créancier qu'il va désintéresser.

L'opération présente une utilité pour le débiteur notamment lorsque la nouvelle dette est plus avantageuse que la précédente, p. ex., en raison d'un taux d'intérêt plus faible.

Conditions de validité :

– l'acte d'emprunt souscrit pour rembourser la première dette et la quittance délivrée par le créancier désintéressé doivent être conclus par **acte authentique ;**

– l'**acte d'emprunt** doit indiquer que les deniers empruntés sont utilisés pour payer l'ancienne dette ;

– la **quittance** doit constater que le paiement a été fait avec les deniers empruntés.

Ces conditions sont exigées pour éviter certaines **fraudes** du débiteur : p. ex., après avoir payé sa dette qui était garantie par une hypothèque, le débiteur qui a encore besoin de fonds pourrait être tenté d'accorder à un nouveau prêteur la subrogation dans la créance et l'hypothèque — qui sont pourtant éteintes — au moyen d'un acte antidaté prévoyant frauduleusement que le nouvel emprunt est destiné à payer la première dette. La rédaction d'un acte notarié, dont la date est certaine, élimine ce risque d'antidate.

2. Elle peut être **consentie par le créancier** (art. 1250-1°) : le créancier qui veut être payé immédiatement s'adresse à un tiers qui accepte de lui verser le montant de la créance à la condition d'être subrogé dans le droit de créance contre le débiteur.

Conditions de validité

Des formes particulières ne sont pas nécessaires, mais il faut :

– que **la subrogation soit consentie en même temps que le paiement** (plus tôt, il ne s'agirait que d'une simple promesse, puisque, tant que le créancier n'a pas été payé, un tiers ne peut pas être subrogé dans ses droits ; plus tard, la créance serait déjà éteinte) ;

– que l'**accord des parties** (le créancier et le *solvens*) soit **exprès**.

• **La subrogation légale**

De nombreux cas sont prévus par le Code civil (art. 1251) et des textes spéciaux (not. dans le domaine des assurances et celui de la sécurité sociale). Dans toutes ces hypothèses, la subrogation a lieu **de plein droit**.

1. Cas à portée générale (art. 1251-3°) : celui qui, **tenu avec d'autres** (situation de débiteurs solidaires) ou **pour d'autres** (cas de la caution), a payé la dette, est subrogé dans les droits du créancier.

2. Autres exemples :

– Le **créancier qui paie un créancier de rang préférable** est subrogé dans ses droits et prend donc son rang (art. 1251-1°).

– L'**acquéreur d'un immeuble** qui emploie le prix pour payer les créanciers titulaires d'une hypothèque sur l'immeuble (art. 1251-2°) leur est subrogé.

– La **caisse de sécurité sociale** ou l'**assureur** qui a dû verser une indemnité à son assuré, victime d'un accident, est subrogé dans les droits de celui-ci contre le responsable (art. 397 CSS ; art. L. 121-12 C. assur.).

b) Effets

• **Le créancier est payé** : en cela la subrogation est une modalité de **paiement**.

• **Celui qui a payé** (*solvens*) **se substitue** (est subrogé) **au créancier** : la créance, avec ses accessoires, lui est **transmise**. Mais il existe des **différences avec les effets de la cession de créance :**

– Le créancier qui a reçu paiement n'est pas tenu à garantie (à la différence du cédant, v. *supra*, p. 184).

Si la créance n'existe pas, le subrogé a certes un recours contre celui qu'il a payé, mais ce recours est fondé sur la répétition de l'indu (v. *supra*, p. 161 et s.) et n'est pas une action en garantie.

– Le subrogé ne peut réclamer au débiteur une somme supérieure à celle qu'il a versée au créancier, alors que le cessionnaire a le droit d'exiger la totalité de la créance, quel que soit le prix qu'il a payé pour l'acquérir.

– Le codébiteur tenu avec d'autres et qui a payé toute la dette (et qui donc bénéficie de la subrogation légale) ne profite pas intégralement des droits du créancier, puisqu'il doit diviser son recours entre les autres codébiteurs (v. *supra*, p. 179, en cas de solidarité). De son côté, le cessionnaire d'une créance à l'encontre de plusieurs débiteurs dispose de tous les droits dont le cédant était titulaire.

– Si le créancier subrogeant n'a reçu qu'un paiement partiel, il conserve tous ses droits sur le solde et, dans la répartition des deniers, doit être payé par préférence au subrogé (art. 1252) (sens de la formule : **nul n'est censé avoir subrogé à son détriment**). En revanche, en cas de cession partielle d'une créance, le cessionnaire est placé au même rang que le cédant qui reste titulaire d'une partie de la créance.

B. Extinction de l'obligation par une satisfaction autre que celle qui était due

Sur la dation en paiement, v. *supra*, p. 188.

1. La compensation

Définition : mode d'extinction de **deux obligations** ayant pour objet de l'argent ou des choses fongibles, lorsque deux personnes deviennent **respectivement créancières et débitrices l'une de l'autre**, p. ex., Jacques doit 1 000 € à Paul qui, par ailleurs, doit 800 € à Jacques.

L'extinction est **totale** si les deux obligations sont du même montant, sinon elle est **partielle** et se produit à concurrence de la plus faible.

Elle aboutit à une sorte de **double paiement abrégé**.

a) Compensation légale

Elle s'opère **de plein droit** si certaines conditions sont réunies ; les deux obligations réciproques doivent :

• porter sur des **choses fongibles**, c.-à-d. de l'argent ou des choses de même espèce ;

• être **liquides**, c.-à-d. certaines et d'un montant déterminé ;

• être **exigibles**, c.-à-d. échues : la compensation légale ne peut pas s'opérer si une dette est à terme. Néanmoins, elle est possible lorsqu'un **délai de grâce** a été accordé par le juge, car il s'agit simplement d'un report d'échéance pour permettre au débiteur en difficulté de payer plus tard : par conséquent, s'il est en même temps titulaire d'une créance contre son créancier, rien n'empêche un paiement immédiat par compensation.

La compensation ne peut pas se réaliser dans certaines circonstances, notamment :

• si l'une des créances est **insaisissable**, p. ex. une créance alimentaire ;

• si elle porte atteinte à un **droit acquis par un tiers** ;

• si les parties y ont **renoncé** expressément ou tacitement.

b) Autres mécanismes aboutissant à une compensation

• Compensation conventionnelle

C'est un **contrat** par lequel deux personnes respectivement créancières et débitrices l'une de l'autre sont d'accord pour une compensation qui ne peut pas se faire de plein droit (p. ex., pour des dettes de nature différente ou non exigibles).

• Compensation judiciaire

Elle est opérée par le juge saisi de deux demandes fondées sur des créances réciproques dont **l'une au moins n'est pas liquide ou n'est pas exigible**. P. ex., A réclame sa créance à B, or B est titulaire contre A d'une créance non liquide (ce qui empêche la compensation légale) et fait une **demande reconventionnelle** : le juge décide souverainement s'il convient de liquider cette créance et de procéder à la compensation.

2. La confusion

• La confusion est **la réunion, dans la même personne, des qualités de créancier et de débiteur d'une obligation** (à la différence de la compensation qui suppose deux obligations distinctes), ce qui entraîne en principe son extinction. P. ex., un débiteur hérite de son créancier ou inversement ; une société fusionne avec une autre, dont elle était créancière ou débitrice.

• Il est généralement admis aujourd'hui que la confusion entraîne plutôt une impossibilité d'exécution, une paralysie de l'obligation, sans l'éteindre de manière absolue. L'obligation peut ainsi continuer à produire quelques effets, p. ex., elle doit être prise en compte, en cas de confusion sur la tête d'un héritier, pour le calcul des droits de mutation et la détermination de la réserve héréditaire. Elle pourrait même revivre si les circonstances qui étaient à l'origine de la confusion venaient à cesser.

3. La novation

C'est l'opération par laquelle une obligation nouvelle est substituée à l'obligation ancienne.

À la différence de la cession de créance, il n'y a pas transmission de l'obligation, mais extinction d'une obligation qui est remplacée par une autre.

a) Conditions communes à tous les cas de novation

• **Substitution d'une obligation à une autre et les deux doivent être valables.**

• **Intention de nover.**

Art. 1273 : **la novation ne se présume pas**, c.-à-d. que le consentement des parties doit être certain et non équivoque.

La novation est donc en principe **conventionnelle**, mais parfois la **loi** prévoit un effet similaire en l'absence d'accord des parties (p. ex., l'art. 759 C. civ., qui accorde une faculté de convertir en rente viagère l'usufruit du conjoint survivant).

b) Différentes sortes de novation

Trois types de novation se distinguent.

• **Novation par changement de créancier** (art. 1271-3°) : p. ex., le débiteur d'un prix s'engage, à la demande du vendeur, à verser la somme due à un tiers ; ce tiers est ainsi le nouveau créancier.

Cette opération est voisine de la **cession de créance**, mais elle s'en distingue par deux traits :

1. Une créance nouvelle remplace l'ancienne, donc :

– le débiteur ne peut opposer au nouveau créancier les exceptions qu'il pouvait opposer à l'ancien : c'est le **principe de l'inopposabilité des exceptions** ;

– le nouveau créancier ne bénéficie pas des **garanties** qui éventuellement protégeaient la première créance ;

2. L'accord du débiteur est nécessaire, puisqu'il va être tenu d'une dette différente de la première.

• **Novation par changement de débiteur** (art. 1271-2°)

Un nouveau débiteur se substitue à l'ancien, dont la dette est éteinte. L'opération suppose le **consentement du créancier et du nouveau débiteur**, mais l'accord de l'ancien débiteur, qui est libéré, n'est pas toujours indispensable, d'où deux variantes.

1re variante : le premier débiteur demande à une personne, qui est le plus souvent son propre débiteur, de s'engager envers son créancier et, en contrepartie, celui-ci le libère (art. 1275).

L'opération suppose l'accord des trois parties :

– du premier débiteur, puisqu'il en est l'instigateur ;

– du nouveau débiteur, puisqu'il ne peut évidemment pas être engagé sans le vouloir ;

– du créancier, puisqu'on ne peut pas lui imposer un changement de débiteur.

Cette opération se ramène très souvent à une **délégation parfaite** (v. *infra*, 4.).

2e variante : l'opération se réalise **sans le concours du premier débiteur** (art. 1274), c.-à-d. qu'un tiers accepte de s'engager envers le créancier moyennant la libération du premier débiteur. On peut en effet libérer quelqu'un sans qu'il ait manifesté son accord, en s'engageant à sa place (on parle d'***expromissio***), de même qu'il est possible de payer pour lui (art. 1236, al. 2).
La novation par changement de débiteur se rapproche de la **cession de dette**, mais s'en distingue car :
– la première dette est éteinte, et non transmise ;
– l'accord du créancier est toujours nécessaire.
• **Novation par changement d'un élément important de l'obligation ;** les parties restent les mêmes, mais sont d'accord pour modifier :
– l'**objet de l'obligation**, p. ex., à une dette de somme d'argent est substituée une dette de corps certain ; cette opération se distingue de la **dation en paiement**, v. *supra*, p. 188 : celle-ci suppose un paiement immédiat sans création d'une nouvelle obligation, alors que, dans la novation, une nouvelle dette remplace la première qui s'éteint ;
– ou la **cause de l'obligation**, c.-à-d. que le débiteur est tenu en vertu d'un **autre titre**, p. ex. l'acheteur, qui doit payer le prix, convient avec le vendeur qu'il le conserve un certain temps à titre de prêt ;
– ou une **modalité importante**, p. ex. l'insertion ou la suppression d'une condition, car l'existence même de l'obligation en dépend. Mais l'octroi d'un terme, qui ne concerne que l'exigibilité de la dette, ne la nove pas.

c) Effets

• **Extinction de la première obligation avec ses accessoires et garanties**, sauf accord des parties pour les reporter sur la nouvelle dette (art. 1278).

• **Création d'une obligation nouvelle qui se substitue à l'ancienne.**

4. La délégation

La délégation est l'opération par laquelle une personne (le **délégué**) accepte, sur l'ordre d'une autre (le **délégant**), de s'obliger au profit d'un tiers (le **délégataire**). P. ex., Pierre, qui doit 10 000 € à Paul, vend un objet pour 10 000 € à Jacques en lui demandant de verser cette somme à Paul : Pierre est le délégant, Jacques, s'il accepte, est le délégué, et Paul le délégataire.
On distingue deux types de délégation : l'une est appelée **parfaite** ou ***expromissio***, l'autre est dénommée **imparfaite** ou ***adpromissio***.

a) Délégation parfaite et délégation imparfaite

• **Délégation parfaite : le délégataire entend libérer le délégant**. Elle produit donc un **effet novatoire**, puisqu'un nouveau débiteur (délégué) se substitue à l'ancien (délégant) qui est libéré. D'où le nom d'***expromissio***.
Aussi le **consentement exprès du créancier** (délégataire) est indispensable.
• **Délégation imparfaite : le délégataire n'a pas manifesté l'intention de libérer le délégant** ; en conséquence, le créancier délégataire a deux débiteurs au lieu d'un - ce qui explique l'appellation d'***adpromissio***.

b) Effets

• **Création d'un lien de droit entre le créancier (délégataire) et le nouveau débiteur (délégué)**

L'engagement du nouveau débiteur est indépendant de celui du délégant, donc il ne peut opposer au délégataire les exceptions et moyens de défense qu'il pouvait invoquer contre le délégant : c'est une application du **principe de l'inopposabilité des exceptions**.

Toutefois, dans leur accord, le délégué et le délégataire peuvent convenir que l'obligation nouvelle est subordonnée à une condition (p. ex., que le délégant exécute ses obligations) ou est limitée (p. ex., le délégué s'oblige seulement dans la limite de ce que le délégant doit au délégataire). En conséquence de cet accord, le délégué pourra opposer au délégataire une exception tirée de l'inexécution par le délégant de ses obligations ou de l'étendue de celles-ci.

• **Situation du délégant**

1. Si la délégation est **parfaite**, elle produit l'effet d'une **novation par changement de débiteur** : le délégant est immédiatement libéré et remplacé par le délégué. Le délégataire (le créancier) ne peut donc réclamer le paiement qu'au délégué et n'a pas de recours contre le délégant, sauf clause expresse de l'acte ou insolvabilité du délégué au jour de la délégation (art. 1276).

2. Si la délégation est **imparfaite, elle n'a pas d'effet novatoire** et le délégant reste tenu, c.-à-d. que :

– le délégant ne sera libéré que lorsque le délégué paiera le délégataire ;

– si le délégué ne paie pas, le délégataire a le droit d'agir contre le délégant.

c) Comparaison avec d'autres techniques

• **Différences avec la cession de créance**

1. La délégation entraîne la création d'une **obligation nouvelle** (entre le délégataire et le délégué), et non une simple transmission.

2. Le **délégué** (nouveau débiteur) déclare **s'engager au profit du délégataire**, alors que, dans la cession de créance, le consentement du débiteur cédé n'est pas nécessaire. Les formalités de la cession de créance, destinées à informer le débiteur, sont donc inutiles en cas de délégation.

3. Il ne faut pas que l'opération nuise au délégataire (créancier) qui doit être payé, donc **le délégant garantit la solvabilité du délégué au jour de la délégation.** Dans la cession de créance, seule l'existence de la créance est garantie, non la solvabilité du débiteur cédé.

• **Différences avec la novation par changement de débiteur**

1. La **délégation imparfaite** se distingue nettement de la novation par changement de débiteur, puisque le délégataire a deux débiteurs.

2. La **délégation parfaite** se combine ordinairement avec une novation par changement de débiteur. Toutefois **elle n'a pas toujours d'effet novatoire**, car il n'est pas nécessaire que le délégant soit débiteur du délégataire. En effet, s'il demande au délégué de payer le délégataire, c'est parfois pour faire à ce dernier une donation ou lui consentir un prêt : dans ces hypothèses, il n'y a rien à nover.

3. En ce qui concerne la **manifestation du consentement du créancier**, le Code civil énonce apparemment des exigences de degrés différents :

– En vertu de l'art. 1273, l'intention de nover « **ne se présume point** » et il faut qu'elle « **résulte clairement de l'acte** ». Il est cependant admis qu'elle peut être tacite, à condition de ne pas être équivoque.

– D'après l'art. 1275, la volonté du délégataire de libérer le délégant doit être « **expressément** » déclarée.
Il n'est toutefois pas certain que, par ces formules distinctes, les rédacteurs du Code aient voulu exprimer des exigences différentes.

• **Différences avec la stipulation pour autrui**

Trait commun de la stipulation pour autrui et de la délégation imparfaite : le tiers bénéficiaire, comme le délégataire, dispose de **deux actions**, l'une contre le premier débiteur (stipulant ou délégant) et l'autre contre le nouveau débiteur (promettant ou délégué), mais il existe des **différences :**

1. Quant à la **formation**, la validité de l'opération suppose :
– l'accord des trois parties, dans la délégation ;
– seulement l'accord du stipulant et du promettant, dans la stipulation pour autrui.

2. De cela il résulte que **le droit du tiers est irrévocable** :
– dès le jour où la délégation est convenue, si le tiers est le délégataire, puisque, par hypothèse, il a donné son consentement à ce moment ;
– seulement à partir de son acceptation, s'il s'agit du bénéficiaire de la stipulation pour autrui.

3. L'engagement du promettant envers le tiers dépend de ses rapports avec le stipulant : il s'ensuit que le promettant peut opposer au tiers les exceptions opposables au stipulant. En revanche, **l'engagement du délégué envers le délégataire** est indépendant de ses rapports avec le délégant : le délégué ne peut donc opposer au délégataire les exceptions opposables au délégant (sauf accord contraire entre le délégué et le délégant).

§ 2 - CAUSES D'EXTINCTION SANS SATISFACTION DU CRÉANCIER

L'une suppose l'accord du créancier, c'est la **remise de dette** ; l'autre se produit sans son accord, c'est la **prescription**.

A. La remise de dette

C'est l'acte par lequel le créancier **renonce** à sa créance et libère le débiteur qui **accepte**.

1. Conditions de validité

La remise de dette est une **convention** entre le créancier et le débiteur : ce n'est donc pas un acte unilatéral.
Elle est soumise aux conditions de validité exigées pour tout contrat. Elle peut être consentie :

• **à titre gratuit** (il faut l'intention libérale du créancier) : les conditions de fond — mais non de forme — des donations lui sont alors applicables ;

• **à titre onéreux**, p. ex., dans une transaction, le créancier abandonne tout ou partie d'une créance, en échange d'une concession de la part de son adversaire.

2. Preuve

La remise de dette peut être **expresse** ou **tacite**, et les règles de preuve des actes juridiques lui sont applicables (*supra*, p. 60 et s.).
Toutefois les art. 1282 et 1283 instaurent une **présomption légale** : lorsque **le**

créancier remet volontairement son titre de créance au débiteur, celui-ci est présumé libéré, soit par l'effet d'un paiement, soit par une remise de dette.
Parfois il est nécessaire de savoir si la libération découle d'un **paiement** ou d'une **remise de dette** (car, dans ce dernier cas seulement, l'opération peut être à titre gratuit) : il appartient alors à celui qui invoque l'une ou l'autre de ces qualifications de démontrer que l'opération en présente les caractères.
Force de la présomption
Elle varie en fonction de la **forme du titre de créance**.
a) Si le titre est un **acte sous seing privé** ou un **acte notarié rédigé en brevet** (c.-à-d. dont l'original lui-même est délivré au créancier), le créancier qui le remet au débiteur perd le seul moyen qu'il avait de prouver son droit ; on en déduit que son intention de libérer le débiteur est certaine et que **la présomption de libération est absolue**.
b) Si le créancier a remis la **copie exécutoire d'un acte authentique**, il ne s'est pas privé de tout mode de preuve, puisqu'il peut se faire délivrer une autre copie, donc **la présomption de libération est simple** et peut être combattue par tout moyen.

3. Effets

La remise de dette éteint l'obligation du débiteur, en **totalité** ou en **partie**, suivant ce qui a été convenu.
En cas de **pluralité de débiteurs**, il convient de distinguer selon leur statut.
a) S'il s'agit de **débiteurs conjoints**, la remise de dette faite à l'un ne profite pas aux autres. Il en va toutefois différemment lorsqu'elle résulte de la remise du titre, puisque le créancier s'est démuni de preuve (la force de la présomption de libération varie alors selon la forme du titre, v. *supra*, 2.).
b) En présence de **débiteurs solidaires**, la remise de dette accordée à l'un profite aux autres, sauf volonté contraire du créancier. Dans le cas où le créancier a réservé ses droits contre les autres, il ne peut plus les poursuivre que déduction faite de la part de celui auquel il a fait remise (art. 1285, al. 2).
c) En cas de **cautionnement**,

- la remise de dette accordée au débiteur principal libère la caution ;
- mais la remise faite à la caution ne libère pas le débiteur principal ;
- la remise accordée à l'une des cautions ne libère pas les autres (art. 1287), à moins qu'il ne s'agisse de cautions solidaires (art. 2021, *in fine*).

B. La prescription extinctive ou libératoire

La prescription extinctive ou libératoire est le mode d'**extinction** de l'obligation résultant du non-exercice de son droit par le créancier pendant une durée déterminée par la loi.
Elle est à distinguer de la **prescription acquisitive** qui permet à une personne d'**acquérir un droit réel** au bout d'un certain temps de possession.

1. Durée de la prescription

En principe, elle est de **trente ans** (art. 2262).
Mais, dans de nombreux cas, la loi prévoit une prescription plus courte, p. ex. :
a) Dix ans. C'est le cas :
– des obligations extra-contractuelles (art. 2270-1) ;

– des obligations nées à l'occasion de leur commerce entre commerçants ou entre commerçants et non-commerçants (art. L. 110-4 C. com.) ;
b) Cinq ans pour les créances périodiques, c.-à-d. « tout ce qui est payable par année ou à des termes périodiques plus courts » (art. 2277), notamment les salaires, loyers, pensions alimentaires, intérêts des sommes prêtées (le législateur a institué ce court délai dans le but d'éviter une trop grande accumulation d'annuités) ;
c) Deux ans :
– les créances des médecins, chirurgiens, dentistes pour leurs visites, opérations et médicaments (art. 2272, al. 3) ;
– les créances des marchands pour les marchandises qu'ils vendent aux particuliers (art. 2272, al. 4) ;
d) Un an :
– le paiement des actes d'huissier (art. 2272, al. 1er) ;
– l'action en responsabilité contre un transporteur (art. L. 133-6 C. com.) ;
e) Six mois pour les créances des hôteliers et restaurateurs (art. 2271, al. 2).
Les courtes prescriptions (jusqu'à deux ans en principe) sont fondées sur une **présomption de paiement**, car il est d'usage d'acquitter dans un bref délai les dettes auxquelles elles s'appliquent (qui, de plus, ne sont pas ordinairement constatées par un titre).

2. Régime de la prescription

a) Calcul du délai

• Point de départ

Le délai court, en principe, à dater du jour où la créance est **exigible**, donc si la créance est sous condition suspensive ou à terme, du jour de l'arrivée de l'événement ou de l'échéance (art. 2257, al. 2 et 4).
Pour les intérêts ou les loyers, il court à compter de chaque échéance.

• Interruption

L'interruption est un arrêt du cours de la prescription qui recommence à courir à dater de l'événement interruptif, pour toute sa durée, sans qu'on puisse tenir compte de la période déjà écoulée.
Causes : deux actes entraînent l'interruption du cours de la prescription :
– un **acte de poursuite** du créancier (art. 2244), c.-à-d. un acte par lequel il manifeste solennellement son intention d'être payé, p. ex., un commandement (sommation par huissier), une saisie, une assignation en justice (même en référé) ;
– la **reconnaissance par le débiteur de sa dette** (art. 2248) soit **expressément** (dans un acte quelconque, sans forme particulière), soit **tacitement**, p. ex., en payant un acompte, en demandant un délai de paiement.
Effets : la période déjà écoulée **n'est pas prise en compte** et la prescription **recommence à courir** pour **toute sa durée** légale.
Dans le cas des **courtes prescriptions** fondées sur une présomption de paiement, l'interruption entraîne une **interversion**, c.-à-d. la substitution de la prescription trentenaire à la courte prescription. **Motif** : l'interruption fait disparaître la présomption de paiement qui servait de fondement à la courte prescription.

• Suspension

C'est l'arrêt temporaire du cours de la prescription et qui, **à la différence de l'interruption**, ne fait pas disparaître les effets de la durée déjà écoulée.

Causes : le cours de la prescription est en principe suspendu, lorsque le créancier est dans l'**impossibilité d'agir**, soit en vertu d'un **texte spécial** (p. ex. lorsque le créancier est un mineur ou un majeur en tutelle : art. 2252 ; lorsqu'un époux est créancier de son conjoint : art. 2253) soit, plus généralement, en vertu de la règle selon laquelle **la prescription ne court pas contre celui qu'un obstacle de force majeure empêche d'agir**.

Effets : la prescription **s'arrête de courir** tant que dure la cause de suspension, puis **reprend son cours** pour la période qui reste, **compte tenu du temps déjà écoulé**.

Par exception, les délais dits **préfix** ne sont pas susceptibles d'interruption ni de suspension.

b) Mise en œuvre

• La prescription ne joue pas de plein droit ; le débiteur doit l'**invoquer** (art. 2223) et ne doit pas y avoir **renoncé**.

• Le débiteur ne peut pas valablement renoncer par avance à une prescription, mais il peut renoncer expressément ou tacitement au bénéfice d'une **prescription déjà écoulée** (art. 2220), sauf si elle a un caractère d'ordre public.

POUR ALLER PLUS LOIN

BIBLIOGRAPHIE :

› F. Terré, Ph. Simler et Y. Lequette, *Droit civil. Les obligations*, Dalloz, coll. « Précis », 9e éd., 2005, nos 1270 à 1510.

› H. Capitant, F. Terré et Y. Lequette, *Grands arrêts de la jurisprudence civile*, t. 2, *Obligations, Contrats spéciaux, Sûretés*, Dalloz, coll. « Grands arrêts », 11e éd., 2000 (12e éd. à paraître en 2008), nos 238 (la compensation), 239 (la délégation) et 241 (la cession de créance).

Titre 2

LES DROITS DU CRÉANCIER NON PAYÉ SUR LE PATRIMOINE DE SON DÉBITEUR

Le créancier n'a pas de pouvoir de coercition sur la personne du débiteur, ce qui implique que :
• Si le débiteur refuse d'exécuter une **obligation de faire** (ou de **ne pas faire**), il ne pourra en principe être condamné qu'à fournir l'équivalent pécuniaire sous forme de **dommages et intérêts** (art. 1142) ;

• Les seules mesures de contrainte dont dispose le créancier portent sur les **biens de son débiteur**, p. ex. il peut exercer une pression au moyen d'une **astreinte** prononcée par le juge (condamnation à payer tant par jour de retard). La **contrainte par corps** (emprisonnement pour dette) n'est admise qu'au profit du Trésor public dans certains cas.

• L'ultime recours du créancier non payé est de procéder à une **voie d'exécution** ou **saisie** sur les biens du débiteur afin de se faire payer sur le prix de leur vente, car tout créancier bénéficie d'un **droit de gage général** sur le patrimoine de son débiteur.

Chapitre 1 › LE DROIT DE GAGE GÉNÉRAL

L'existence du **droit de gage général** est affirmée dans l'art. 2284 : « Quiconque s'est obligé personnellement est tenu de remplir son engagement sur tous ses biens mobiliers et immobiliers, présents et à venir ». Ce droit de gage général permet au créancier de saisir l'un quelconque des biens du débiteur. Il est à distinguer du **gage**, sûreté particulière portant sur un **meuble déterminé** et conférant au créancier qui en bénéficie un **droit de priorité** sur les autres.

Caractères du droit de gage général

1. Il englobe **tous les biens du débiteur**, à l'exception de ceux qui sont **insaisissables**.

2. Il porte sur les biens du débiteur, composant son patrimoine **au jour où il est mis en œuvre** (par une saisie) : il ne comprend donc pas les biens déjà aliénés, sous réserve d'une fraude.

3. Il n'emporte pas un droit de préférence : les biens du débiteur sont le **gage commun de tous ses créanciers**. Si ces biens sont saisis et vendus, le prix de leur vente sera distribué entre eux par **contribution**, c.-à-d. proportionnellement au montant de leurs créances, sauf quand il existe des causes de préférence découlant de la loi, d'un contrat ou d'un jugement, telles qu'une hypothèque (sûreté grevant un immeuble), un gage (sûreté grevant un meuble), un privilège immobilier ou mobilier.

Chapitre 2 > LA PROTECTION DU DROIT DE GAGE GÉNÉRAL

Elle est assurée par diverses **mesures conservatoires** mises à la disposition du créancier. Celui dont la créance paraît fondée en son principe peut notamment demander au juge, à condition de justifier de **circonstances susceptibles d'en menacer le recouvrement**, l'autorisation de pratiquer une **saisie conservatoire** sur les biens meubles du débiteur (ce qui les rend indisponibles) ou de constituer une **sûreté judiciaire**, c.-à-d. une inscription provisoire d'hypothèque sur un ou plusieurs de ses immeubles ou de nantissement sur des fonds de commerce, parts de société ou valeurs mobilières (art. 67 et s. L. 9 juill. 1991).
Dans des conditions plus particulières, le créancier peut mettre en œuvre l'**action oblique**, une **action directe** ou l'**action paulienne**.

Section 1 > L'ACTION OBLIQUE (ART. 1166)

C'est l'action par laquelle **le créancier exerce les droits et actions de son débiteur** : il fait entrer dans le patrimoine de son débiteur une valeur, qu'il pourra ultérieurement saisir.

§ 1 - CONDITIONS D'EXERCICE

1. Le créancier doit être titulaire d'une **créance quelconque**, à condition qu'elle soit **certaine, liquide** et **exigible**.

2. Le créancier doit justifier d'un **intérêt sérieux et légitime**, ce qui suppose :

• la **négligence** ou plus généralement l'**inaction de son débiteur** qui s'abstient de recouvrer ses créances envers ses propres débiteurs ;

• et que cette attitude compromette les droits du créancier en mettant sa créance **en péril**, notamment parce que le débiteur risque d'être **insolvable**.

3. Domaine : le créancier peut exercer **tous les droits et actions** de son débiteur (mesures conservatoires, actions en justice, voies d'exécution) contre les débiteurs de celui-ci, **sauf les droits et actions exclusivement attachés à la personne**, c.-à-d. les **droits extrapatrimoniaux** (action en divorce) et les **droits patrimoniaux** qui mettent en jeu des **considérations d'ordre moral** (révocation d'une donation pour ingratitude) ou concernent des **biens insaisissables** (recouvrement d'une pension alimentaire).

§ 2 - EXERCICE PAR LE CRÉANCIER DES DROITS ET ACTIONS DE SON DÉBITEUR

1er principe : le créancier n'exerce pas un droit propre, mais le droit de son débiteur, par conséquent :

• Le tiers poursuivi peut opposer au créancier poursuivant toutes les **exceptions** qu'il pourrait invoquer contre son propre créancier, p. ex. l'extinction de la créance par compensation, renonciation, etc.

• L'action oblique fait entrer dans le patrimoine du débiteur un bien qui devient le **gage commun de tous ses créanciers**. Le poursuivant n'a donc pas de privilège : on dit que l'action oblique est **individuelle dans son exercice**, mais **collective par ses effets.**

2e principe : l'action oblique **n'est pas une saisie** et le débiteur n'est pas dessaisi, donc il conserve l'exercice de ses droits et actions à l'égard du tiers, d'où, p. ex., la possibilité pour le débiteur de recevoir un paiement de ce tiers ou de transiger avec lui.

3e principe : en vertu de la **relativité de la chose jugée**, le jugement rendu contre le tiers n'a pas d'autorité à l'égard du débiteur, sauf s'il a été **mis en cause** (d'où l'utilité de le mettre en cause afin que le jugement soit opposable à toutes les personnes concernées).

Section 2 › LES ACTIONS DIRECTES

L'action directe - que la loi accorde seulement dans des cas particuliers - permet à un créancier d'agir directement, **en son nom personnel**, contre certains débiteurs de son débiteur.

La loi accorde une action directe, p. ex. :

– au bailleur d'immeuble contre le sous-locataire (art. 1753) ;
– à l'ouvrier contre le client de l'entrepreneur (art. 1798) ;
– au mandant contre le tiers que le mandataire s'est substitué (art. 1994, al. 2) ;
– à la victime d'un dommage contre l'assureur du responsable (art. L. 124-3 du C. assur.).

La jurisprudence a également créé des actions directes, p. ex. au profit du sous-acquéreur contre le premier vendeur.

Différences avec l'action oblique (appelée aussi **indirecte**)

Le créancier agit en son nom personnel, donc :

• **Le débiteur est dessaisi de son droit** : l'action, dès qu'elle est exercée, rend inopposables au créancier (le demandeur à l'action) les actes de son débiteur relatifs à la créance, notamment un paiement qu'il ferait.

• **Le bénéfice de l'action est réservé au créancier, auquel la loi l'a accordée** : il échappe ainsi au concours des autres créanciers, et là réside la supériorité des actions directes sur l'action oblique.

Section 3 › L'ACTION PAULIENNE

Grâce à cette action un créancier peut faire déclarer **inopposable à son égard** un acte que le débiteur a conclu en **fraude** de ses droits (de Paul, prêteur romain qui l'aurait créée).

§ 1 - CONDITIONS D'EXERCICE

A. Conditions relatives à la créance du demandeur

La créance doit être :

• **certaine au moment de l'exercice de l'action ;** en revanche, la jurisprudence n'exige pas qu'elle soit liquide et exigible, puisqu'il s'agit seulement d'une mesure conservatoire ;

• **née, au moins dans son principe, antérieurement à l'acte attaqué**. Le créancier ne peut en effet pas se plaindre des actes que son débiteur a conclus avant la naissance de sa créance.

B. Condition relative à l'acte : le préjudice du créancier

Le débiteur doit avoir conclu un acte préjudiciable au créancier : le préjudice découle d'un **acte d'appauvrissement** qui entraîne l'**insolvabilité** du débiteur.

• **Acte d'appauvrissement**, p. ex. une donation, une vente à vil prix, la renonciation à une succession, mais à condition que l'acte ne soit pas relatif à des **droits exclusivement attachés à la personne** ou à des **biens insaisissables**.

Sont également exclus :

– le **paiement d'une dette échue**, car ce n'est pas un appauvrissement ;

– le **partage**, car il serait délicat de remettre en cause les opérations complexes qu'il suppose (mais, en contrepartie, les créanciers ont le droit de surveiller son déroulement).

• Cet appauvrissement a dû **entraîner** ou **aggraver l'insolvabilité du débiteur**.

Le créancier n'a pas à se plaindre s'il reste suffisamment de biens saisissables dans le patrimoine du débiteur.

C. Condition relative aux parties à l'acte : la fraude

• **Le débiteur**

Sa **fraude** est nécessaire : il faut qu'il ait conclu l'acte avec **conscience qu'il causait un dommage à son créancier en se rendant insolvable ou en augmentant son insolvabilité**.

• **Le tiers contre lequel le créancier agit**

– Si l'acte attaqué est **à titre gratuit, peu importe que le tiers ait été ou non complice de la fraude** (le créancier qui a subi une perte est toujours préféré au tiers — même de bonne foi — qui se voit seulement privé d'un gain obtenu sans contrepartie).

– Si l'acte est **à titre onéreux**, le demandeur doit prouver la **complicité du tiers**, c.-à-d. sa connaissance du préjudice que l'acte causait au créancier.

§ 2 - EFFETS

• **L'acte est déclaré inopposable au demandeur**, qui pourra donc exiger du tiers la **restitution** du bien aliéné ou des **dommages et intérêts**, mais dans la limite de son intérêt, c.-à-d. sans excéder la valeur de sa créance.

• **L'action est personnelle** et ne profite pas aux autres créanciers (à la différence de l'action oblique).

• **L'acte n'est pas annulé** : il continue à produire ses **effets dans les rapports entre le débiteur et le tiers.**

§ 3 - DIFFÉRENCES AVEC L'ACTION EN DÉCLARATION DE SIMULATION

• Dans l'action paulienne, le créancier demande l'inopposabilité à son égard d'un **acte d'appauvrissement réel** ; en cas de simulation, il s'agit d'un **acte fictif** (v. *supra*, p. 84 et s.).

• L'action paulienne suppose la preuve d'une **fraude** ; dans l'action en simulation, il suffit de prouver le caractère **mensonger** de l'acte.

Chapitre 3 › LES RESTRICTIONS AUX DROITS DU CRÉANCIER ET LA PROTECTION DU DÉBITEUR : LES MESURES DE REDRESSEMENT EN CAS DE SURENDETTEMENT DES PARTICULIERS

Diverses mesures sont prévues pour éviter une exécution trop rigoureuse de son obligation par le débiteur. Tel est notamment le rôle des **délais de grâce** accordés par le juge et des **moratoires** décidés par le législateur (v. *supra*, p. 171).
Des règles destinées à protéger le débiteur sont également édictées dans le cadre des procédures de règlement collectif des créanciers. Pendant longtemps seul le **droit commercial** avait organisé des procédures de ce type. Elles s'appliquent aujourd'hui aux **commerçants**, **artisans**, **exploitants agricoles** et **personnes morales de droit privé** (la base du droit actuel se trouve dans les lois du 1er mars 1984 et du 25 janvier 1985, dont les dispositions ont été reprises dans le C. com., art. L. 611-1 et s., et L. 620-1 et s.). De son côté, le **droit civil** a ignoré pendant longtemps toute technique comparable. En cas d'insolvabilité, la **déconfiture** du débiteur — évoquée dans plusieurs articles du Code civil — ne donne pas lieu à l'organisation d'une procédure collective de liquidation du patrimoine et n'entraîne que des effets limités (p. ex., la révocation du mandat en cas de déconfiture du mandant ou du mandataire : art. 2003 ; la faculté pour le vendeur de ne pas livrer la chose en cas de déconfiture de l'acheteur : art. 1613).
Une procédure de prévention et de règlement des difficultés liées au **surendettement des particuliers** a été instituée par une loi du 31 décembre 1989, plusieurs fois modifiée (art. L. 330-1 et s. C. consom.). Ces dispositions permettent à **certaines personnes** de bénéficier de **mesures de traitement des situations de surendettement**. Ces mesures ont surtout pour objet de permettre au débiteur de faire face à ses obligations selon un plan qui allège le fardeau de ses dettes.

Section 1 › BÉNÉFICIAIRES

L'art. L. 330-1 C. consom. énumère les conditions à remplir. Il faut :
- être une **personne physique**,
- se trouvant dans « **l'impossibilité manifeste** » de faire face à l'ensemble
- de ses **dettes non professionnelles**,
- et être de **bonne foi**, c.-à-d. notamment que le surendettement ne doit pas être imputable au débiteur, parce qu'il a contracté en sachant que ses revenus ne lui permettaient pas de payer ses dettes.

Section 2 › FONCTIONNEMENT

Une commission départementale de surendettement - que seul le débiteur peut saisir :

• instruit la demande et dresse l'**état d'endettement** du débiteur ;

• peut demander au juge de l'exécution de **suspendre**, pour une durée maximale d'un an, les **mesures d'exécution** diligentées contre le débiteur. Si une décision de suspension est prononcée, elle interdit au débiteur, sauf autorisation du juge, de faire tout acte qui aggraverait son insolvabilité et de payer ses dettes (autres qu'alimentaires) ;

• essaie de **concilier** le débiteur et ses principaux créanciers en vue de l'élaboration d'un **plan conventionnel de redressement** ; ce plan peut notamment comporter des mesures de report ou rééchelonnement des paiements, de remise de dettes, de réduction ou suppression du taux d'intérêt et subordonner ces mesures à l'accomplissement par le débiteur d'actes propres à faciliter ou à garantir le paiement des dettes.

Si la mission de conciliation échoue, la commission peut **recommander** diverses mesures du même type.

Une partie a la possibilité de contester devant le juge de l'exécution les recommandations formulées par la commission, dans le délai de quinze jours suivant la notification qui lui en est faite. Il appartient au juge de trancher cette contestation, et il peut prescrire toute mesure d'instruction qu'il estime utile.

À défaut de contestation (ou en cas de rejet), le juge confère **force exécutoire** aux mesures recommandées.

› POUR ALLER PLUS LOIN

BIBLIOGRAPHIE :

› F. Terré, Ph. Simler et Y. Lequette, *Droit civil. Les obligations*, Dalloz, coll. « Précis », 9e éd., 2005, nos 1092 à 1098.

› H. Capitant, F. Terré et Y. Lequette, *Grands arrêts de la jurisprudence civile*, t. 2, *Obligations, Contrats spéciaux, Sûretés*, Dalloz, coll. « Grands arrêts », 11e éd., 2000 (12e éd. à paraître en 2008), nos 236 et 237 (action paulienne).

INDEX ALPHABÉTIQUE

Q - R

S

T

U - V

TABLE DES MATIÈRES

MÉMENTOS DALLOZ

Série droit privé

Criminologie et science pénitentiaire, J. Larguier
Droit des assurances, H. Groutel, C. J. Berr
Droit bancaire, F. Dekeuwer-Défossez
Droit civil général, P. Bihr
Droit civil. Les biens, P. Courbe
Droit civil. Les contrats spéciaux, G. Vermelle
Droit civil. Les obligations, G. Légier
Droit civil. Les personnes, la famille, les incapacités, P. Courbe
Droit civil. Régimes matrimoniaux, libéralités, successions, F. Lucet, B. Vareille
Droit civil. Sûretés, publicité foncière, M.-N. Jobard-Bachellier
Droit commercial. Notions générales, J.-P. Le Gall, C. Ruellan
Droit du commerce international, H. Kenfack
Droit de la construction, R. Saint-Alary, C. Saint-Alary-Houin
Droit des entreprises en difficulté, P.-M. Le Corre, J.-P. Le Gall
Droit fiscal des entreprises commerciales, J.-P. Le Gall
Droit international privé, J. Derruppé, J.-P. Laborde
Droit pénal des affaires, G. Giudicelli-Delage
Droit pénal général, J. Larguier
Droit pénal spécial, J. Larguier, P. Conte, A.-M. Larguier
Droit de la propriété industrielle, J. Schmidt-Szalewski
Droit rural, J. Audier
Droit de la sécurité sociale, J.-J. Dupeyroux, X. Prétot
Droit des sociétés. Droit commun et droit spécial des sociétés, A. Constantin
Droit des sociétés. Volume II. Aspects particuliers, J.-P. Le Gall, C. Le Gall-Robinson
Droit du travail. Volume I. Rapports collectifs, J.-M. Verdier, A. Cœuret, M.-A. Souriac
Droit du travail. Volume II. Rapports individuels, J.-M. Verdier, A. Cœuret, M.-A. Souriac
Grands systèmes de droit étrangers, M. Fromont
Institutions judiciaires, J.-J. Taisne
Introduction générale au droit, P. Courbe
Procédure civile. Droit judiciaire privé, J. Larguier, P. Conte
Procédure pénale, J. Larguier
Propriété littéraire et artistique, P. Sirinelli

Série droit public – science politique

Administration de l'État, F. Chauvin
Administration régionale, départementale et municipale, J. Moreau
Contentieux administratif, G. Peiser
Droit administratif des biens, G. Peiser
Droit administratif général, G. Peiser
Droit constitutionnel et institutions politiques, J. P. Jacqué
Droit des contrats publics, F. Lichère
Droit européen, J.-C. Gautron
Droit fiscal, C. de Lauzainghein, M.-H. Stauble-de Lauzainghein, L. de Mellis
Droit de la fonction publique, G. Peiser
Droit international public, D. Ruzié
Droit public, L. Dubouis, G. Peiser
Droit public économique, D. Linotte, A. Graboy-Grobesco
Droit de la santé publique, J. Moreau, D. Truchet
Droit de l'Union européenne et politiques communes, P. Le Mire
Droit de l'urbanisme, J. Morand-Deviller
Finances locales, R. Muzellec
Finances publiques. Budget et pouvoir financier, F. Deruel, J. Buisson
Histoire du droit, J. Hilaire
Histoire des idées politiques de l'Antiquité à la fin du XVIIIe siècle, D. G. Lavroff
Histoire des idées politiques depuis le XIXe siècle, D. G. Lavroff
Histoire des institutions publiques de la France, P. Villard
Institutions internationales, J. Charpentier
Introduction à la science politique, J. Baudouin
Libertés publiques et droits de l'homme, A. Pouille
Relations internationales, M. Gounelle

Composé par Nord Compo
707943 -(I) - (6.5) - OSB-P 60g - NC - EDO
Dépôt légal : juillet 2008
Imprimé en Belgique par la SNEL